W0023127

FRANZ GRILLPARZER

GRILLPARZER
ERZÄHLUNGEN

DIE GROSSE ERZÄHLER-BIBLIOTHEK
DER WELTLITERATUR

Die buchkünstlerische Ausstattung dieser Ausgabe
hat der österreichische Staatspreisträger
Ernst Ammering (Ried, Oberösterreich) entworfen.

Das Frontispiz zeigt Franz Grillparzer
(nach einer Radierung von Fritz Janschka,
die für diese Ausgabe entstanden ist).

Redaktion:
Bernhard Pollmann

DIE GROSSE ERZÄHLER-BIBLIOTHEK
DER WELTLITERATUR

Gesamtherstellung: Mohndruck, Gütersloh
Printed in Germany
ISBN 3-88379-890-8

INHALT

Das Kloster bei Sendomir 7
Der arme Spielmann 31
Selbstbiographie 69
Nachwort 211
Chronologie 219

DAS KLOSTER BEI SENDOMIR

Nach einer als wahr überlieferten Begebenheit

Die Strahlen der untergehenden Sonne vergoldeten die Abhänge eines der reizendsten Täler der Woiwodschaft Sendomir. Wie zum Scheidekuß ruhten sie auf den Mauern des an der Ostseite fensterreich und wohnlich prangenden Klosters, als eben zwei Reiter, von wenigen Dienern begleitet, den Saum der gegenüberliegenden Hügelkette erreichten und, von der Vesperglocke gemahnt, nach kurzem, betrachtendem Verweilen ihre Pferde in schärfern Trott setzten, taleinwärts, dem Kloster zu.

Die Kleidung der späten Gäste bezeichnete die Fremden. Breitgedrückte, befiederte Hüte, das Elenkoller vom dunklen Brustharnisch gedrückt, die straffanliegenden Unterkleider und hohen Stulpstiefeln erlaubten nicht, sie für eingeborne Polen zu halten. Und so war es auch. Als Boten des deutschen Kaisers zogen sie, selbst Deutsche, an den Hof des kriegerischen Johann Sobiesky, und, vom Abend überrascht, suchten sie Nachtlager in dem vor ihnen liegenden Kloster.

Das bereits abendlich verschlossene Tor ward den Einlaßheischenden geöffnet, und der Pförtner hieß sie eintreten in die geräumige Gaststube, wo Erfrischung und Nachtruhe ihrer warte; obgleich, wie er entschuldigend hinzusetzte, der Abt und die Konventualen, bereits zur Vesper im Chor versammelt, sich für heute die Bewillkommnung so werter Gäste versagen müßten. Die Angabe des etwas mißtrauisch blickenden Mannes ward durch den eintönigen Zusammenklang halb sprechend, halb singend erhobener Stimmen bekräftigt, die, aus dämpfender Ferne durch die hallenden Gewölbe sich hinwindend, den Chorgesang einer geistlichen Gemeine deutlich genug bezeichneten.

Die beiden Fremden traten in das angewiesene Gemach, welches, obgleich, wie das ganze Kloster, offenbar erst seit kurzem erbaut, doch altertümliche Spitzformen mit absichtlicher Genauigkeit nachahmte. Weniges, doch anständiges Geräte war rings an den Wänden verteilt. Die hohen Bogenfenster gingen ins Freie, wo der in Osten aufsteigende Mond, mit der letzten Abendhelle kämpfend, nur sparsame Schimmer auf die Erhöhungen des hüglichten Bodens warf, indes in den Falten der Täler und unter den Bäumen des Forstes sich allgemach die Nacht mit ihrem dunklen Gefolge lagerte und stille Ruhe, hold vermischend, ihren Schleier über Belebtes und Unbelebtes ausbreitete.

Die eigenen Diener der Ritter trugen Wein auf und Abendkost. Ein derbgefügter Tisch, in die Brüstung des geöffneten Bogenfensters gerückt, empfing die ermüdeten Gäste, die, auf hohe Armstühle gelagert, sich bald an dem zauberischen Spiele des Mondlichtes ergötzten, bald, zu Wein und Speise zurückkehrend, den Körper für die Reise des nächsten Tages stärkten.

Eine Stunde mochte auf diese Art vergangen sein. Die Nacht war vollends eingebrochen, Glockenklang und Chorgesang längst verstummt. Die zur Ruhe gesendeten Diener hatten eine düsterbrennende Ampel, in der Mitte des Gemaches hängend, angezündet, und noch immer saßen die beiden Ritter am Fenster, im eifrigen Gespräch; vielleicht vom Zweck ihrer Reise, offenbar von Wichtigem. Da pochte es mit kräftigem Finger an die Türe des Gemaches, und ehe man noch, ungern die Rede unterbrechend, mit einem: Herein! geantwortet, öffnete sich diese, und eine seltsame Menschengestalt trat ein, mit der Frage: ob sie Feuer bedürften?

Der Eingetretene war in ein abgetragenes, an mehreren Stellen geflicktes Mönchskleid gehüllt, das sonderbar genug gegen den derben, gedrungenen Körperbau abstach. Obgleich von Alter schon etwas gebeugt und mehr unter als über der Mittelgröße, war doch ein eigener Ausdruck von Entschlossenheit und Kraft über sein ganzes Wesen verbreitet, so daß, die Kleidung abgerechnet, der Beschauer den Mann eher für alles als für einen friedlichen Sohn der Kirche erkannt hätte. Haar und Bart, vormals augenscheinlich rabenschwarz, nun aber überwiegend mit Grau gemischt und, trotz ihrer Länge, stark gekräuselt, drängten sich in dichter Fülle um Stirne, Mund und Kinn. Das Auge, klösterlich gesenkt, hob sich nur selten; wenn es aber aufging, traf es wie ein Wetterschlag, so grauenhaft funkelten die schwarzen Sterne aus den aschfahlen Wangen, und man fühlte sich erleichtert, wenn die breiten Lider sie wieder bedeckten. So beschaffen und so angetan, trat der Mönch, ein Bündel Holz unter dem Arme, vor die Fremden hin, mit der Frage: ob sie Feuer bedürften?

Die beiden sahen sich an, erstaunt ob der seltsamen Erscheinung. Indessen kniete der Mönch am Kamine nieder und begann Feuer anzumachen, ließ sich auch durch die Bemerkung nicht stören, daß man gar nicht friere, und seine Mühe überflüssig sei. Die

Nächte würden schon rauh, meinte er und fuhr in seiner Arbeit fort. Nachdem er sein Werk vollendet und das Feuer lustig brannte, blieb er ein paar Augenblicke am Kamin stehen, die Hände wärmend, dann, ohne sich scheinbar um die Fremden zu bekümmern, schritt er schweigend der Türe zu.

Schon stand er an dieser und hatte die Klinke in der Hand, da sprach einer der Fremden: »Nun Ihr einmal hier seid, ehrwürdiger Vater« –

»Bruder!« fiel der Mönch, wie unwillig, ein, und ohne sich umzusehen, blieb er, die Stirn gegen die Türe geneigt, am Eingange stehen.

»Nun denn also, ehrwürdiger Bruder!« fuhr der Fremde fort, »da Ihr schon einmal hier seid, so gebt uns Aufschluß über einiges, das wir zu wissen den Wunsch hegen.«

»Fragt!« sprach, sich umwendend, der Mönch.

»So wißt denn«, sagte der Fremde, »daß uns die herrliche Lage und Bauart Eures Klosters mit Bewunderung erfüllt hat, vor allem aber, daß es so neu ist und vor kurzem erst aufgeführt zu sein scheint.«

Die dunkeln Augen des Mönches hoben sich bei dieser Rede und hafteten mit einer Art grimmigen Ausdruckes auf dem Sprechenden.

»Die Zeiten sind vorüber«, fuhr dieser fort, »wo die Errichtung solcher Werke der Frömmigkeit nichts Seltenes war. Wie lange steht das Kloster?«

»Wißt Ihr es vielleicht schon?« fragte, zu Boden blickend, der Mönch, »oder wißt Ihr es nicht?«

»Wenn das erstere, würde ich fragen?« entgegnete der Fremde.

»Es trifft sich zuweilen«, murmelte jener. »Drei Jahre steht dies Kloster. Dreißig Jahre!« fügte er verbessernd hinzu und sah nicht auf vom Boden.

»Wie aber hieß der Stifter?« fragte der Fremde weiter. »Welch gottgeliebter Mann?« – Da brach der Mönch in ein schmetterndes Hohngelächter aus. Die Stuhllehne, auf die er sich gestützt hatte, brach krachend unter seinem Druck zusammen; eine Hölle schien in dem Blicke zu flammen, den er auf die Fremden richtete, und plötzlich gewendet, ging er schallenden Trittes zur Türe hinaus.

Noch hatten sich die beiden von ihrem Erstaunen nicht erholt, da ging die Türe von neuem auf, und derselbe Mönch trat ein. Als ob nichts vorgefallen wäre, schritt er auf den Kamin zu, lockerte mit dem Störeisen das Feuer auf, legte Holz zu, blies in die Flamme. Darauf sich umwendend, sagte er: »Ich bin der mindeste von den

Dienern dieses Hauses. Die niedrigsten Dienste sind mir zugewiesen. Gegen Fremde muß ich gefällig sein und antworten, wenn sie fragen. Ihr habt ja auch gefragt? Was war es nur?«

»Wir wollten über die Gründung dieses Klosters Auskunft einholen«, sprach der ältere der beiden Deutschen, »aber Eure sonderbare Weigerung« –

»Ja, ja!« sagte der Mönch, »Ihr seid Fremde und kennet Ort und Leute noch nicht. Ich möchte gar zu gerne Eure törichte Neugierde unbefriedigt lassen, aber dann klagt Ihrs dem Abte, und der schilt mich wieder, wie damals, als ich dem Palatin von Plozk an die Kehle griff, weil er meiner Väter Namen schimpfte. Kommt Ihr von Warschau?« fuhr er nach einer kleinen Weile fort.

»Wir gehen dahin«, antwortete einer der Fremden.

»Das ist eine arge Stadt«, sagte der Mönch, indem er sich setzte. »Aller Unfrieden geht von dort aus. Wenn der Stifter dieses Klosters nicht nach Warschau kam, so stiftete er überhaupt kein Kloster, es gäbe keine Mönche hier, und ich wäre auch keiner. Da Ihr nicht von dorther kommt, mögt Ihr rechtliche Leute sein, und, alles betrachtet, will ich Euch die Geschichte erzählen. Aber unterbrecht mich nicht und fragt nicht weiter, wenn ich aufhöre. Am Ende sprech' ich selbst gerne wieder einmal davon. – Wenn nur nicht so viel Nebel dazwischen läge, man sieht kaum das alte Stammschloß durchschimmern – und der Mond scheint auch so trübe.« – Die letzten Worte verloren sich in ein unverständliches Gemurmel und machten endlich einer tiefen Stille Platz, während welcher der Mönch, die Hände in die weiten Ärmel gesteckt, das Haupt auf die Brust gesunken, unbeweglich da saß. Schon glaubten die beiden, seine Zusage habe ihn gereut, und wollten kopfschüttelnd sich entfernen; da richtete er sich plötzlich mit einem verstärkten Atemzuge empor; die vorgesunkene Kapuze fiel zurück; das Auge, nicht mehr wild, strahlte in fast wehmütigem Lichte; er stützte das dem Mond entgegengewendete Haupt in die Hand und begann:

»Starschensky hieß der Mann, ein Graf seines Stammes, dem gehörte die weite Umgegend und der Platz, wo dies Kloster steht. Damals war aber noch kein Kloster. Hier ging der Pflug; er selber hauste dort oben, wo jetzt geborstene Mauern das Mondlicht zurückwerfen. Der Graf war nicht schlimm, wenn auch gerade nicht gut. Im Kriege hieß man ihn tapfer; sonst lebte er still und abgeschieden im Schlosse seiner Väter. Über eines wunderten sich die Leute am meisten: Nie hatte man ihn einem weiblichen Wesen mit Neigung zugetan gesehen, sichtlich vermied er den Umgang mit Frauen. Er galt daher für einen Weiberfeind; doch war er keiner. Ein von Natur schüchterner Sinn, und – laßt sehn, ob ich's treffe!« sagte der Mönch, indem er sich aufrichtete – »ein über alles gehendes Behagen am Besitz seiner selbst hatte ihm bis dahin keine Annäherung erlaubt. Abwesenheit von Unlust war ihm Lust. – Habt Ihr noch Wein übrig? Gebt mir einen Becher! Der Graf war so schlimm nicht.«

Der Mönch trank, dann fuhr er fort: »So lebte Starschensky, so gedachte er zu sterben; doch war es ihm anders bestimmt. Ein Reichstag rief ihn nach Warschau. Unwillig über die Verkehrtheit der Menge, deren jeder nur sich wollte, wo es das Wohl des Ganzen galt, ging er eines Abends durch die Straßen der Stadt; schwarze Regenwolken hingen am Himmel, jeden Augenblick bereit, sich zu entladen, dichtes Dunkel ringsum. Da hörte er plötzlich hinter sich eine weibliche Stimme, die zitternd und schluchzend ihn anspricht: Wenn Ihr ein Mensch seid, so erbarmt Euch eines Unglücklichen! Rasch umgewendet, erblickt der Graf ein Mädchen, das bittend ihm die Hände entgegenstreckt. Die Kleidung schien ärmlich, Hals und Arme schimmerten weiß durch die Nacht. Der Graf folgt der Bittenden. Zehn Schritte gegangen, tritt sie in eine Hütte, Starschensky folgt, und bald steht er mit ihr allein auf dem dunklen Flur. Eine warme, weiche Hand ergreift die seinige. – Seid Ihr Ordensritter?« unterbrach sich der Mönch, zu dem Jüngeren der Fremden gewendet. »Was bedeutet das Kreuz auf Eurem Mantel?« – »Ich bin Malteser«, entgegnete dieser. – »Ihr auch?« wendet der Mönch sich zum zweiten. – »Keineswegs«, war die Antwort. – »Habt Ihr Weib und Kinder?« – »Beides hatt ich nie.« – »Wie alt seid Ihr?« – »Fünfundvierzig.« – »So! so!« murmelte kopfnickend der Mönch. Dann fuhr er fort:

»Ein bis dahin unbekanntes Gefühl ergriff den Grafen bei der Berührung der warmen Hand. Sie erzählen ein morgenländisches Märchen von einem, dem plötzlich die Gabe verliehen ward, die Sprache der Vögel und andern Naturwesen zu verstehen, und der nun, im Schatten liegend am Bachesrand, mit freudigem Erstaunen rings um sich überall Wort und Sinn vernahm, wo er vorher nur Geräusch gehört und Laute. So erging es dem Grafen. Eine neue Welt stand vor ihm auf, und bebend folgte er seiner Führerin, die eine kleine Türe öffnete und mit ihm in ein niederes, schwacherleuchtetes Zimmer trat.

Der erste Strahl des Lichtes fiel auf das Mädchen. Starschenskys innerstes Wesen jubelte auf, daß die Wirklichkeit gehalten, was die Ahnung versprach. Das Mädchen war schön, schön in jedem Betracht. Schwarze Locken ringelten sich um Stirn und Nacken und erhoben, mit der gleichgefärbten Wimper, bis zum Sonderbaren den Reiz des hellblau strahlenden Auges. Der Mund mit üppig aufgeworfenen, beinahe zu hochroten Lippen ward keineswegs durch eine kleine Narbe entstellt, die, als schmale, weißlich gefärbte Linie schräg abwärts laufend, sich in den Karmin der Oberlippe verlor. Grübchen in Kinn und Wangen; Stirn und Nase, wie vielleicht gerade der Maler sie nicht denkt, wie sie aber meinen Landsmänninnen wohl stehen, vollendeten den Ausdruck des reizenden Köpfchens und standen in schönem Einklange mit den Formen eines zugleich schlank und voll gebauten Körpers, dessen üppige Schönheit die ärmliche Hülle mehr erhob als verbarg. – Nicht wahr, davon wißt Ihr nichts, Malteser? Ja, ja, bei dem alten Mönch rappelts einmal wieder! Laßt uns noch eins trinken! – So, und nun gut.

Der Graf stand verloren im Anschaun des Mädchens und bemerkte kaum, daß in einem Winkel der Hütte, auf moderndes Stroh gebettet, einen zerrissenen Sattel statt des Kissens unter dem Kopfe, mit Lumpen bedeckt, die Jammergestalt eines alten Mannes lag, der jetzt die Hand aus seinen ärmlichen Hüllen hervorstreckte und mit erloschener Stimme fragte: Bist du's, Elga? Wen bringst du mir da? – Hier der Unglückliche, sprach das Mädchen zu Starschensky gewendet, für den ich, durch äußerste Not getrieben, Euer Mitleid ansprach. Er ist mein Vater, ein Edelmann von altem Stamm und Adel, durch Verfolgung bis hierher gebracht. – Damit ging sie hin, und am Lager des Greises niedergekauert, suchte sie, durch Zurechtrücken und Ausbreiten, in die Lumpen, die ihn bedeckten, einen Schein von Anständigkeit und Ordnung zu bringen.

Der Graf trat näher. Er erfuhr die Geschichte. Der vor ihm lag, war der Starost von Laschek. Er und seine zwei Söhne hatten sich in politische Verbindungen eingelassen, die das Vaterland mißbilligte. Ihre Anschläge wurden entdeckt. Die beiden Söhne samt einigen Unvorsichtigen, die mit ihnen gemeinsame Sache gemacht, traf Verbannung; der Vater, seiner Güter beraubt, war im Elend.

Im ersten Augenblicke, als Starschensky den Namen Laschek hörte, wußte er auch schon, daß die Lage des Unglücklichen nicht ganz unverschuldet war. Denn, wenn er auch einer unmittelbaren Teilnahme an den Anschlägen seiner Söhne nicht geradezu überwiesen werden konnte, so hatte er doch durch Leichtsinn in der Jugend und üble Wirtschaft im vorgerückten Alter seinen Söhnen die rechtlichen Wege des Emporkommens schwierig und Wagnisse willkommen gemacht. All dies war dem Grafen nicht verborgen. Aber es galt einen Unglücklichen zu retten, und Elgas Vater hatte den beredtesten Fürsprecher bei dem Entbrannten für seine Tochter.

Laschek war in eine anständige Wohnung gebracht, er und seine Tochter mit dem Notwendigen versehen. Starschensky verwendete seinen Einfluß, seine Verbindungen, er ließ sich bis zu Geld und Geschenken herab, um die Wiederherstellung des Entsetzten, die Rückberufung der Verbannten zu erwirken. Glücklicherweise waren die äußeren Verhältnisse längst vorüber, welche die Anschläge jener Unvorsichtigen gefährlich gemacht hatten. Verzeihung ward bewilligt; die Verwiesenen rüsteten sich zur Heimkehr. Mehrere der Unglücksgenossen hatten, ihrem Leichtsinne treu, Dienste in fremden Landen angenommen; nur Lascheks beide Söhne und ein entfernter Verwandter des Hauses, Oginsky genannt, machten Gebrauch von der schwer erlangten Erlaubnis. Täglich erwartete man ihre Ankunft.

Die Wiedergabe von Lascheks eingezogenen Gütern zeigte sich indes als wenig Nutzen bringend. Täglich erschienen neue Gläubiger. Hauptstock und rückständige Zinsen verschlangen weit den Wert des vorhandenen Unbeweglichen. Starschensky trat ins Mittel, bezahlte, verschuldete seine eigenen Güter und konnte dennoch kaum einen geringen Rest der Stamm-Besitzungen, als ein Pfropfreis für die Zukunft, retten.

Glücklicher schien er mittlerweile in seinen Bewerbungen um Elgas Herz. Als das Mädchen sich zum erstenmale wieder in anständigen Kleidern erblickte, flog sie ihm beim Eintritte aufschreiend entgegen, und ein lange nachgefühlter Kuß von ihren brennenden Lippen lohnte seine Vorsorge, sein Bemühn. Dieser erste Kuß blieb freilich vorderhand auch der letzte, nichtsdestoweniger durfte sich aber doch Starschensky mit der Hoffnung schmeicheln, ihrem Herzen nicht gleichgültig zu sein. Sie war gern in seiner Gesellschaft, sie bemerkte und empfand seine Abwesenheit. Oft überraschte er ihr Auge, das gedankenvoll und betrachtend auf ihn geheftet war; ja einigemale konnte er nur durch schnelles Zurückziehen verhindern, daß nicht ein Kuß, den er gar zu gerne seinen Lippen gegönnt hätte, auf seine Hand gedrückt wurde. Er war voll der schönsten Hoffnungen. Doch mit einemmale änderte sich die Szene. Elga ward düster und nachdenkend. Wenn sonst ihre Neigung für Zerstreuungen, für Kleiderzier und Lebensgenuß sich aufs bestimmteste aussprach und manchmal hart an die Grenzen des Zuviel zu streifen schien, so mied sie jetzt die Gesellschaft. Streitende Gedanken jagten ihre Wolken über die schöngeglättete

Stirne; das getrübte Auge sprach von Tränen, und nicht selten drängte sich ein einzelner der störenden Gäste unter der schnellgesenkten Wimper hervor. Starschensky bemerkte, wie der Vater sie dann ernst, beinahe drohend anblickte, und eine erkünstelte Heiterkeit das Bestreben des Mädchens bezeichnete, einen heimlichen Kummer zu unterdrücken. Einmal, rasch durchs Vorgemach auf die Türe des Empfangszimmers zuschreitend, hörte Starschensky die Stimme des Starosten, der aufs heftigste erzürnt schien und sich sogar ziemlich gemeiner Ausdrücke bediente. Der Graf öffnete die Türe und sah ringsum, erblickte aber kein drittes; nur die Tochter, die *nicht* weinend und höchst erhitzt, vom Vater abgekehrt, im Fenster stand. Ihr mußten jene Scheltworte gegolten haben. Da ward es fester Entschluß in der Seele des Grafen, durch eine rasche Werbung um Elgas Hand, der marternden Ungewißheit des Verhältnisses ein Ende zu machen.

Während er sich kurze Frist zur Ausführung dieses Vorsatzes nahm und Elgas vorige Heiterkeit nach und nach zurückkehrte, langten die aus der Verbannung heimberufenen Angehörigen an. Elga schien weniger Freude über den Wiederbesitz der so lange entbehrten Brüder zu empfinden, als der Graf vorausgesetzt hatte. Am auffallendsten aber war ihre schroffe Kälte, um es nicht Härte zu nennen, gegen den Gefährten von ihrer Brüder Schuld und Strafe, den armen Vetter Oginsky, den sie kaum eines Blickes würdigte. Gut gebaut und wohl aussehend, wie er war, schien er eine solche Abneigung durch nichts zu verdienen; vielmehr war in seinem beinahe zu unterwürfigen Benehmen das Streben sichtbar, sich um die gute Meinung von jedermann zu bewerben. Keine Härte konnte ihn aufbringen; nur schien ihm freilich jede Gelegenheit erwünscht, sich der beinahe verächtlichen Behandlung Elgas zu entziehen. Zuletzt verschwand er ganz, und niemand wußte, wo er hingekommen war.

Nun endlich trat der Graf mit seiner Bewerbung hervor, der alte Starost weinte Freudentränen, Elga sank schamerrötend und sprachlos in seine Arme, und der Bund war geschlossen. Laute Feste verkündeten der Hauptstadt Starschenskys Glück, und wiederholte, zahlreich besuchte Feste versicherten ihn der allgemeinen Teilnahme. Durch eine Ehrenbedienstung am Hofe festgehalten, lernte er bald sich in Geräusch und Glanz fügen, ja wohl gar daran Vergnügen finden, wenigstens insoweit Elga es fand, deren Geschmack für rauschende Lustbarkeiten sich immer bestimmter aussprach. Aber war sie nicht jung, war sie nicht schön? Hatte nicht, nach langen Unfällen, jede Lust für sie den doppelten Reiz, als Lust und als neu? Der Graf gewährte und war glücklich. Nur eines fehlte, um ihn ganz selig zu machen: Schon war ein volles Jahr seit seiner Vermählung verstrichen, und Elga gab noch keine Hoffnung, Mutter zu werden.

Doch plötzlich ward der Rausch des Glücklichen auf eine noch weit empfindlichere Weise gestört. Starschenskys Hausverwalter, ein als redlich erprobter Mann, erschien, trübe Wolken auf der gefurchten Stirn. Man schloß sich ein, man rechnete, man verglich, und es zeigte sich bald nur zu deutlich, daß durch das, was für Elgas Verwandte geschehen war, durch den schrankenlosen Aufwand der letzten Zeit, des Grafen Vermögensstand erschüttert war und schleunige Vorsorge erheischte. Das Schlimmste zu dieser Verwirrung hatten Elgas Brüder getan. Wie denn überhaupt das Unglück nur Besserungsfähige bessert, so war die alles verschlingende Genußliebe des leichtfertigen Paares durch die lange Entbehrung nur noch gieriger geworden. Auf die Kasse des Grafen mit ihrem Unterhalte angewiesen, hatten sie den überschwenglichsten Gebrauch von dieser Zugestehung gemacht, und nachdem der in Seligkeit schwimmende Graf auf die ersten Anfragen seiner besorgten Geschäftsleute ungeduldig die Antwort erteilt hatte: man solle es nicht zu genau nehmen und seinen Schwägern geben, was sie bedürften, war bald des Forderns und Nehmens kein Ende.

Der Graf übersah mit einem Blicke das Bedenkliche seiner Lage und, ordnungsliebend, wie er war, hatte für ihn ein rasches Umkehren von dem eingeschlagenen Taumelpfade nichts Beängstigendes. Nur der Gedanke an Elga machte ihm bange. Wird das heitere, in unbefangenem Frohsinn so gern hinschwebende Wesen –? Aber es mußte sein, und der Graf tat, was er mußte. Mit klopfendem Herzen trat er in Elgas Gemach. Aber wie angenehm ward er überrascht, als, da er kaum die Verhältnisse auseinandergesetzt und die Notwendigkeit geschildert hatte, die Stadt zu verlassen, um auf eigener Scholle den Leichtsinn der letztverflossenen Zeit wiedergutzumachen, als bei der ersten Andeutung schon Elga an seine Brust stürzte und sich bereitwillig und erfreut erklärte. Was er wolle, was er gebiete, sie werde nur gehorsam sein! Dabei stürzten Tränen aus ihren Augen, und sie wäre zu seinen Füßen gefallen, wenn er es nicht verhindert, sie nicht emporgehoben hätte zu einer langen, Zeit und Außenwelt aufhebenden Umarmung.

Alle Anstalten zur Abreise wurden gemacht. Starschensky, der, von Jugend auf an Einsamkeit gewohnt, alle Freuden des Hofes und der Stadt nur in der Freude, die seine Gattin daran zeigte, genossen hatte, segnete beinahe die Unfälle, die ihn zwangen, in den Schoß seiner ländlichen Heimat zurückzukehren. Elga packte und sorgte, und in den ersten Nachmittagsstunden eines warmen Maientages war man mit Kisten und Päcken in dem altertümlichen Stammschlosse angekommen, das, neu eingerichtet, und aufs beste in Stand gesetzt, durch Nachtigallenschlag und Blütenduft wetteifernd ersetzte, was ein verwöhnter Geschmack in Vergleich mit den Palästen der Städte allenfalls hätte vermissen können.

Bald nach der Ankunft schien sich zum Teile aufzuklären, warum Elga die Änderung der bisherigen Lebensweise so leicht geworden war. Sie stand in den ersten Monaten einer bis jetzt verheimlichten Schwangerschaft, und Starschensky, mit der Erfüllung aller seiner Wünsche überschüttet, kannte keine Grenzen seines Glücks.

Frühling und Sommer verstrichen unter ländlichen Ergötzlichkeiten, ordnenden Einrichtungen und frohen Erwartungen. Als das Laub gefallen war und rauhe Stürme, die ersten Boten des Winters, an den Fenstern des Schlosses rüttelten, nahte Elgan die ersehnte und gefürchtete Stunde, sie gebar, und ein engelschönes, kleines Mädchen ward in die Arme des Grafen gelegt, der die Tochter mit segnenden Tränen benetzte. Leicht überstanden, wie die Geburt, waren die Folgen, und Elga blühte bald wieder einer Rose gleich.

Soviel günstige Vorfälle wurden leider durch unangenehme Nachrichten aus der Hauptstadt unterbrochen. Der alte Starost, Elgas Vater, war gestorben und hatte seine Umstände in der größten Zerrüttung hinterlassen. Die beiden Söhne, in ihrer tollen Verschwendung nicht mehr von ihrem bedächtlicher gewordenen Schwager unterstützt, häuften Schulden auf Schulden, und ihre Gläubiger, die in der Hoffnung auf den Nachlaß des alten Vaters zugewartet hatten, sahen sich zum Teile in ihrer Erwartung dadurch getäuscht, daß in dem Testamente des Starosten eine beträchtliche Summe, in Folge einer früher geschehenen förmlichen Schenkung, an jenen armen Vetter Oginsky überging. Dieser Vetter war, wie bekannt, seit längerer Zeit verschwunden. Er mußte aber doch noch leben, und sein Aufenthalt nicht jedermann ein Geheimnis sein, denn die ihm bestimmte Summe ward gefordert, übernommen, und die Sache blieb abgetan.

Zu den Verschwendungen der beiden Laschek gesellten sich überdies noch Gerüchte, als ob sie neuerdings verbotene Anschläge hegten und Parteigänger für landesschädliche Neuerungen würben. Starschensky sah sich aufs überlästigste von seinen Schwägern und ihren Gläubigern bestürmt, er wies aber, nachdem er getan, was in seinen Kräften stand, alle weitere Anforderung standhaft von sich, und hatte das Vergnügen, Elgan in ihren Gesinnungen mit den seinigen ganz übereinstimmen zu sehen. Ja, als die Brüder, gleichsam zum letzten Versuch, sich auf dem Schlosse des Grafen einfanden, sahen sie sich von der Schwester mit Vorwürfen überhäuft, und man schied beinahe in Feindschaft.

So gingen mehr als zwei Jahre vorüber, und der Friede des Hauses blühte, nach überstandenen Stürmen, nur um so schöner empor. Sah sich gleich der Graf in seinen Wünschen nach einem männlichen Stammhalter fortwährend getäuscht, so wendete sich dafür eine um so größere, eine ungeteilte Liebe auf das teure, einzige Kind.

Kaum konnte aber auch etwas Reizenderes gedacht werden als das kleine, rasch sich entwickelnde Mädchen. In allen schon angekündigten Formen der Mutter Abbild, schien sich die schaffende Natur bei dem holden Köpfchen in einem seltsamen Spiele gefallen zu haben. Wenn Elga bei der Schwärze ihrer Haare und Brauen durch ein hellblaues Auge auf eine eigene Art reizend ansprach, so war bei dem Kinde diese Verkehrung des Gewöhnlichen nachgeahmt, aber wieder verkehrt; denn goldene Locken ringelten sich um das zierliche Häuptchen, und unter den langen blonden Wimpern barg sich, wie ein Räuber vor der Sonne, das große schwarzrollende Auge. Der Graf scherzte oft über diese, wie er es nannte, auf den Kopf gestellte Ähnlichkeit, und Elga drückte dann das Kind inniger an sich, und ihre Lippen hafteten auf den gleichgeschwellten, strahlenden von gleichem Rot.

Der Graf widmete alle Stunden, die er nicht den häuslichen Freuden schenkte, einzig der Wiederherstellung seiner, durch die unüberlegte Freigebigkeit an Elgas Verwandte herabgekommenen Vermögensumstände und der Verbesserung seiner Güter. Tagelang durchging er Meierhöfe und Fruchtscheuern, Saatfelder und Holzschläge, immer von seinem Hausverwalter begleitet, einem alten, redlichen Mann, der, vom Vater auf den Sohn vererbt, dessen ganzes Vertrauen besaß. Schon seit längerer Zeit bemerkte Starschensky eine auffallende Düsterheit in den Zügen des Alten. Wenn er unvermutet sich nach ihm umwendete, überraschte er das sonst immer heitere Auge beinahe wehmütig auf sich geheftet. Doch schwieg der Mann.

Einst, als beide die Hitze eines brennenden Vormittags mit den Schnittern geteilt hatten und der Graf, im Schatten eines Erlenbusches gelagert, mit Behagen einen Trunk frischen Wassers aus der Hand seines alten Dieners empfing, da rief dieser losbrechend aus: Wie herrlich Gottes Segen auf den Feldern steht! Wie glücklich sich der Besitzer von dem allen fühlen muß! Das tut er auch, entgegnete, kopfnickend und zu wiederholtem Trinken ansetzend, der Graf. Es begreift sich allenfalls noch, fuhr der Alte fort, wie es in den Städten Unzufriedene gibt, die an Staat und Ordnung rütteln und denen die Gewalt nichts zu Danke machen kann, aber auf dem Lande, in Wald und Feld, fühlt mans deutlich, daß doch am Ende Gott allein alles regiert; und der hats noch immer gut gemacht bis auf diesen Augenblick. Aber die Ruhestörer haben keine Rast, bis sie alles verwirrt und zerrüttet, Vater und Bruder in ihr Netz gezogen, Schwester und Schwäger. Gottes Verderben über sie! – Der Graf war aufgestanden. Ich merke wohl, sprach er, daß du auf meiner Frau Brüder zielst. Hast du etwa neuerlich von ihnen gehört? Da fiel der alte Mann plötzlich zu Starschenskys Füßen, und in heiße Tränen ausbrechend, rief er: Herr, laßt Euch nicht verlocken! Denkt an Weib und Kind! An so manches, was Ihr besitzt! An Eurer Väter ruhmwürdigen Namen! – Was kommt dir an? zürnt der Graf. – Herr, rief der Alte, Eure Schwäger sinnen Böses, und Ihr wißt um ihr Vorhaben! – Spricht der Wahnsinn aus dir? schrie Starschensky. – Ich weiß, was ich sage, entgegnete der Alte. Ein Vertrauter Eurer Schwäger kommt zu Euch heimlich aufs Schloß. Heimlich wird er eingelassen. Tagelang liegt er in der halbverfallenen Warte am westlichen Ende der Tiergartenmauer verborgen. – Wer sagt das? – Ich, der ich ihn selbst gesehen habe. – Heimlich auf Schloß kommend? – Heimlich aufs Schloß! – Wann? – Oft! – Ein Vertrauter meiner Schwäger? – In Warschau sah ich ihn an ihrer Seite. – Weißt du seinen Namen? – Euch ist wohlbekannt, daß ich nur einmal in Warschau war, und da hatte ich Wichtigeres in Eurem Dienste zu schaffen, als mich um die Namen von Eurer Schwäger zahlreichen Zechgesellen zu bekümmern. Aber, daß ich ihn mit ihnen sah, des bin ich gewiß. – Zu welchen Stunden sahst du ihn aufs Schloß kommen? – Nachts! – Starschensky schauderte unwillkürlich zusammen bei dieser letzten Antwort, obgleich eine kurze Besinnung ihm so viele mögliche Erklärungsarten dieser rätselhaften Besuche darbot, daß er bei seiner Nachhausekunft schon wieder beinahe ganz ruhig war. Nur fragte er wie im Vorbeigehen Elga: ob sie schon lange keine Nachricht von ihren Brüdern erhalten habe? Seit sie zuletzt selbst hier waren, keine, entgegnete sie ganz unbefangen. Der Graf gebot dem alten Hausverwalter, dem er seine patriotischen Besorgnisse leicht ausgeredet hatte, das tiefste Stillschweigen über die ganze Sache, beschloß aber doch, wo möglich, näher auf den Grund zu sehen.

Einige Zeit verstrich, da war er eines Nachmittags zu Pferde gestiegen, um eine seiner entferntern Besitzungen zu besuchen, wo er mehrere Tage zubringen wollte. Schon hatte er einen guten Teil des Weges gemacht, und der Abend fing an einzubrechen, da hörte er hinter sich laut und ängstlich seinen Namen rufen. Umblickend, erkannte er den alten Hausverwalter, der auf einem abgetriebenen Pferde keuchend und atemlos ihn einzuholen sich bestrebte und mit Rufen und Händewinken anzuhalten und ihn zu erwarten bat. Der Graf zog den Zügel seines Rosses an und hielt. Angelangt, drängte der Alte sich hart an seinen Herrn und stammelte ihm keuchend seine Kunde ins Ohr. Der Veranlasser jener Besorgnisse, der rätselhafte Unbekannte war wieder in der Nähe des Schlosses gesehen worden. Der Graf wandte sein Roß, und eines Laufes sprengten sie den Weg zurück, heimwärts, mit Mühe von den Dienern gefolgt. Eine gute Strecke vom Schlosse stiegen beide ab und gaben die Pferde dem Diener, der angewiesen wurde, ihrer an einem bezeichneten Platze zu harren. Durch Gestrüpp und Dickicht gingen sie jener Warte zu, wo der Fremde sich am öftesten zeigen sollte. Es war indes dunkel geworden, und der Mond zögerte noch aufzugehen, obschon bereits durch eine dämmernde Helle am Saum des Horizontes angekündigt. Da fiel plötzlich durch die dicht verschlungenen Zweige ein Licht in ihre Augen, in derselben Richtung, in der jene Warte liegen mußte. Sie beeilten sich, den Rand des Waldes zu erreichen, und waren nun am Fuße des von Bäumen entblößten Hügels angekommen, auf dem die Warte stand. Aber kein Licht blickte durch die ausgebröckelten Schußscharten; keine Spur eines menschlichen Wesens. Zwar wollte der alte Verwalter bei dem Schein des eben aufgehenden Mondes frische Fußtritte am Boden bemerken, auch war es keineswegs in der Ordnung, die Türe unverschlossen zu finden; aber das erste Anzeichen konnte täuschen, das andere ließ sich so leicht aus einer Nachlässigkeit des Schloßwarts erklären.

Leichter atmend, ging der Graf mit seinem Begleiter den Hügel herab, dem Schlosse zu. Der Mond warf sein Silber über die ruhig schlummernde Gegend und verwandelte das vor ihnen liegende Schloß in einen schimmernden Feenpalast. In der Seele Starschenskys ging, reizender als je, das Bild seiner Gattin auf. Jetzt erst gestand er sichs, daß ein Teil des in ihm aufkeimenden Verdachtes ihr gegolten hatte, und nun, im Gefühle seines Unrechts, ihr Bild, wie sie sorglos schlummernd im jungfräulichen Bette lag, vor den Augen seiner Seele, entstand eine Sehnsucht nach ihr in seinem Innern, wie er sie seit Tagen des ersten Begegnens, der bräutlichen Bewerbung kaum je empfunden hatte.

So träumte er, so ging er. Da fühlte er sich plötzlich angestoßen. Sein Begleiter wars; der zeigte mit dem Finger vor sich hin in das hellerleuchtete Feld. Starschensky folgte der Richtung und sah eine Mannsgestalt, welche, die vom Monde unerleuchtete, dunkle Seite ihnen zugekehrt, übers Feld dem Schlosse zuschlich. Der Graf war sein selbst nicht mächtig. Mit einem lauten Ausruf, den gezückten Säbel in der Faust, stürzte er auf die Gestalt los. Der Fremde, frühzeitig gewarnt, floh, vom Schlosse ab, den Bäumen zu. Schon im Begriffe, ihn dahin zu verfolgen, ward der Graf durch eine zweite Erscheinung davon abgehalten, die dicht an der Mauer des Schlosses sich hinschob. Diese zweite ward bald erreicht und gab sich zitternd und bebend als Dortka, der Gräfin Kammermädchen, kund. Auf die erste Frage: Was sie hier gemacht? stotterte sie unzusammenhängende Entschuldigungen; die zweite: wie sie hierher gekommen? beantwortete an ihrer statt das geöffnete Ausfallpförtchen, das, gewöhnlich versperrt und verriegelt, nur auf des Grafen Befehl mit einem Schlüssel, den er selbst verwahrte, geöffnet werden konnte.

Alle Versuche, von dem Mädchen ein Geständnis zu erpressen, waren vergeblich. Da ergriff sie der Graf hocherzürnt bei der Hand und führte sie gewaltsam durch die mannigfach verschlungenen Gänge bis zu den Zimmern seiner Gemahlin, die er noch erleuchtet und unverschlossen fand. Elga selbst war wach und in Kleidern. Der Graf, stotternd vor Wut, erzählte das Geschehene und verlangte, daß das Mädchen entweder augenblicklich bekenne oder auf der Stelle aus Dienst und Haus entfernt werde. Dortka war auf die Kniee gefallen und zitterte und weinte.

Starschensky hatte sich seine Gattin verlegen oder seinem gerechten Zorne beistimmend gedacht. Keines von beiden geschah. Kalt und teilnahmslos bat sie ihn anfangs, die Ruhe des Hauses nicht durch sein lautes Schelten zu stören, und als er fortfuhr und die Entfernung des Mädchens begehrte, da erklärte sie mit steigender Wärme: Ihr gebühre, über das Verhalten ihrer Dienerinnen zu richten, sie selbst werde untersuchen und entscheiden. Der Graf, außer sich, zog das Mädchen vom Boden auf, sie gewaltsam aus dem Zimmer zu bringen, aber Elga sprang hinzu, ergriff des Mädchens andere Hand, riß sie zu sich, indem sie ausrief: Nun denn, so stoß auch mich aus dem Hause, denn darauf ist es doch wohl abgesehen! daß ich früher dich so gekannt! Unglückliche, die ich bin! fuhr sie laut weinend fort; gekränkt, mißhandelt! Aber schuldlose Diener sollen nicht um meinetwillen leiden! Dabei zeigte sie dem Mädchen mit dem Finger auf die Türe ihres Schlafgemaches; diese verstand den stummen Befehl und ging eilig hinein. Elga folgte und schloß die Türe hinter sich ab.

Starschensky stand wie vom Donner getroffen. Einmal raffte er sich empor und ging auf das Zimmer seiner Frau zu; halben Weges aber blieb er stehen und versank neuerdings in dumpfes Staunen. Der alte Hausverwalter trat zu ihm und sprach einige Worte; der Graf aber ging ohne Antwort an ihm vorüber zur Türe hinaus, über die Gänge, auf sein Gemach, das im entgegengesetzten Flügel des Schlosses lag. An der Schwelle wendete er sich um, durch eine Bewegung der Hand jede Begleitung zurückweisend, und die Türe ging hinter ihm zu. Wie er die Nacht zubrachte; wer kann es wissen? Der Diener, der des Morgens zu ihm eintrat, fand ihn angekleidet, auf einem Stuhle sitzend. Er schien zu schlafen, doch näher besehen, standen die Augen offen und starrten vor sich hin. Der Diener mußte einigemal seinen Namen nennen, bis er sich bewegte. Dann erst meldete jener seine Botschaft, indem er ihn im Namen der Gräfin bat, das Frühstück auf ihrem Zimmer einzunehmen. Starschensky sah ihn staunend an, dann aber stand er auf und folgte schweigend, wohin jener ihn, vortretend, geleitete.

Heiter und blühend, als ob nichts vorgefallen wäre, kam ihm Elga entgegen; sie erwähnte halb scherzend der Ereignisse der verflossenen Nacht. Das Kammermädchen ward eines heimlichen Liebeshandels angeklagt, Dortka selbst gerufen, die ein unwahrscheinliches Märchen unbeholfen genug erzählte. Zuletzt bat sie um Verzeihung, welche die Gräfin, mit Rücksicht auf sonst gezeigtes gutes Betragen, im eigenen und in ihres Gatten Namen großmütig erteilte. Der Graf, am Schlusse doch auch um seine Zustimmung befragt, erteilte diese kopfnickend, und das Mädchen blieb im Hause.

Schweigend nahm Starschensky das Frühstück ein, stumm ging er aus dem Schlosse. Der alte Hausverwalter, der ihm auf seinem Wege entgegenkam, wagte, neben ihm hergehend, nicht, das Stillschweigen zu brechen, und suchte nur in den Zügen seines Herrn Antwort auf seine zurückgehaltenen Fragen und Zweifel. So gingen sie, so verrichteten sie ihre Geschäfte, wie sonst, wie immer. Der Graf bestrebte sich nicht bloß, über die Vorfälle des gestrigen Tages nichts zu denken, er dachte wirklich nichts. Denn wenn der verfolgte Strauß sein Haupt verbirgt und wähnt, sein Nichtsehen der Gefahr sei zugleich ein Nichtdasein derselben, so tut der Mensch nicht anders. Unwillkürlich schließt er sein Auge vor einem hereinbrechenden Unvermeidlichen, und jedes Herz hat seine Geheimnisse, die es absichtlich verbirgt vor sich selbst.

Einige Tage darauf wollte Starschensky eintreten bei seiner Gemahlin. Es hieß, sie sei im Bade; doch hörte er die Stimme seines Kindes im nächsten Gemache, und er ging hinein. Da fand er die Kleine am Boden sitzend, mitten in einer argen Verwirrung, die sie angerichtet. Elgas Schmuck und Kleinodien lagen rings um das Kind zerstreut, und das offene, umgestürzte Schmuckkästchen nebst dem herabgezogenen Teppich des daneben stehenden Putztisches zeigte deutlich die Art, wie es sich das kostbare Spielzeug verschafft hatte. Starschensky trat gutmütig scheltend hinzu, stritt dem Kinde Stück für Stück seinen Raub ab und versuchte nun, die glänzenden Steine wieder an ihre Stelle zu legen. Der Deckel des Schmuckkästchens, augenscheinlich ein doppelter, war durch den Sturz vom Tische aus den Fugen gewichen, und da der Graf versuchte, ihn, mit dem Finger drückend, wieder zurückzupressen, fiel der innere Teil der doppelten Verkleidung auf den Boden und zeigte in dem rückgebliebenen hohlen Raume ein Porträt, das, schwach eingefügt, leicht von der Stelle wich und das nun der Graf hielt in der zitternden Hand.

Es war das Bild eines Mannes in polnischer Nationaltracht. Das Gefühl einer entsetzlichen Ähnlichkeit überfiel den Grafen wie ein Gewappneter. Da war das oft besprochene Naturspiel mit den schwarzen Augen und blondem Haare, wie – bei seinem Kinde. – Er sah das Mädchen an, dann wieder das Bild. – Diese Züge hatte er sonst schon irgend gesehen; aber wann? wo? – Schauer überliefen ihn. – Er blickte wieder hin. Da schaute ihn sein Kind mit schwarzen Schlangenaugen an, und die blonden Haare loderten wie Flammen, und die Erinnerung an jenen verschmähten Vetter in Warschau ging gräßlich in ihm auf. – Oginsky! schrie er und hielt sich am Tische, und die Zähne seines Mundes schlugen klappernd aneinander.

Ein Geräusch im Nebenzimmer schreckte ihn empor. Er befestigte den Deckel an seine Stelle, schloß das Kästchen, das Bild hatte er in seinen Busen gesteckt; so floh er, wie ein Mörder.

Diesen Tag ward er im Schlosse nicht mehr gesehen. Sein Platz blieb leer am Mittagstische. Gegen Abend kam er ins Zimmer der Wärterin und verlangte nach dem Kinde. Das nahm er bei der Hand und führte es in den Garten, der einsam gelegenen Mooshütte zu. Dort fand ihn nach einer Stunde der suchende Hausverwalter, in eine Ruhebank zurückgelehnt. Das Kind stand zwischen seinen Knieen, er selbst hielt ein Bild in der Hand, abwechselnd auf dieses, dann auf die Kleine blickend, wie einer, der vergleicht, meinte der alte Mann.

Am folgenden Morgen war Starschensky verreist, niemand wußte wohin. Er aber war in Warschau; dort forschte er, zu spät! nach Elgas früheren Verhältnissen. Er erfuhr, daß sie und Oginsky, der in des alten Starosten Hause erzogen war, sich schon frühzeitig geliebt, daß, aus Besorgnis vor der wachsenden Vertraulichkeit, der aussichtslose Vetter entfernt wurde; daß, aus seiner Verbannung zurückkehrend, kurz vor Starschenskys Vermählung, er seine Ansprüche erneuert habe und jene bedeutende Summe Geldes, die in des alten Laschek Letztem Willen ihm zugedacht war, zum Teil der Preis seines Rücktrittes war; daß Elga sich nur schwer von ihm getrennt und seine Armut und Starschenskys Reichtum, verbunden mit dem Andringen ihrer Verwandten, der Hauptgrund ihrer Einwilligung zur Verbindung mit dem Grafen gewesen war. All diese Geheimnisse soll einer von Elgas Brüdern, gegen den er sich zur rechten Zeit freigebig zeigte, dem Grafen für Geld verraten und ihm zugleich den Ort angezeigt haben, wo Oginsky, einem geleisteten Schwur zufolge, sich verborgen hielt.

Auf dem Schlosse herrschte unterdessen Unruhe und Besorgnis. Elga selbst war übrigens augenscheinlich die Ruhigste von allen. Sie schien das befremdliche Betragen ihres Gatten noch auf Rechnung jener nächtlichen Überraschung zu schieben, über die, da durchaus niemandem etwas Bestimmtes zur Last gelegt werden konnte, der Graf, wie sie hoffte, sich am Ende wohl selbst beruhigen werde. Jenes Kammermädchen war noch immer in ihren Diensten.

Unvermutet erschien nach einiger Zeit der Graf auf der Grenze seiner Besitzung, in seinem Gefolge ein verschlossener Wagen, von dessen Inhalt niemand wußte. Eine verhüllte Gestalt, vielleicht durch Knebel am Sprechen verhindert, ward herausgehoben und dem durch Briefe im voraus an die Grenze beschiedenen Hausverwalter übergeben. Die alte Warte an der Westseite des Tiergartens, seitdem sorgfältig verschlossen, nahm die sonderbare Erscheinung in ihren Gewahrsam, und dunkle Gerüchte verbreiteten sich unter den Bewohnern der Umgegend.

Der Graf ging auf sein Schloß. Laut jubelnd kam ihm Elga entgegen, das Kind an ihrer Hand. Er hörte, wie unruhig man über seine plötzliche Abreise gewesen, wie sehnlich man ihn zurückerwartet. Der Kleinen Fortschritte wurden gerühmt, einige Proben der erlangten Geschicklichkeit auf der Stelle abgelegt. Da die Zeit des Abendessens gekommen war, erklärte Starschensky sich unpaß und ermüdet von der Reise. Er ging, trotz aller Gegenvorstellungen, allein auf sein Zimmer, wo er sich einschloß. Doch war sein

Bedürfnis nach Ruhe nur vorgegeben, denn nachts verließ er sein Gemach und ging allein nach der Warte, wo er bis zum grauenden Morgen blieb.

Am darauf folgenden Tage war Elga verdrüßlich, schmollend. Des Grafen nächtlicher Gang war nicht unbemerkt geblieben. Elga fand sich vernachlässigt und zeigte ihre Unzufriedenheit darüber. Starschensky unterbrach ihre mißmutigen Äußerungen, indem er von ihrer beiderseitigen Lage zu sprechen anfing. Er bemerkte, daß bei seinem jetzigen Aufenthalte in Warschau, bei dem erneuten Anblick der Zerstreuung jener genußliebenden Stadt es ihm klar geworden, wie ein so reizendes, lebensfrohes Wesen, als Elga, auf dem Lande gar nicht an ihrer Stelle sei. Er fragte sie, ob sie den Aufenthalt in der Hauptstadt vorziehen würde? An seiner Seite, entgegnete sie. – Er selbst, versicherte der Graf, werde durch seine Geschäfte auf den Gütern festgehalten; seine Vermögensumstände seien schlimmer, als man geglaubt, er müsse bleiben. Dann bleibe auch sie, sagte Elga. An seiner Seite wolle sie leben und sterben. Nun verwünschte sie die beiden Brüder, die durch ihre unverschämten Forderungen den allzu guten Gatten in so manche Verlegenheit gestürzt. Sie versicherte, nun aber auch jeden Rest von Liebe für sie abgelegt zu haben. Wenn ihre Brüder bettelnd vor der Türe ständen, sie würde nicht öffnen, sagte sie. Der Graf übernahm zum Teil die Verteidigung seiner Schwäger. Er habe sie in Warschau gesprochen. Es war einer ihrer Verbannungsgefährten bei ihnen – wie hieß er doch? – Elga sann gleichfalls nach. – Oginsky! rief der Graf und blickte sie rasch an. Sie veränderte nicht eine Miene und sagte: Die Genossen meiner Brüder sind alle schlecht, dieser aber ist der schlechteste! – Welcher? – Den du nanntest! – Welcher war das? – Nun, Oginsky! antwortete sie, und ein leichtes Zucken in ihren Zügen verriet eine vorübergehende Bewegung.

Der Graf war ans Fenster getreten und blickte hinaus. Elga folgte ihm, sie lehnte den Arm auf seine Schulter. Der Graf stand unbeweglich. Starschensky, sagte sie, ich bemerke eine ungeheure Veränderung in deinem Wesen. Du liebst mich nicht wie sonst. Du verschweigst mir manches. Der Graf wendete sich um und sagte: Nun denn, so laß uns reden, weil du Rede willst. Du kennst die Zerrüttung meiner Vermögensumstände, du kennst deren Ursache. Was noch sonst mich drückt. weiß nur ich. Wenn nun diese Ereignisse schwer auf mir liegen, so martert nicht weniger der Gedanke, daß ich die Ursache wohl gar selbst herbeigeführt habe. Gewiß war der Leichtsinn tadelnswert, mit dem ich das Erbe meiner Väter verwaltete; vielleicht war ich aber sogar damals strafbar, als ich, der Störrische, an Abgeschiedenheit Gewohnte, um die Hand des lebensfrohen Mädchens warb, unbekümmert über die Richtung ihrer Gefühle und Neigungen, unbekümmert, ob ich sie, meine Frau geworden, zu einer Lebensart verdammte, deren Einförmigkeit ihr unerträglich werden mußte. – Starschensky! sagte Elga und sah ihn mit schmeichelndem Vorwurfe an. – Man hat mir fremde Dienste angeboten, fuhr Starschensky fort, und genau besehen, ist es vielleicht am besten, ich meide für einige, vielleicht für längere Zeit das Land meiner Väter. Gestern noch waren meine Entschlüsse finsterer. Aber die Überlegung der heutigen Nacht zeigte mir diesen Entschluß als den besten. Heute nacht, versetzte Elga mißtrauisch, heute nacht hast du überlegt? Und wo? Auf jener Warte etwa? Und da Starschensky betroffen zurückfuhr: Hab ich dich? – fuhr sie fort. Von dort her holst du deine Besorgnisse? Von dorther deinen Wunsch zu reisen? Und die Reisegefährtin wohl auch? Durch das Gerücht mußte ich erfahren, wie eine verhüllte Gestalt, wahrscheinlich eine glücklichere Geliebte, dort abgesetzt ward, zu der du nun allnächtlich die Zärtlichkeit trägst, die du an dem Altare *mir* zugeschworen. Ist das mein Lohn? – Komm! wendete sie sich zu dem danebenstehenden Kinde, komm! Wir sind ihm zur Last! Er hat andere Freuden kennengelernt als in dem Kreise der Seinen! Damit wendete sie sich zum Gehen. Ein gellendes Hohngelächter entfuhr dem Munde des Grafen, über das er selbst zusammenschrak, wie über das eines andern. Elga wendete sich um. Ich wußte wohl, sagte sie, daß es nur Scherz war. Aber die Enthüllung des Geheimnisses jener Warte ersparst du dir doch nicht. Ich muß selbst schauen, was sie verbirgt. Versprichst du mir das? Der Graf war auf ein Ruhebett gesunken und verhüllte das Gesicht in seine beiden Hände. Da hörte er eine Türe gehen. Durch die Finger blickend, sah er das Kammermädchen seiner Frau, die eben mit ihrem Nachtzeuge eintreten wollte, und Elgan, die mit einem listigen Gesichte ihr Entfernung zuwinkte. Elga nahte hierauf dem Ruhebette und, sich neben ihren Gatten hinsetzend, sprach sie: Komm, Starschensky, laß uns Frieden schließen! Wir haben uns ja doch schon so lange nicht ohne Zeugen gesprochen. Damit neigte sie ihre Wange an die seinige und zog eine seiner Hände an ihr klopfendes Herz. Ein Schauder überfiel den Grafen. Höllenschwarz stands vor ihm. Er stieß sein Weib zurück und entfloh.

Mitternacht hatte geschlagen. Alles im Schlosse war stille. Elga schlief in ihrem Zimmer. Da fühlte sie sich angefaßt und, aus dem Schlafe emporfahrend, sah sie beim Schein der Nachtlampe ihren

Gatten, der, eine Blendlaterne in der Hand, sie aufstehen und sich ankleiden hieß. Auf ihre Frage: wozu? entgegnete er: Sie habe Verlangen gezeigt, die Geheimnisse jener Warte kennenzulernen. Am Tage ginge das nicht an; wenn sie aber Finsternis und Nachtluft nicht scheue, so möge sie ihm folgen. Aber hast du nichts Arges im Sinne? fragte die Gräfin; du warst gestern abends so sonderbar! Wenn du nicht folgen willst, so bleibe, sprach Starschensky und war im Begriffe, sich zu entfernen. Halt! rief Elga. Wenn Furchtsamkeit der Weiber allgemeines Erbteil ist, so bin ich kein Weib. Auch muß dieser Zustand von Ungewißheit enden. Vielleicht bist du in dich gegangen, hast erkannt. – Wenn du dich überzeugen willst – sprach Starschensky, so steh auf und folge mir. Elga war aus dem Bette gesprungen und hatte einen Schlafpelz übergeworfen. Sie wollte gehen. Aber indes war das Kind erwacht, das in dem Bette ihr zur Seite schlief. Es fing an zu weinen. Dein Kind wird die Bewohner des Schlosses wecken, sagte der Graf. Da, ohne ein Wort zu sprechen, nahm Elga die Kleine empor, wickelte sie in ein warmverhüllendes Tuch und, das Kind auf dem Arme, folgte sie dem leitenden Gatten.

Die Nacht war kühl und dunkel. Die Sterne zwar schimmerten tausendfältig am trauergefärbten Himmel, aber kein Mond beleuchtete der Wandler einsamen Pfad, nur des Grafen Blendlaterne warf kurze Streiflichte auf den Boden und die untersten Blätter der mitternächtig schlummernden Gesträuche.

So hatten sie den, von seiner ehemaligen Benützung so genannten Tiergarten durchschritten und waren nun bei jener Warte angelangt, dem eigentlichen Ziel ihrer Wanderung. Da wendete der Graf sich um zu seiner Gattin und sprach: Du bist nun im Begriffe, das verborgenste Geheimnis deines Gatten zu erforschen. Du willst ihn überraschen über dem Bruche seiner ehelichen Treue, ihn beschämen in Beisein einer verworfenen Geliebten. Es ist billig, daß Gefahr und Vorteil auf beiden Seiten gleich sei. Bevor du eintrittst, schwöre mir, daß du selber nie eines gleichen Fehls dich schuldig gemacht, daß du rein seist an dem Verbrechen, dessen du zeihst deinen Gatten. Du suchst Ausflüchte, sprach Elga. Weib! fuhr der Graf fort, durchgeh in Gedanken dein verflossenes Leben, und wenn du eine Makel, ich will nicht sagen, ein Brandmal, darin entdeckst, so tritt nicht ein in dieses Gemäuer. Elga drängte sich am Grafen vorbei, dem Eingange zu. Er stellte sich ihr von neuem in den Weg, indem er ausrief: Du gehst nicht ein, bevor du mirs eidlich versichert. Lege die Hand auf das Haupt deines Kindes und schwöre! Da legte Elga die Rechte auf das Haupt der schlummernden Kleinen und sprach: So überflüssig mir ein solcher Schwur scheint, so gut du selbst davon überzeugt bist, wie sehr er es sei, so bekräftige ich doch! – Halt! schrie Starschensky, es ist genug. Tritt ein und sieh!

Der Graf schloß auf. Sie stiegen eine schmale Wendeltreppe hinan, die zu einer gleichfalls verschlossenen Türe führte. Der Graf öffnete auch diese, und nun traten sie in ein geräumiges Gemach, dessen innerer Teil durch einen dunklen Vorhang abgeschlossen war. Der Graf setzte Stühle an einem vorgeschobenen Tische zurecht, entzündete an dem Lichte seiner Blendlaterne zwei Wachskerzen in schweren, ehernen Leuchtern, zog aus der Schublade des Tisches ein Heft Papiere hervor und winkte seiner Frau, sich zu setzen, indem er sich gleichfalls niederließ. Elga sah rings um sich her, bemerkte aber niemand. Sie saß und hörte.

Da begann der Graf, dem Lichte näher rückend, zu lesen aus den Papieren, die er hielt: ›Auch bekenne ich, mit der Tochter des Starosten Laschek unerlaubte Gemeinschaft gepflogen zu haben; vor und nach ihrer Vermählung mit dem Grafen Starschensky. Ihrer Ehe einziges Kind –‹ Unerhörte Verleumdung! schrie Elga und sprang auf. Wer wagt es, mich solcher Dinge zu zeihen? Oginsky! rief der Graf. Steh auf und bekräftige deine Aussage! Bei diesen Worten hatte er den Vorhang hinweggerissen, und eine Mannsgestallt zeigte sich, auf Stroh liegend, mit Ketten an die Wand gefesselt. Wer ruft mir? fragte der Gefangene. Elga ist hier, sagte der Graf, und fragt, ob es wahr sei, daß du mit ihr gekost? Wie oft soll ichs noch wiederholen? sagte der Mann, sich in seinen Ketten umkehrend. – Hörst du? schrie der Graf zu seiner Gattin, die bleich und erstarrt dastand. Nimm hier den Schlüssel und öffne die Fesseln dieses Mannes! Elga zauderte. Da riß der Graf seinen Säbel halb aus der Scheide, und sie ging. Klirrend fielen die Ketten ab, und Oginsky trat vor. Was wollt Ihr von mir? sagte er. Du hast mich am Tiefsten verletzt, sprach der Graf. Du weißt, wie Männer und Edelleute ihre Beleidigungen abtun. Hier nimm diesen Stahl, fuhr er fort, indem er einen zweiten Säbel aus seinem Oberrocke hervorzog, und stelle dich mir! – Ich mag nicht fechten! sagte Oginsky. Du mußt! schrie Starschensky und drang auf ihn ein. Mittlerweile hörte man Geräusch auf der Treppe. Elga, die unbeweglich dagestanden hatten, sprang jetzt der Türe zu und versuchte diese zu öffnen, indem sie laut um Hülfe schrie. Starschensky ereilte sie, da sie eben nach der Klinke griff, stieß das Weib zurück und schloß die Türe ab. Die Zwischenzeit benützte Oginsky, und während der Graf noch am Eingange beschäftigt war, riß er das Fenster auf und sprang hinab. Der Fall war nicht tief; Oginsky erreichte unbeschädigt den Boden, und als der Graf von der Türe weg zum Fenster eilte, verhallten bereits die Fußtritte des Entflohenen in weiter Entfernung.

Der Graf wendete sich nun zu seiner Gemahlin. Dein Mitschuldiger ist entflohen, sagte er, aber du entgehst mir nicht. Kannst du jene Verleumdung glauben? stammelte Elga. Ich glaube dem, was ich weiß, sprach Starschensky, und dem Stempel der Ähnlichkeit in den Zügen dieses Kindes. Du mußt sterben, sagte er, und zwar hier auf der Stelle! Elga war auf die Kniee gefallen. Erbarme dich meines Lebens, rief sie. Beginne mit mir, was du willst! Verbanne mich! Verstoße mich! Heiße mich in einem Kloster, in einem Kerker den Rest meiner Tage vollbringen, nur laß mich leben! leben! Der Graf bedachte sich eine Weile, dann sprach er: Weil du denn dieses schmacherfüllte, scheußliche Dasein schätzest, über alles, so wisse: ein einziges Mittel gibt es, dich zu retten. Nenn es, nenne es, wimmerte Elga. Der Brandfleck meiner Ehre, sprach der Graf, ist dieses Kind. Wenn *seine* Augen der Tod schließt, wer weiß, ob mein Grimm sich nicht legt. Wir sind allein, niemand sieht uns, Nacht und Dunkel verhüllen die Tat. Geh hin und töte das Kind! – Wie, ich? schrie Elga. Töten? Mein Kind? Unmenschlicher! Verruchter! Was sinnst du mir zu? Nun denn! rief Starschensky und hob den weggeworfenen Säbel vom Boden auf. Halt! schrie Elga, halt! Ich will! Sie stürzte auf ihr Kind los und preßte es an ihren Busen, bedeckte es mit Tränen. Du zauderst? schrie Starschensky und machte eine Bewegung gegen sie. Nein! nein! rief Elga. Verzeihe mir Gott, was ich tun muß, was ich nicht lassen kann. Verzeihe du mir, zum Unglück Gebornes! Damit hatte sie das Kind wiederholt an ihre Brust gedrückt; mit weggewandtem Auge ergriff sie eine große Nadel, die ihren Pelz zusammenhielt; das Werkzeug blinkte, der bewaffnete Arm – Halt! schrie plötzlich Starschensky. Dahin wollt ich dich haben! sehen, ob noch eine Regung in dir, die wert des Tages. Aber es ist schwarz und Nacht. Dein Kind soll nicht sterben, aber, Schändliche, du! und damit stieß er ihr den Säbel in die Seite, daß das Blut in Strömen emporsprang und sie hinfiel über das unverletzte Kind.

Dieselbe Nacht war eine des Schreckens für die Bewohner der umliegenden Gegend. Von einer Feuerröte am Himmel aufgeschreckt, liefen sie zu und sahen die alte Warte an der Westseite der Tiergartenmauer von Starschenskys Schlosse in hellen Flammen. Alle Versuche zu löschen waren vergebens; bald standen nur schwarze Mauern unter ausgebrannten rauschenden Trümmern.

Man wollte den Grafen wecken; er fehlte, mit ihm sein Weib, sein Kind. Die Brandstätte ward durchsucht, und zwar allerdings menschliches Gebein aufgefunden, aber sollten das die Reste dreier Menschen sein?

Beim Scheiden derselben Nacht aber fühlte sich ein armes Köhlerweib im Gebirge die glücklichste aller Sterblichen. Denn als sie mit ihrem Manne lag und schlief, pochte es an der Hüttentüre. Sie stand auf und öffnete; da sah sie im Scheine des anbrechenden Morgens ein weinendes Kind von etwa zwei Jahren vor sich stehen, statt aller Kleider in ein weites Tuch gehüllt, ein Kästchen neben sich. Geöffnet, zeigte dieses mehr Gold, als sich das arme Paar je beisammen geträumet hatte. Ein paar beigelegte Zeilen empfahlen das Kind der Vorsorge der beiden und versprachen fernere Geldspenden in der Zukunft.

Nach zwei Tagen erschien der Graf wieder in der Mitte der Seinigen, aber nur, um sich zu einer Reise nach Warschau zu bereiten. Dort angelangt, suchte und erhielt er persönliches Gehör beim Könige, nach dessen Beendigung der Fürst, sichtbar erschüttert, seinen Kanzler holen ließ und ihm offene Briefe auszufertigen befahl, welche den Grafen Starschensky, als letzten seines Stammes, die freie Verfügung über seine Lehengüter einräumten.

Die Güter selbst wurden teils verkauft und der Erlös zur Tilgung von Schulden verwendet, teils als Stiftung einem Kloster zu Eigentume gegeben, das man nicht fern von der Stelle zu bauen anfing, wo die alte, abgebrannte Warte gestanden hatte. Das ist die Geschichte dieses Klosters«, endete der Mönch.

»Der Graf selbst aber?« – fragte einer der Fremden.

»Ich habe Euch gleich anfangs gewarnt«, sagte der Mönch, »nicht weiter zu fragen, wenn ich aufhöre, nun tut Ihrs aber doch! Zahlreiche Seelmessen wurden gestiftet für die Ruhe derjenigen, die eine rasche Gewalttat hinweggerafft in der Mitte ihrer Sünden; um Vergebung für den Unglücklichen, der in verdammlicher Übereilung Verbrechen bestraft durch Verbrechen. Der Graf war Mönch geworden in dem von ihm gestifteten Kloster. Anfangs fand er Trost in der Stille des Klosterlebens, in der Einförmigkeit der Bußübungen. Die Zeit aber, statt den Stachel abzustumpfen, zeigte ihm stets gräßlicher seine Tat. Über ihm kam seines Stammes tatenheischender Geist, und die Einsamkeit der Zelle ward ihm zur Folterqual. In Zweisprach mit Geistern und gen sich selber wütend, hütete man ihn als Wahnsinnigen manches Jahr. Endlich geheilt, irrte er bei Tag umher; jedes Geschäft war ihm Erquickung, an den Bäumen des Forstes übte er seine Kraft. Nur nachts, um die Stunde, da die beklagenswerte Tat geschah, die erste nach Mitternacht, wenn die Totenfeier beginnt« – – So weit war er in seiner Erzählung gekommen, da ward diese durch die ersten Töne eines aus der Klosterkirche herübertönenden Chorgesanges unterbrochen; zugleich schlug die Glocke ein Uhr.

Bei den ersten Lauten schütterte der Mönch zusammen. Seine Kniee schlotterten, seine Zähne schlugen aneinander, er schien hinsinken zu wollen, als sich plötzlich die Türe öffnete und der Abt des Klosters in hochaufgerichteter Stellung, das Kreuz seiner Würde funkelnd auf der Brust, in die Schwelle trat. »Wo bleibst du, Starschensky?« rief er. »Die Stunde deiner Buße ist gekommen.« Da wimmerte der Mönch und zusammengekrümmt, wie ein verwundetes Tier, in weiten Kreisen, dem Hunde gleich, der die Strafe fürchtet, schob er sich der Türe zu, die der Abt, zurücktretend, ihm freiließ. Dort angelangt, schoß er wie ein Pfeil hinaus, der Abt, hinter ihm, schloß die Türe.

Noch lange hörten die Fremden dem Chorgesange zu, bis er verklang in die Stille der Nacht und sie ihr Lager suchten zu kurzer Ruhe.

Am Morgen nahmen sie Abschied vom Abte, ihm dankend für die gastfreundliche Bewirtung. Der Jüngere gewann es über sich, nach dem Mönche der gestrigen Nacht zu fragen, worauf der Prälat, ohne zu antworten, ihnen eine glückliche Reise wünschte.

Sie zogen nach Warschau und nahmen sich vor, auf der Rückreise weitere Kunde von dem Zustande des Mönches einzuziehen, in dem sie wohl den unglücklichen Starschensky erkannt hatten. Aber eine Änderung in ihren Geschäften schrieb ihnen eine andere Straße zur Rückkehr vor, und nie haben sie mehr etwas von dem Mönche und dem Kloster bei Sendomir gehört.

DER ARME SPIELMANN

Erzählung

In Wien ist der Sonntag nach dem Vollmonde im Monat Juli jedes Jahres samt dem darauf folgenden Tage ein eigentliches Volksfest, wenn je ein Fest diesen Namen verdient hat. Das Volk besucht es und gibt es selbst; und wenn Vornehmere dabei erscheinen, so können sie es nur in ihrer Eigenschaft als Glieder des Volks. Da ist keine Möglichkeit der Absonderung; wenigstens vor einigen Jahren noch war keine.

An diesem Tage feiert die mit dem Augarten, der Leopoldstadt, dem Prater in ununterbrochener Lustreihe zusammenhängende Brigittenau ihre Kirchweihe. Von Brigittenkirchtag zu Brigittenkirchtag zählt seine guten Tage das arbeitende Volk. Lange erwartet, erscheint endlich das saturnalische Fest. Da entsteht Aufruhr in der gutmütig ruhigen Stadt. Eine wogende Menge erfüllt die Straßen. Geräusch von Fußtritten, Gemurmel von Sprechenden, das hie und da ein lauter Ausruf durchzuckt. Der Unterschied der Stände ist verschwunden; Bürger und Soldat teilt die Bewegung. An den Toren der Stadt wächst der Drang. Genommen, verloren und wiedergenommen, ist endlich der Ausgang erkämpft. Aber die Donaubrücke bietet neue Schwierigkeiten. Auch hier siegreich, ziehen endlich zwei Ströme, die alte Donau und die geschwollnere Woge des Volks, sich kreuzend quer unter- und übereinander, die Donau ihrem alten Flußbette nach, der Strom des Volkes, der Eindämmung der Brücke entnommen, ein weiter, tosender See, sich ergießend in alles deckender Überschwemmung. Ein neu Hinzugekommener fände die Zeichen bedenklich. Es ist aber der Aufruhr der Freude, die Losgebundenheit der Lust.

Schon zwischen Stadt und Brücke haben sich Korbwagen aufgestellt für die eigentlichen Hierophanten dieses Weihfestes: die Kinder der Dienstbarkeit und der Arbeit. Überfüllt und dennoch im Galopp durchfliegen sie die Menschenmasse, die sich hart vor ihnen öffnet und hinter ihnen schließt, unbesorgt und unverletzt. Denn es ist in Wien ein stillschweigender Bund zwischen Wagen und Menschen: nicht zu überfahren, selbst im vollen Lauf; und nicht überfahren werden, auch ohne alle Aufmerksamkeit.

Von Sekunde zu Sekunde wird der Abstand zwischen Wagen und Wagen kleiner. Schon mischen sich einzelne Equipagen der Vornehmeren in den oft unterbrochenen Zug. Die Wagen fliegen nicht mehr. Bis endlich fünf bis sechs Stunden vor Nacht die einzelnen Pferde- und Kutschen-Atome sich zu einer kompakten Reihe verdichten, die sich selber hemmend und durch Zufahrende aus allen Quergassen gehemmt, das alte Sprichwort: »Besser schlecht gefahren, als zu Fuß gegangen«, offenbar zuschanden macht. Begafft, bedauert, bespottet, sitzen die geputzten Damen in den scheinbar stille stehenden Kutschen. Des immerwährenden Anhaltens ungewohnt, bäumt sich der Holsteiner Rappe, als wollte er seinen, durch den ihm vorgehenden Korbwagen gehemmten Weg obenhin über diesen hinaus nehmen, was auch die schreiende Weiber- und Kinderbevölkerung des Plebejer-Fuhrwerks offenbar zu befürchten scheint. Der schnell dahinschießende Fiaker, zum ersten Male seiner Natur ungetreu, berechnet ingrimmig den Verlust, auf einem Wege drei Stunden zubringen zu müssen, den er sonst in fünf Minuten durchflog. Zank, Geschrei, wechselseitige Ehrenangriffe der Kutscher, mitunter ein Peitschenhieb.

Endlich, wie wenn in dieser Welt jedes noch so hartnäckige Stehenbleiben doch nur ein unvermerktes Weiterrücken ist, erscheint auch diesem Status quo ein Hoffnungsstrahl. Die ersten Bäume des Augartens und der Brigittenau werden sichtbar. Land! Land! Land! Alle Leiden sind vergessen. Die zu Wagen Gekommenen steigen aus und mischen sich unter die Fußgänger, Töne entfernter Tanzmusik schallen herüber, vom Jubel der neu Ankommenden beantwortet. Und so fort und immer weiter, bis endlich der breite Hafen der Lust sich auftut und Wald und Wiese, Musik und Tanz, Wein und Schmaus, Schattenspiel und Seiltänzer, Erleuchtung und Feuerwerk sich zu einem pays de cocagne, einem Eldorado, einem eigentlichen Schlaraffenlande vereinigen, das leider, oder glücklicherweise, wie man es nimmt, nur einen und den nächst darauffolgenden Tag dauert, dann aber verschwindet, wie der Traum einer Sommernacht und nur in der Erinnerung zurückbleibt und allenfalls in der Hoffnung.

Ich versäume nicht leicht, diesem Feste beizuwohnen. Als ein leidenschaftlicher Liebhaber der Menschen, vorzüglich des Volkes, so daß mir selbst als dramatischen Dichter der rückhaltslose Ausbruch eines überfüllten Schauspielhauses immer zehnmal interessanter, ja belehrender war als das zusammengeklügelte Urteil eines an Leib und Seele verkrüppelten, von dem Blut ausgesogener Autoren spinnenartig aufgeschwollenen literarischen Matadors; – als ein Liebhaber der Menschen, sage ich, besonders wenn sie in Massen für einige Zeit der einzelnen Zwecke vergessen und sich als Teile des Ganzen fühlen, in dem denn doch zuletzt das Göttliche liegt – als einem solchen ist mir jedes Volksfest ein eigentliches Seelenfest, eine Wallfahrt, eine Andacht. Wie aus einem aufgerollten, ungeheuren, dem Rahmen des Buches entsprungenen Plutarch lese ich aus den heitern und heimlich bekümmerten Gesichtern, dem lebhaften oder gedrückten Gange, dem wechselseitigen Benehmen der Familienglieder, den einzelnen halb unwillkürlichen Äußerungen, mir die Biographien der unberühmten Menschen zusammen, und wahrlich! man kann die Berühmten nicht verstehen, wenn man die Obskuren nicht durchgefühlt hat. Von dem Wortwechsel weinerhitzter Karrenschieber spinnt sich ein unsichtbarer, aber ununterbrochener Faden bis zum Zwist der Göttersöhne, und in der jungen Magd, die halb wider Willen dem drängenden Liebhaber seitab vom Gewühl der Tanzenden folgt, liegen als Embryo die Julien, die Didos und die Medeen.

Auch vor zwei Jahren hatte ich mich, wie gewöhnlich, den lustgierigen Kirchweihgästen als Fußgänger mit angeschlossen. Schon waren die Hauptschwierigkeiten der Wanderung überwunden, und ich befand mich bereits am Ende des Augartens, die ersehnte Brigittenau hart vor mir liegend. Hier ist nun noch ein, wenngleich der letzte Kampf zu bestehen. Ein schmaler Damm, zwischen undurchdringlichen Befriedungen hindurchlaufend, bildet die einzige Verbindung der beiden Lustorte, deren gemeinschaftliche Grenze ein in der Mitte befindliches hölzernes Gittertor bezeichnet. An gewöhnlichen Tagen und für gewöhnliche Spaziergänger bietet dieser Verbindungsweg überflüssigen Raum; am Kirchweihfeste aber würde seine Breite, auch vierfach genommen, noch immer zu schmal sein für die endlose Menge, die, heftig nachdrängend und von Rückkehrenden im entgegengesetzten Sinne durchkreuzt, nur durch die allseitige Gutmütigkeit der Lustwandelnden sich am Ende doch leidlich zurecht findet.

Ich hatte mich mit dem Zug der Menge hingegeben und befand mich in der Mitte des Dammes, bereits auf klassischem Boden, nur leider zu stets erneutem Stillestehen, Ausbeugen und Abwarten genötigt. Da war denn Zeit genug, das seitwärts am Wege Befindliche zu betrachten. Damit es nämlich der genußlechzenden Menge nicht an einem Vorschmack der zu erwartenden Seligkeit mangle, hatten sich links am Abhang der erhöhten Dammstraße einzelne Musiker aufgestellt, die, wahrscheinlich die große Konkurrenz scheuend, hier an den Propyläen die Erstlinge der noch unabgenützten Freigebigkeit einernten wollten. Eine Harfenspielerin mit widerlich starrenden Augen. Ein alter invalider Stelzfuß, der auf einem entsetzlichen, offenbar von ihm selbst verfertigten Instrumente, halb Hackbrett und halb Drehorgel, die Schmerzen seiner Verwundung dem allgemeinen Mitleid auf eine analoge Weise empfindbar machen wollte. Ein lahmer, verwachsener Knabe, er und seine Violine einen einzigen ununterscheidbaren Knäuel bildend, der endlos fortrollende Walzer mit all der hektischen Heftigkeit seiner verbildeten Brust herabspielte. Endlich - und er zog meine ganze Aufmerksamkeit auf sich - ein alter, leicht siebzigjähriger Mann in einem fadenscheinigen, aber nicht unreinlichen Moltonüberrock mit lächelnder, sich selbst Beifall gebender Miene. Barhäuptig und kahlköpfig stand er da, nach Art dieser Leute, den Hut als Sammelbüchse vor sich auf dem Boden, und so bearbeitete er eine alte vielzersprungene Violine, wobei er den Takt nicht nur durch Aufheben und Niedersetzen des Fußes, sondern zugleich durch übereinstimmende Bewegung des ganzen gebückten Körpers markierte. Aber all diese Bemühung, Einheit in seine Leistung zu bringen, war fruchtlos, denn was er spielte, schien eine unzusammenhängende Folge von Tönen ohne Zeitmaß und Melodie. Dabei war er ganz in sein Werk vertieft: Die Lippen zuckten, die Augen waren starr auf das vor ihm befindliche Notenblatt gerichtet - ja wahrhaftig Notenblatt! Denn indes alle andern, ungleich mehr zu Dank spielenden Musiker sich auf ihr Gedächtnis verließen, hatte der alte Mann mitten in dem Gewühle ein kleines, leicht tragbares Pult vor sich hingestellt mit schmutzigen, zergriffenen Noten, die das in schönster Ordnung enthalten mochten, was er so außer allem Zusammenhange zu hören gab. Gerade das Ungewöhnliche dieser Ausrüstung hatte meine Aufmerksamkeit auf ihn gezogen, so wie es auch die Heiterkeit des vorüberwogenden Haufens erregte, der ihn auslachte und den zum Sammeln hingestellten Hut des alten Mannes leer ließ, indes das übrige Orchester ganze Kupferminen einsackte. Ich war, um das Original ungestört zu betrachten, in einiger Entfernung auf den Seitenabhang des Dammes getreten. Er spielte noch eine Weile fort. Endlich hielt er ein, blickte, wie aus einer langen Abwesenheit zu sich gekommen, nach dem Firmament, das schon die Spuren des nahenden Abends zu zeigen anfing; darauf abwärts in seinen Hut, fand ihn leer, setzte ihn mit ungetrübter Heiterkeit auf, steckte den Geigenbogen zwischen die Saiten; »sunt certi denique fines«, sagte er, ergriff sein Notenpult und arbeitete sich mühsam durch die dem Feste zuströmende Menge in entgegengesetzter Richtung, als einer, der heimkehrt.

Das ganze Wesen des alten Mannes war eigentlich wie gemacht, um meinen anthropologischen Heißhunger aufs äußerste zu reizen. Die dürftige und doch edle Gestalt, seine unbesiegbare Heiterkeit, so viel Kunsteifer bei so viel Unbeholfenheit; daß er gerade zu einer Zeit heimkehrte, wo für andere seinesgleichen erst die eigentliche Ernte anging; endlich die wenigen, aber mit der richtigsten Betonung, mit völliger Geläufigkeit gesprochenen lateinischen Worte. Der Mann hatte also eine sorgfältigere Erziehung genossen, sich Kenntnisse eigen gemacht, und nun – ein Bettelmusikant! Ich zitterte vor Begierde nach dem Zusammenhange.

Aber schon befand sich ein dichter Menschenwall zwischen mir und ihm. Klein, wie er war, und durch das Notenpult in seiner Hand nach allen Seiten hin störend, schob ihn einer dem andern zu, und schon hatte ihn das Ausgangsgitter aufgenommen, indes ich noch in der Mitte des Dammes mit der entgegenströmenden Menschenwoge kämpfte. So entschwand er mir, und als ich endlich selbst ins ruhige Freie gelangte, war nach allen Seiten weit und breit kein Spielmann mehr zu sehen.

Das verfehlte Abenteuer hatte mir die Lust an dem Volksfest genommen. Ich durchstrich den Augarten nach allen Richtungen und beschloß endlich, nach Hause zu kehren.

In die Nähe des kleinen Türchens gekommen, das aus dem Augarten nach der Taborstraße führt, hörte ich plötzlich den bekannten Ton der alten Violine wieder. Ich verdoppelte meine Schritte, und siehe da! der Gegenstand meiner Neugier stand, aus Leibeskräften spielend, im Kreise einiger Knaben, die ungeduldig einen Walzer von ihm verlangten. »Einen Walzer spiel!« riefen sie; »einen Walzer, hörst du nicht!« Der Alte geigte fort, scheinbar ohne auf sie zu achten, bis ihn die kleine Zuhörerschar schmähend und spottend verließ, sich um einen Leiermann sammelnd, der seine Drehorgel in der Nähe aufgestellt hatte.

»Sie wollen nicht tanzen«, sagte wie betrübt der alte Mann, seine Musikgeräte zusammenlesend. Ich war ganz nahe zu ihm getreten. »Die Kinder kennen eben keinen andern Tanz als den Walzer«, sagte ich. »Ich spielte einen Walzer«, versetzte er, mit dem Geigenbogen den Ort des soeben gespielten Stückes auf seinem Notenblatte bezeichnend.

»Man muß derlei auch fühlen, der Menge wegen. Aber die Kinder haben kein Ohr«, sagte er, indem er wehmütig den Kopf schüttelte. – »Lassen Sie mich wenigstens ihren Undank wieder gut machen«, sprach ich, ein Silberstück aus der Tasche ziehend und ihm hinreichend. »Bitte, bitte!« rief der alte Mann, wobei er mit den Händen ängstlich abwehrende Bewegungen machte, »in den Hut! in den Hut!« – Ich legte das Geldstück in den vor ihm stehenden Hut, aus dem es unmittelbar darauf der Alte herausnahm und ganz zufrieden einsteckte, »das heißt einmal mit reichem Gewinn nach Hause gehen«, sagte er schmunzelnd. – »Eben recht«, sprach ich, »erinnern Sie mich auf einen Umstand, der schon früher meine Neugier rege machte! Ihre heutige Einnahme scheint nicht die beste gewesen zu sein, und doch entfernen Sie sich in einem Augenblicke, wo eben die eigentliche Ernte angeht. Das Fest dauert, wissen Sie wohl, die ganze Nacht, und Sie könnten da leicht mehr gewinnen als an acht gewöhnlichen Tagen. Wie soll ich mir das erklären?«

»Wie Sie sich das erklären sollen?« versetzte der Alte. »Verzeihen Sie, ich weiß nicht, wer Sie sind, aber Sie müssen ein wohltätiger Herr sein und ein Freund der Musik«, dabei zog er das Silberstück noch einmal aus der Tasche und drückte es zwischen seine gegen die Brust gehobenen Hände. »Ich will Ihnen daher nur die Ursachen angeben, obgleich ich oft deshalb verlacht worden bin. Erstens war ich nie ein Nachtschwärmer und halte es auch nicht für recht, andere durch Spiel und Gesang zu einem solchen widerlichen Vergehen anzureizen; zweitens muß sich der Mensch in allen Dingen eine gewisse Ordnung festsetzen, sonst gerät er ins Wilde und Unaufhaltsame. Drittens endlich – Herr! ich spiele den ganzen Tag für die lärmenden Leute und gewinne kaum kärglich Brot dabei; aber der Abend gehört mir und meiner armen Kunst.«

»Abends halte ich mich zu Hause und« – dabei ward seine Rede immer leiser, Röte überzog sein Gesicht, sein Auge suchte den Boden – »da spiele ich denn aus der Einbildung, so für mich ohne Noten. Phantasieren, glaub ich, heißt es in den Musikbüchern.«

Wir waren beide ganz still geworden. Er, aus Beschämung über das verratene Geheimnis seines Innern; ich, voll Erstaunen, den Mann von den höchsten Stufen der Kunst sprechen zu hören, der nicht imstande war, den leichtesten Walzer faßbar wiederzugeben. Er bereitete sich indes zum Fortgehen.

»Wo wohnen Sie?« sagte ich. »Ich möchte wohl einmal Ihren einsamen Übungen beiwohnen.« – »Oh«, versetzte er fast flehend, »Sie wissen wohl, das Gebet gehört ins Kämmerlein.« – »So will ich Sie denn einmal am Tage besuchen«, sagte ich. – »Den Tag über«, erwiderte er, »gehe ich meinem Unterhalt bei den Leuten nach.« – »Also des Morgens denn.« – »Sieht es doch beinahe aus«, sagte der Alte lächelnd, »als ob Sie, verehrter Herr, der Beschenkte wären, und ich, wenn es mir erlaubt ist zu sagen, der Wohltäter; so freundlich sind Sie, und so widerwärtig ziehe ich mich zurück. Ihr vornehmer Besuch wird meiner Wohnung immer eine Ehre sein; nur bäte ich, daß Sie den Tag Ihrer Dahinkunft mir großgünstig im voraus bestimmten, damit weder Sie durch Ungehörigkeit aufgehalten noch ich genötigt werde, ein zur Zeit etwa begonnenes Geschäft unziemlich zu unterbrechen. Mein Morgen nämlich hat auch seine Bestimmung. Ich halte es jedenfalls für meine Pflicht, meinen Gönnern und Wohltätern für ihr Geschenk eine nicht ganz unwürdige Gegengabe darzureichen. Ich will kein Bettler sein, verehrter Herr. Ich weiß wohl, daß die übrigen öffentlichen Musikleute sich damit begnügen, einige auswendig gelernte Gassenhauer, Deutschwalzer, ja wohl gar Melodien von unartigen Liedern, immer wieder von denselben anfangend, fort und fort herab zu spielen, so daß man ihnen gibt, um ihrer los zu werden, oder weil ihr Spiel die Erinnerung genossener Tanzfreuden oder sonst unordentlicher Ergötzlichkeiten wieder lebendig macht. Daher spielen sie auch aus dem Gedächtnis und greifen falsch mitunter, ja häufig. Von mir aber sei fern zu betrügen. Ich habe deshalb, teils weil mein Gedächtnis überhaupt nicht das beste ist, teils weil es für jeden schwierig sein dürfte, verwickelte Zusammensetzungen geachteter Musikverfasser Note für Note bei sich zu behalten, diese Hefte mir selbst ins reine geschrieben.« Er zeigte dabei durchblätternd auf sein Musikbuch, in dem ich zu meinem Entsetzen mit sorgfältiger, aber widerlich steifer Schrift ungeheuer schwierige Kompositionen alter berühmter Meister, ganz schwarz von Passagen und Doppelgriffen erblickte. Und derlei spielte der alte Mann mit seinen ungelenken Fingern! »Indem ich nun diese Stücke spiele«, fuhr er fort, »bezeige ich meine Verehrung den nach Stand und Würden geachteten, längst nicht mehr lebenden Meistern und Verfassern, tue mir selbst genug und lebe der angenehmen Hoffnung, daß die mir mildest gereichte Gabe nicht ohne Entgelt bleibt durch Veredlung des Geschmackes und Herzens der ohnehin von so vielen Seiten gestörten und irregeleiteten Zuhörerschaft. Da derlei aber, auf daß ich bei meiner Rede bleibe« – und dabei überzog ein selbstgefälliges Lächeln seine Züge – »da derlei aber eingeübt sein will, sind meine Morgenstunden ausschließlich diesem Exerzitium bestimmt. Die drei ersten Stunden des Tages der Übung, die Mitte dem Broterwerb und der Abend mir und dem lieben Gott, das heißt nicht unehrlich geteilt«, sagte er, und dabei glänzten seine Augen wie feucht; er lächelte aber.

»Gut denn«, sagte ich, »so werde ich Sie einmal morgens überraschen. Wo wohnen Sie?« Er nannte mir die Gärtnergasse. – »Hausnummer?« – »Nummer 34 im ersten Stocke.« – »In der Tat!« rief ich, »im Stockwerke der Vornehmen?« – »Das Haus«, sagte er, »hat zwar eigentlich nur ein Erdgeschoß; es ist aber oben neben der Bodenkammer noch ein kleines Zimmer, das bewohne ich gemeinschaftlich mit zwei Handwerksgesellen.« – »Ein Zimmer zu dreien?« – »Es ist abgeteilt«, sagte er, »und ich habe mein eigenes Bette.«

»Es wird spät«, sprach ich, »und Sie wollen nach Hause. Auf Wiedersehen denn!« und dabei fuhr ich in die Tasche, um das früher gereichte, gar zu kleine Geldgeschenk allenfalls zu verdoppeln. Er aber hatte mit der einen Hand das Notenpult, mit der andern seine Violine angefaßt und rief hastig: »Was ich devotest verbitten muß. Das Honorarium für mein Spiel ist mir bereits in Fülle zuteil geworden, eines andern Verdienstes aber bin ich mir zur Zeit nicht bewußt.« Dabei machte er mir mit einer Abart vornehmer Leichtigkeit einen ziemlich linkischen Kratzfuß und entfernte sich, so schnell ihn seine alten Beine trugen.

Ich hatte, wie gesagt, die Lust verloren, dem Volksfeste für diesen Tag länger beizuwohnen, ich ging daher heimwärts, den Weg nach der Leopoldstadt einschlagend, und, von Staub und Hitze erschöpft, trat ich in einen der dortigen vielen Wirtsgärten, die, an gewöhnlichen Tagen überfüllt, heute ihre ganze Kundschaft der Brigittenau abgegeben hatten. Die Stille des Ortes, im Abstich der lärmenden Volksmenge, tat mir wohl, und mich verschiedenen Gedanken überlassend, an denen der alte Spielmann nicht den letzten Anteil hatte, war es völlig Nacht geworden, als ich endlich des Nachhausegehens gedachte, den Betrag meiner Rechnung auf den Tisch legte und der Stadt zuschritt.

In der Gärtnergasse, hatte der alte Mann gesagt, wohne er. »Ist hier in der Nähe eine Gärtnergasse?« fragte ich einen kleinen Jungen, der über den Weg lief. »Dort, Herr!« versetzte er, indem er auf eine Querstraße hinwies, die, von der Häusermasse der Vorstadt sich entfernend, gegen das freie Feld hinauslief. Ich folgte der Richtung. Die Straße bestand aus zerstreuten einzelnen Häusern, die, zwischen großen Küchengeräten gelegen, die Beschäftigung der Bewohner und den Ursprung des Namens Gärtnergasse augenfällig darlegten. In welcher dieser elenden Hütten wohl mein Original wohnen mochte? Ich hatte die Hausnummer glücklich vergessen, auch war in der Dunkelheit an das Erkennen irgend einer Bezeichnung kaum zu denken. Da schritt, auf mich zukommend, ein mit Küchengewächsen schwer beladener Mann an mir vorüber. »Kratzt der Alte einmal wieder«, brummte er, »und stört die ordentlichen Leute in ihrer Nachtruhe.« Zugleich, wie ich vorwärts ging, schlug der leise, langgehaltene Ton einer Violine an mein Ohr, der aus dem offen stehenden Bodenfenster eines wenig entfernten ärmlichen Hauses zu kommen schien, das niedrig und ohne Stockwerk wie die übrigen sich durch dieses in der Umgrenzung des Daches liegende Giebelfenster vor den andern auszeichnete. Ich stand stille. Ein leiser, aber bestimmt gegriffener Ton schwoll bis zur Heftigkeit, senkte sich, verklang, um gleich darauf wieder bis zum lautesten Gellen emporzusteigen, und zwar immer derselbe Ton mit einer Art genußreichem Daraufberuhen wiederholt. Endlich kam ein Intervall. Es war die Quarte. Hatte der Spieler sich vorher an dem Klang des einzelnen Tones geweidet, so war nun das gleichsam wollüstige Schmecken dieses harmonischen Verhältnisses noch ungleich fühlbarer. Sprungweise gegriffen, zugleich gestrichen, durch die dazwischen liegende Stufenreihe höchst holperig verbunden, die Terz markiert, wiederholt. Die Quinte daran gefügt, einmal mit zitterndem Klang, wie ein stilles Weinen, ausgehalten, verhallend, dann in wirbelnder Schnelligkeit ewig wiederholt, immer dieselben Verhältnisse, die nämlichen Töne. – Und das nannte der alte Mann Phantasieren! – Obgleich es im Grunde allerdings ein Phantasieren war, für den Spieler nämlich, nur nicht auch für den Hörer.

Ich weiß nicht, wie lange das gedauert haben mochte und wie arg es geworden war, als plötzlich die Türe des Hauses aufging, ein Mann, nur mit dem Hemde und lose eingeknöpftem Beinkleide angetan, von der Schwelle bis in die Mitte der Straße trat und zu dem Giebelfenster emporrief: »Soll das heute einmal wieder gar kein Ende nehmen?« Der Ton der Stimme war dabei unwillig, aber nicht hart oder beleidigend. Die Violine verstummte, ehe die Rede noch zu Ende war. Der Mann ging ins Haus zurück, das Giebelfenster schloß sich, und bald herrschte eine durch nichts unterbrochene Totenstille um mich her. Ich trat, mühsam in den mir unbekannten Gassen mich zurechtfindend, den Heimweg an, wobei ich auch phantasierte, aber niemand störend, für mich, im Kopfe.

Die Morgenstunden haben für mich immer einen eigenen Wert gehabt. Es ist, als ob es mir Bedürfnis wäre, durch die Beschäftigung mit etwas Erhebendem, Bedeutendem in den ersten Stunden des Tages mir den Rest desselben gewissermaßen zu heiligen. Ich kann mich daher nur schwer entschließen, am frühen Morgen mein Zimmer zu verlassen, und wenn ich ohne vollgültige Ursache mich einmal dazu nötige, so habe ich für den übrigen Tag nur die Wahl zwischen gedankenloser Zerstreuung oder selbstquälerischem Trübsinn. So kam es, daß ich durch einige Tage den Besuch bei dem alten Manne, der verabredetermaßen in den Morgenstunden stattfinden sollte, verschob. Endlich ward die Ungeduld meiner Herr, und ich ging. Die Gärtnergasse war leicht gefunden, ebenso das Haus. Die Töne der Violine ließen sich auch diesmal hören, aber durch das geschlossene Fenster bis zum Ununterscheidbaren gedämpft. Ich trat ins Haus. Eine vor Erstaunen halb sprachlose Gärtnersfrau wies mich eine Bodentreppe hinauf. Ich stand vor einer niedern und halb schließenden Türe, pochte, erhielt keine Antwort, drückte endlich die Klinke und trat ein.

Ich befand mich in einer ziemlich geräumigen, sonst aber höchst elenden Kammer, deren Wände von allen Seiten den Umrissen des spitz zulaufenden Daches folgten. Hart neben der Türe ein schmutziges, widerlich verstörtes Bette, von allen Zutaten der Unordentlichkeit umgeben; mir gegenüber, hart neben dem schmalen Fenster eine zweite Lagerstätte, dürftig, aber reinlich, und höchst sorgfältig gebettet und bedeckt. Am Fenster ein kleines Tischchen mit Notenpapier und Schreibgeräte, im Fenster ein paar Blumentöpfe. Die Mitte des Zimmers von Wand zu Wand war am Boden mit einem dicken Kreidestriche bezeichnet, und man kann sich kaum einen grellern Abstich von Schmutz und Reinlichkeit denken, als diesseits und jenseits der gezogenen Linie, dieses Äquators einer Welt im Kleinen, herrschte.

Hart an dem Gleicher hatte der alte Mann sein Notenpult hingestellt und stand, völlig und sorgfältig gekleidet, davor und – exerzierte. Es ist schon bis zum Übelklang so viel von den Mißklängen meines und, ich fürchte beinahe, nur meines Lieblings die Rede gewesen, daß ich den Leser mit der Beschreibung dieses höllischen Konzertes verschonen will. Da die Übung größtenteils aus Passagen bestand, so war an ein Erkennen der gespielten Stücke nicht zu denken, was übrigens auch sonst nicht leicht gewesen sein möchte. Einige Zeit Zuhörens ließ mich endlich den Faden durch dieses Labyrinth erkennen, gleichsam die Methode in der Tollheit. Der Alte genoß, indem er spielte. Seine Auffassung unterschied hierbei aber schlechthin nur zweierlei, den Wohlklang und den Übelklang, von denen der erstere ihn erfreute, ja entzückte, indes er dem letztern, auch dem harmonisch begründeten, nach Möglichkeit aus dem Wege ging. Statt nun in einem Musikstücke nach Sinn und

Rhythmus zu betonen, hob er heraus, verlängerte er die dem Gehör wohltuenden Noten und Intervalle, ja nahm keinen Anstand, sie willkürlich zu wiederholen, wobei sein Gesicht oft geradezu den Ausdruck der Verzückung annahm. Da er nun zugleich die Dissonanzen so kurz als möglich abtat, überdies die für ihn zu schweren Passagen, von denen er aus Gewissenhaftigkeit nicht eine Note fallen ließ, in einem gegen das Ganze viel zu langsamen Zeitmaß vortrug, so kann man sich wohl leicht eine Idee von der Verwirrung machen, die daraus hervorging. Mir ward es nachgerade selbst zu viel. Um ihn aus seiner Abwesenheit zurückzubringen, ließ ich absichtlich den Hut fallen, nachdem ich mehrere Mittel schon fruchtlos versucht hatte. Der alte Mann fuhr zusammen, seine Knie zitterten, kaum konnte er die zum Boden gesenkte Violine halten. Ich trat hinzu. »Ah, Sie sinds, gnädiger Herr!« sagte er, gleichsam zu sich selbst kommend. »Ich hatte nicht auf Erfüllung Ihres hohen Versprechens gerechnet.« Er nötigte mich zu sitzen, räumte auf, legte hin, sah einigemal verlegen im Zimmer herum, ergriff dann plötzlich einen auf einem Tische neben der Stubentür stehenden Teller und ging mit demselben zu jener hinaus. Ich hörte ihn draußen mit der Gärtnersfrau sprechen. Bald darauf kam er wieder verlegen zur Türe herein, wobei er den Teller hinter dem Rücken verbarg und heimlich wieder hinstellte. Er hatte offenbar Obst verlangt, um mich zu bewirten, es aber nicht erhalten können. »Sie wohnen hier recht hübsch«, sagte ich, um seiner Verlegenheit ein Ende zu machen. »Die Unordnung ist verwiesen. Sie nimmt ihren Rückzug durch die Türe, wenn sie auch derzeit noch nicht über die Schwelle ist. – Meine Wohnung reicht nur bis zu dem Striche«, sagte der Alte, wobei er auf die Kreidelinie in der Mitte des Zimmers zeigte. »Dort drüben wohnen zwei Handwerksgesellen.« – »Und respektieren diese Ihre Bezeichnung?« – »Sie nicht, aber ich«, sagte er. »Nur die Türe ist gemeinschaftlich.« – »Und werden Sie nicht gestört von Ihrer Nachbarschaft?« – »Kaum«, meinte er. »Sie kommen des Nachts spät nach Hause, und wenn sie mich da auch ein wenig im Bette aufschrecken, so ist dafür die Lust des Wiedereinschlafens um so größer. Des Morgens aber wecke *ich* sie, wenn ich mein Zimmer in Ordnung bringe. Da schelten sie wohl ein wenig und gehen.«

Ich hatte ihn während dessen betrachtet. Er war höchst reinlich gekleidet, die Gestalt gut genug für seine Jahre, nur die Beine etwas zu kurz. Hand und Fuß von auffallender Zartheit. – »Sie sehen mich an«, sagte er, »und haben dabei Ihre Gedanken?« – »Daß ich nach Ihrer Geschichte lüstern bin«, versetzte ich. – »Geschichte?«

wiederholte er. »Ich habe keine Geschichte. Heute wie gestern, und morgen wie heute. Übermorgen freilich und weiter hinaus, wer kann das wissen? Doch Gott wird sorgen, der weiß es.« – »Ihr jetziges Leben mag wohl einförmig genug sein«, fuhr ich fort; »aber Ihre früheren Schicksale – Wie es sich fügte.« – »Daß ich unter die Musikleute kam?« fiel er in die Pause ein, die ich unwillkürlich gemacht hatte. Ich erzählte ihm nun, wie er mir beim ersten Anblicke aufgefallen; den Eindruck, den die von ihm gesprochenen lateinischen Worte auf mich gemacht hätten. »Lateinisch«, tönte er nach. »Lateinisch? Das habe ich freilich auch einmal gelernt oder vielmehr hätte es lernen sollen und können. Loqueris latine?« wandte er sich gegen mich, »aber ich könnte es nicht fortsetzen. Es ist gar zu lange her. Das also nennen Sie meine Geschichte? Wie es kam? – Ja so! da ist denn freilich allerlei geschehen; nichts Besonderes, aber doch allerlei. Möchte ich mirs doch selbst einmal wieder erzählen. Ob ichs noch gar nicht vergessen habe. Es ist noch früh am Morgen«, fuhr er fort, wobei er in die Uhrtasche griff, in der sich freilich keine Uhr befand. – Ich zog die meine, es war kaum neun Uhr. – »Wir haben Zeit, und fast kommt mich die Lust zu schwatzen an.« Er war während des Letzten zusehends ungezwungener geworden. Seine Gestalt verlängerte sich. Er nahm mir ohne zu große Umstände den Hut aus der Hand und legte ihn aufs Bette; schlug sitzend ein Bein über das andere und nahm überhaupt die Lage eines mit Bequemlichkeit Erzählenden an.

»Sie haben« – hob er an – »ohne Zweifel von dem Hofrate – gehört?« Hier nannte er den Namen eines Staatsmannes, der in der zweiten Hälfte des vorigen Jahrhunderts unter dem bescheidenen Titel eines Bureauchefs einen ungeheuren, beinahe Minister-ähnlichen Einfluß ausgeübt hatte. Ich bejahte meine Kenntnis des Mannes. »Er war mein Vater«, fuhr er fort. – Sein Vater? des alten Spielmanns? des Bettlers? Der Einflußreiche, der Mächtige, sein Vater? Der Alte schien mein Erstaunen nicht zu bemerken, sondern spann, sichtbar vergnügt, den Faden seiner Erzählung weiter. »Ich war der Mittlere von drei Brüdern, die in Staatsdiensten hoch hinauf kamen, nun aber schon beide tot sind; ich allein lebe noch«, sagte er und zupfte dabei an seinen fadenscheinigen Beinkleidern, mit niedergeschlagenen Augen einzelne Federchen davon herablesend. »Mein Vater war ehrgeizig und heftig. Meine Brüder taten ihm genug. Mich nannte man einen langsamen Kopf; und ich war langsam. Wenn ich mich recht erinnere«, sprach er weiter, und dabei senkte er, seitwärts gewandt, wie in eine weite Ferne hinausblickend, den Kopf gegen die unterstützende linke Hand – »wenn ich mich recht erinnere, so wäre ich wohl imstande gewesen, allerlei zu erlernen, wenn man mir nur Zeit und Ordnung gegönnt hätte. Meine Brüder sprangen wie Gemsen von Spitze zu Spitze in den Lehrgegenständen herum, ich konnte aber durchaus nichts hinter mir lassen, und wenn mir ein einziges Wort fehlte, mußte ich von vorne anfangen. So ward ich denn immer gedrängt. Das Neue sollte auf den Platz, den das Alte noch nicht verlassen hatte, und ich begann stockisch zu werden. So hatten sie mir die Musik, die jetzt die Freude und zugleich der Stab meines Lebens ist, geradezu verhaßt gemacht. Wenn ich abends im Zwielicht die Violine ergriff, um mich nach meiner Art ohne Noten zu vergnügen, nahmen sie mir das Instrument und sagten, das verdirbt die Applikatur, klagten über Ohrfolter und verwiesen mich auf die Lehrstunde, wo die Folter für mich anging. Ich habe zeitlebens nichts und niemand so gehaßt, wie ich damals die Geige haßte.

Mein Vater, aufs äußerste unzufrieden, schalt mich häufig und drohte, mich zu einem Handwerke zu geben. Ich wagte nicht zu sagen, wie glücklich mich das gemacht hätte. Ein Drechsler oder Schriftsetzer wäre ich gar zu gerne gewesen. Er hätte es ja aber doch nicht zugelassen, aus Stolz. Endlich gab eine öffentliche Schulprüfung, der man, um ihn zu begütigen, meinen Vater beizuwohnen beredet hatte, den Ausschlag. Ein unredlicher Lehrer bestimmte im voraus, was er mich fragen werde, und so ging alles vortrefflich. Endlich aber fehlte mir, es waren auswendig zu sagende Verse des Horaz – ein Wort. Mein Lehrer, der kopfnikkend und meinen Vater anlächelnd zugehört hatte, kam meinem Stocken zu Hilfe und flüsterte es mir zu. Ich aber, der das Wort in meinem Innern und im Zusammenhange mit dem übrigen suchte, hörte ihn nicht. Er wiederholte es mehrere Male; umsonst. Endlich verlor mein Vater die Geduld. Cachinnum! (so hieß das Wort), schrie er mir donnernd zu. Nun wars geschehen. Wußte ich das eine, so hatte ich dafür das übrige vergessen. Alle Mühe, mich auf die rechte Bahn zu bringen, war verloren. Ich mußte mit Schande aufstehen, und als ich, der Gewohnheit nach, hinging, meinem Vater die Hand zu küssen, stieß er mich zurück, erhob sich, machte der Versammlung eine kurze Verbeugung und ging. Ce gueux schalt er mich, was ich damals nicht war, aber jetzt bin. Die Eltern prophezeien, wenn sie reden! Übrigens war mein Vater ein guter Mann. Nur heftig und ehrgeizig.

Von diesem Tage an sprach er kein Wort mehr mit mir. Seine Befehle kamen mir durch die Hausgenossen zu. So kündigte man mir gleich des nächsten Tages an, daß es mit meinem Studium ein

Ende habe. Ich erschrak heftig, weil ich wußte, wie bitter es meinen Vater kränken mußte. Ich tat den ganzen Tag nichts, als weinen und dazwischen jene lateinischen Verse rezitieren, die ich nun aufs Und wußte, mit den vorhergehenden und nachfolgenden dazu. Ich versprach, durch Fleiß den Mangel an Talent zu ersetzen, wenn man mich noch ferner die Schule besuchen ließe, mein Vater nahm aber nie einen Entschluß zurück.

Eine Weile blieb ich nun unbeschäftigt im väterlichen Hause. Endlich tat man mich versuchsweise zu einer Rechenbehörde. Rechnen war aber nie meine Stärke gewesen. Den Antrag, ins Militär einzutreten, wies ich mit Abscheu zurück. Ich kann noch jetzt keine Uniform ohne innerlichen Schauder ansehen. Daß man werte Angehörige allenfalls auch mit Lebensgefahr schützt, ist wohl gut und begreiflich; aber Blutvergießen und Verstümmlung als Stand, als Beschäftigung. Nein! Nein! Nein!« Und dabei fuhr er mit beiden Händen über die Arme, als fühlte er stechend eigene und fremde Wunden.

»Ich kam nun in die Kanzlei unter die Abschreiber. Da war ich recht an meinem Platze. Ich hatte immer das Schreiben mit Lust getrieben, und noch jetzt weiß ich mir keine angenehmere Unterhaltung, als mit guter Tinte auf gutem Papier Haar- und Schattenstriche aneinander zu fügen zu Worten oder auch nur zu Buchstaben. Musiknoten sind nun gar überaus schön. Damals dachte ich aber noch an keine Musik.

Ich war fleißig, nur aber zu ängstlich. Ein unrichtiges Unterscheidungszeichen, ein ausgelassenes Wort im Konzepte, wenn es sich auch aus dem Sinne ergänzen ließ, machte mir bittere Stunden. Im Zweifel, ob ich mich genau ans Original halten oder aus Eigenem beisetzen sollte, verging die Zeit angstvoll, und ich kam in den Ruf, nachlässig zu sein, indes ich mich im Dienst abgequält wie keiner. So brachte ich ein paar Jahre zu, und zwar ohne Gehalt, da, als die Reihe der Beförderung an mich kam, mein Vater im Rate einem andern seine Stimme gab und die übrigen ihm zufielen aus Ehrfurcht.

Um diese Zeit – Sieh nur«, unterbrach er sich, »es gibt denn doch eine Art Geschichte. Erzählen wir die Geschichte! Um diese Zeit ereigneten sich zwei Begebenheiten: die traurigste und die freudigste meines Lebens. Meine Entfernung aus dem väterlichen Hause nämlich und das Wiederkehren zur holden Tonkunst, zu meiner Violine, die mir treu geblieben ist bis auf diesen Tag.

Ich lebte in dem Hause meines Vaters, unbeachtet von den Hausgenossen, in einem Hinterstübchen, das in den Nachbars-Hof hinausging. Anfangs aß ich am Familientische, wo niemand ein Wort an mich richtete. Als aber meine Brüder auswärts befördert wurden und mein Vater beinahe täglich zu Gast geladen war – die Mutter lebte seit lange nicht mehr – fand man es unbequem, meinetwegen eine eigene Küche zu führen. Die Bedienten erhielten Kostgeld; ich auch, das man mir aber nicht auf die Hand gab, sondern monatsweise im Speisehaus bezahlte. Ich war daher wenig in meiner Stube, die Abendstunden ausgenommen; denn mein Vater verlangte, daß ich längstens eine halbe Stunde nach dem Schluß der Kanzlei zu Hause sein sollte. Da saß ich denn, und zwar, meiner schon damals angegriffenen Augen halber, in der Dämmerung ohne Licht. Ich dachte auf das und jenes und war nicht traurig und nicht froh.

Wenn ich nun so saß, hörte ich auf dem Nachbarshofe ein Lied singen. Mehrere Lieder, heißt das, worunter mir aber eines vorzüglich gefiel. Es war so einfach, so rührend und hatte den Nachdruck so auf der rechten Stelle, daß man die Worte gar nicht zu hören brauchte. Wie ich denn überhaupt glaube, die Worte verderben die Musik.« Nun öffnete er den Mund und brachte einige heisere rauhe Töne hervor. »Ich habe von Natur keine Stimme«, sagte er und griff nach der Violine. Er spielte, und zwar diesmal mit richtigem Ausdrucke, die Melodie eines gemütlichen, übrigens gar nicht ausgezeichneten Liedes, wobei ihm die Finger auf den Saiten zitterten und endlich einzelne Tränen über die Backen liefen.

»Das war das Lied«, sagte er, die Violine hinlegend. »Ich hörte es immer mit neuem Vergnügen. So sehr es mir aber im Gedächtnis lebendig war, gelang es mir doch nie, mit der Stimme auch nur zwei Töne davon richtig zu treffen. Ich ward fast ungeduldig vom Zuhören. Da fiel mir meine Geige in die Augen, die aus meiner Jugend her, wie ein altes Rüststück, ungebraucht an der Wand hing. Ich griff darnach, und – es mochte sie wohl der Bediente in meiner Abwesenheit benützt haben – sie fand sich richtig gestimmt. Als ich nun mit dem Bogen über die Saiten fuhr, Herr, da war es, als ob Gottes Finger mich angerührt hätte. Der Ton drang in mein Inneres hinein und aus dem Innern wieder heraus. Die Luft um mich war wie geschwängert mit Trunkenheit. Das Lied unten im Hofe und die Töne von meinen Fingern an mein Ohr, Mitbewohner meiner Einsamkeit. Ich fiel auf die Knie und betete laut und konnte nicht begreifen, daß ich das holde Gotteswesen einmal gering geschätzt, ja gehaßt in meiner Kindheit, und küßte die Violine und drückte sie an mein Herz und spielte wieder und fort.

Das Lied im Hofe – es war eine Weibsperson, die sang – tönte derweile unausgesetzt; mit dem Nachspielen ging es aber nicht so leicht.

Ich hatte das Lied nämlich nicht in Noten. Auch merkte ich wohl, daß ich das Wenige der Geigenkunst, was ich etwa einmal wußte, so ziemlich vergessen hatte. Ich konnte daher nicht das und das, sondern nur überhaupt spielen. Obwohl mir das jeweilige Was der Musik, mit Ausnahme jenes Liedes, immer ziemlich gleichgültig war und auch geblieben ist bis zum heutigen Tag. Sie spielen den Wolfgang Amadeus Mozart und den Sebastian Bach, aber den lieben Gott spielt keiner. Die ewige Wohltat und Gnade des Tons und Klangs, seine wundertätige Übereinstimmung mit dem durstigen, zerlechzenden Ohr, daß« – fuhr er leiser und schamrot fort – »der dritte Ton zusammenstimmt mit dem ersten und der fünfte desgleichen und die Nota sensibilis hinaufsteigt wie eine erfüllte Hoffnung, die Dissonanz herabgebeugt wird als wissentliche Bosheit oder vermessener Stolz und die Wunder der Bindung und Umkehrung, wodurch auch die Sekunde zur Gnade gelangt in den Schoß des Wohlklangs. – Mir hat das alles, obwohl viel später, ein Musiker erklärt. Und, wovon ich aber nichts verstehe, die fuga und das punctum contra punctum, und der canon a duo, a tre, und so fort, ein ganzes Himmelsgebäude, eines ins andere greifend, ohne Mörtel verbunden und gehalten von Gottes Hand. Davon will niemand etwas wissen bis auf wenige. Vielmehr stören sie dieses Ein- und Ausatmen der Seelen durch Hinzufügung allenfalls auch zu sprechender Worte, wie die Kinder Gottes sich verbanden mit den Töchtern der Erde; daß es hübsch angreife und eingreife in ein schwieliges Gemüt, Herr«, schloß er endlich, halb erschöpft, »die Rede ist dem Menschen notwendig wie Speise, man sollte aber auch den Trank rein erhalten, der da kommt von Gott.«

Ich kannte meinen Mann beinahe nicht mehr, so lebhaft war er geworden. Er hielt ein wenig inne. »Wo blieb ich nur in meiner Geschichte?« sagte er endlich. »Ei ja, bei dem Liede und meinen Versuchen, es nachzuspielen. Es ging aber nicht. Ich trat ans Fenster, um besser zu hören. Da ging eben die Sängerin über den Hof. Ich sah sie nur von rückwärts, und doch kam sie mir bekannt vor. Sie trug einen Korb mit, wie es schien, noch ungebackenen Kuchenstücken. Sie trat in ein Pförtchen in der Ecke des Hofes, da wohl ein Backofen inne sein mochte, denn immer fortsingend, hörte ich mit hölzernen Geräten scharren, wobei die Stimme einmal dumpfer und einmal heller klang, wie eines, das sich bückt und in eine Höhlung hineinsingt, dann wieder erhebt und aufrecht dasteht. Nach einer Weile kam sie zurück, und nun merkte ich erst, warum sie mir vorher bekannt vorkam. Ich kannte sie nämlich wirklich seit längerer Zeit. Und zwar aus der Kanzlei.

Damit verhielt es sich so. Die Amtsstunden fingen früh an und währten über den Mittag hinaus. Mehrere von den jüngeren Beamten, die nun entweder wirklich Hunger fühlten oder eine halbe Stunde damit vor sich bringen wollten, pflegten gegen eilf Uhr eine Kleinigkeit zu sich zu nehmen. Die Gewerbsleute, die alles zu ihrem Vorteile zu benutzen wissen, ersparten den Leckermäulern den Weg und brachten ihre Feilschaften ins Amtsgebäude, wo sie sich auf Stiege und Gang damit hinstellten. Ein Bäcker verkaufte kleine Weißbrote, die Obstfrau Kirschen. Vor allem aber waren gewisse Kuchen beliebt, die eines benachbarten Grieslers Tochter selbst verfertigte und noch warm zu Markt brachte. Ihre Kunden traten zu ihr auf den Gang hinaus, und nur selten kam sie, gerufen, in die Amtsstube, wo dann der etwas grämliche Kanzleivorsteher, wenn er ihrer gewahr wurde, ebenso selten ermangelte, sie wieder zur Türe hinauszuweisen, ein Gebot, dem sie sich nur mit Groll, und unwillige Worte murmelnd, fügte.

Das Mädchen galt bei meinen Kameraden nicht für schön. Sie fanden sie zu klein, wußten die Farbe ihrer Haare nicht zu bestimmen. Daß sie Katzenaugen habe, bestritten einige, Pockengruben aber gaben alle zu. Nur von ihrem stämmigen Wuchs sprachen alle mit Beifall, schalten sie aber grob, und einer wußte viel von einer Ohrfeige zu erzählen, deren Spuren er noch acht Tage nachher gefühlt haben wollte.

Ich selbst gehörte nicht unter ihre Kunden. Teils fehlte mirs an Geld, teils habe ich Speise und Trank wohl immer – oft nur zu sehr – als ein Bedürfnis anerkennen müssen. Lust und Vergnügen darin zu suchen aber ist mir nie in den Sinn gekommen. Wir nahmen daher keine Notiz von einander. Einmal nur, um mich zu necken, machten ihr meine Kameraden glauben, ich hätte nach ihren Eßwaren verlangt. Sie trat an meinem Arbeitstisch und hielt mir ihren Korb hin. Ich kaufe nichts, liebe Jungfer, sagte ich. Nun, warum bestellen Sie dann die Leute? rief sie zornig. Ich entschuldigte mich, und so wie ich die Schelmerei gleich weg hatte, erklärte ich ihrs aufs beste. Nun, so schenken Sie mir wenigstens einen Bogen Papier, um meine Kuchen darauf zu legen, sagte sie. Ich machte ihr begreiflich, daß das Kanzleipapier sei und nicht mir gehöre, zu Hause aber hätte ich welches, das mein wäre, davon wollt ich ihr bringen. Zu Hause habe ich selbst genug, sagte sie spöttisch und schlug eine kleine Lache auf, indem sie fortging.

Das war nur vor wenigen Tagen geschehen, und ich gedachte aus dieser Bekanntschaft sogleich Nutzen für meinen Wunsch zu ziehen. Ich knöpfte daher des andern Morgens ein ganzes Buch Papier, an dem es bei uns zu Hause nie fehlte, unter den Rock und ging auf die Kanzlei, wo ich, um mich nicht zu verraten, meinen Harnisch mit großer Unbequemlichkeit auf dem Leibe behielt, bis ich gegen Mittag aus dem Ein- und Ausgehen meiner Kameraden und dem Geräusch der kauenden Backen merkte, daß die Kuchenverkäuferin gekommen war, und glauben konnte, daß der Hauptandrang der Kunden vorüber sei. Dann ging ich hinaus, zog mein Papier hervor, nahm mir ein Herz und trat zu dem Mädchen hin, die, den Korb vor sich auf dem Boden und den rechten Fuß auf einen Schemel gestellt, auf dem sie gewöhnlich zu sitzen pflegte, dastand, leise summend und mit dem auf den Schemel gestützten Fuß den Takt dazu tretend. Sie maß mich vom Kopf bis zu den Füßen, als ich näher kam, was meine Verlegenheit vermehrte. Liebe Jungfer, fing ich endlich an, Sie haben neulich von mir Papier begehrt, als keines zur Hand war, das mir gehörte. Nun habe ich welches von Hause mitgebracht und – damit hielt ich ihr mein Papier hin. Ich habe Ihnen schon neulich gesagt, erwiderte sie, daß ich selbst Papier zu Hause habe. Indes, man kann alles brauchen. Damit nahm sie mit einem leichten Kopfnicken mein Geschenk und legte es in den Korb. Von den Kuchen wollen Sie nicht? sagte sie, unter ihren Waren herummusternd, auch ist das Beste schon fort. Ich dankte, sagte aber, daß ich eine andere Bitte hätte. Nu, allenfalls? sprach sie, mit dem Arm in die Handhabe des Korbes fahrend und aufgerichtet dastehend, wobei sie mich mit heftigen Augen anblitzte. Ich fiel rasch ein, daß ich ein Liebhaber der Tonkunst sei, obwohl erst seit kurzem, daß ich sie so schöne Lieder singen gehört, besonders eines. Sie? Mich? Lieder? fuhr sie auf, und wo? Ich erzählte ihr weiter, daß ich in ihrer Nachbarschaft wohne und sie auf dem Hofe bei der Arbeit belauscht hätte. Eines ihrer Lieder gefiele mir besonders, so daß ichs schon versucht hätte, auf der Violine nachzuspielen. Wären Sie etwa gar derselbe, rief sie aus, der so kratzt auf der Geige? – Ich war damals, wie ich bereits sagte, nur Anfänger und habe erst später mit vieler Mühe die nötige Geläufigkeit in diese Finger gebracht«, unterbrach sich der alte Mann, wobei er mit der linken Hand, als einer, der geigt, in der Luft herumfingerte. »Mir war es«, setzte er seine Erzählung fort, »ganz heiß ins Gesicht gestiegen, und ich sah auch ihr an, daß das harte Wort sie gereute. Werte Jungfer, sagte ich, das Kratzen rührt von daher, daß ich das Lied nicht in Noten habe, weshalb ich auch höflichst um die Abschrift gebeten haben wollte. Um die Abschrift? sagte sie. Das Lied ist gedruckt und wird an den Straßenecken verkauft. Das Lied? entgegnete ich. Das sind wohl nur die Worte. – Nun ja, die Worte, das Lied. – Aber der Ton, in dem man singt. – Schreibt man denn derlei auch auf? fragte sie. Freilich! war meine Antwort, das ist ja eben die Hauptsache. Und wie haben denn Sies erlernt, werte Jungfer? – Ich hörte es singen, und da sang ichs nach. – Ich erstaunte über das natürliche Ingenium; wie denn überhaupt die ungelernten Leute oft die meisten Talente haben. Es ist aber doch nicht das Rechte, die eigentliche Kunst. Ich war nun neuerdings in Verzweiflung. Aber welches Lied ist es denn eigentlich? sagte sie. Ich weiß so viele. – Alle ohne Noten? – Nun freilich; also welches war es denn? – Es ist gar so schön, erklärte ich mich. Steigt gleich anfangs in die Höhe, kehrt dann in sein Inwendiges zurück und hört ganz leise auf. Sie singens auch am öftesten. Ach, das wird wohl das sein! sagte sie, setzte den Korb wieder ab, stellte den Fuß auf den Schemel und sang nun mit ganz leiser und doch klarer Stimme das Lied, wobei sie das Haupt duckte, so schön, so lieblich, daß, ehe sie noch zu Ende war, ich nach ihrer herabhängenden Hand fuhr. Oho! sagte sie, den Arm zurückziehend, denn sie meinte wohl, ich wollte ihre Hand unziemlicherweise anfassen, aber nein, küssen wollte ich sie, obschon sie nur ein armes Mädchen war. – Nun, ich bin ja jetzt auch ein armer Mann.

Da ich nun vor Begierde, das Lied zu haben, mir in die Haare fuhr, tröstete sie mich und sagte: Der Organist der Peterskirche käme öfter um Muskatnuß in ihres Vaters Gewölbe, den wolle sie bitten, alles auf Noten zu bringen. Ich könnte es nach ein paar Tagen dort abholen. Hierauf nahm sie ihren Korb und ging, wobei ich ihr das Geleite bis zur Stiege gab. Auf der obersten Stufe die letzte Verbeugung machend, überraschte mich der Kanzleivorsteher, der mich an meine Arbeit gehen hieß und auf das Mädchen schalt, an dem, wie er behauptete, kein gutes Haar sei. Ich war darüber heftig erzürnt und wollte ihm eben antworten, daß ich, mit seiner Erlaubnis, vom Gegenteile überzeugt sei, als ich bemerkte, daß er bereits in sein Zimmer zurückgegangen war, weshalb ich mich faßte und ebenfalls an meinen Schreibtisch ging. Doch ließ er sich seit dieser Zeit nicht nehmen, daß ich ein liederlicher Beamter und ein ausschweifender Mensch sei.

Ich konnte auch wirklich desselben und die darauffolgenden Tage kaum etwas Vernünftiges arbeiten, so ging mir das Lied im Kopfe herum, und ich war wie verloren. Ein paar Tage vergangen, wußte ich wieder nicht, ob es schon Zeit sei, die Noten abzuholen oder nicht. Der Organist, hatte das Mädchen gesagt, kam in ihres Vaters Laden, um Muskatnuß zu kaufen; die konnte er nur zu Bier gebrauchen. Nun war seit einiger Zeit kühles Wetter und daher wahrscheinlich, daß der wackere Tonkünstler sich eher an den Wein halten und daher so bald keine Muskatnuß bedürfen werde. Zu schnell anfragen schien mir unhöfliche Zudringlichkeit, allzu langes Warten konnte für Gleichgültigkeit ausgelegt werden. Mit dem Mädchen auf dem Gange zu sprechen, getraute ich mir nicht, da unsere erste Zusammenkunft bei meinen Kameraden ruchbar geworden war und sie vor Begierde brannten, mir einen Streich zu spielen.

Ich hatte inzwischen die Violine mit Eifer wieder aufgenommen und übte vorderhand das Fundament gründlich durch, erlaubte mir wohl auch von Zeit zu Zeit, aus dem Kopfe zu spielen, wobei ich aber das Fenster sorgfältig schloß, da ich wußte, daß mein Vortrag mißfiel. Aber wenn ich das Fenster auch öffnete, bekam ich mein Lied doch nicht wieder zu hören. Die Nachbarin sang teils gar nicht, teils so leise und bei verschlossener Türe, daß ich nicht zwei Töne unterscheiden konnte.

Endlich – es waren ungefähr drei Wochen vergangen – vermocht ichs nicht mehr auszuhalten. Ich hatte zwar schon durch zwei Abende mich auf die Gasse gestohlen – und das ohne Hut, damit die Dienstleute glauben sollten, ich suchte nur nach etwas im Hause –, sooft ich aber in die Nähe des Grieslerladens kam, überfiel mich ein so heftiges Zittern, daß ich umkehren mußte, ich mochte wollen oder nicht. Endlich aber – wie gesagt – konnte ichs nicht mehr aushalten. Ich nahm mir ein Herz und ging eines Abends – auch diesmal ohne Hut – aus meinem Zimmer die Treppe hinab und festen Schrittes durch die Gasse bis zu dem Grieslerladen, wo ich vorderhand stehen blieb und überlegte, was weiter zu tun sei. Der Laden war erleuchtet, und ich hörte Stimmen darin. Nach einigem Zögern beugte ich mich vor und lugte von der Seite hinein. Ich sah das Mädchen hart vor dem Ladentische am Lichte sitzen und in einer hölzernen Mulde Erbsen oder Bohnen lesen. Vor ihr stand ein derber, rüstiger Mann, die Jacke über die Schulter gehängt, eine Art Knittel in der Hand, ungefähr wie ein Fleischhauer. Die beiden sprachen, offenbar in guter Stimmung, denn das Mädchen lachte einigemale laut auf, ohne sich aber in ihrer Arbeit zu unterbrechen oder auch nur aufzusehen. War es meine gezwungene vorgebeugte Stellung, oder sonst was immer, mein Zittern begann wieder zu kommen; als ich mich plötzlich von rückwärts mit derber Hand angefaßt und nach vorwärts geschleppt fühlte. In einem Nu stand ich im Gewölbe, und als ich, losgelassen, mich umschaute, sah ich, daß es der Eigentümer selbst war, der, von auswärts nach Hause kehrend, mich auf der Lauer überrascht und als verdächtig angehalten hatte. Element! schrie er, da sieht man, wo die Pflaumen hinkommen und die Handvoll Erbsen und Rollgerste, die im Dunkeln aus den Auslagkörben gemaust werden. Da soll ja gleich das Donnerwetter dreinschlagen. Und damit ging er auf mich los, als ob er wirklich dreinschlagen wolle.

Ich war wie vernichtet, wurde aber durch den Gedanken, daß man an meiner Ehrlichkeit zweifle, bald wieder zu mir selbst gebracht. Ich verbeugte mich daher ganz kurz und sagte dem Unhöflichen, daß mein Besuch nicht seinen Pflaumen oder seiner Rollgerste, sondern seiner Tochter gelte. Da lachte der in der Mitte des Ladens stehende Fleischer laut auf und wendete sich zu gehen, nachdem er vorher dem Mädchen ein paar Worte leise zugeflüstert hatte, die sie gleichfalls lachend durch einen schallenden Schlag mit der flachen Hand auf seinen Rücken beantwortete. Der Griesler gab dem Weggehenden das Geleit zur Türe hinaus. Ich hatte derweil schon wieder all meinen Mut verloren und stand dem Mädchen gegenüber, die gleichgültig ihre Erbsen und Bohnen las, als ob das Ganze sie nichts anginge. Da polterte der Vater wieder zur Türe herein. Mordtausendelement noch einmal, sagte er, Herr, was solls mit meiner Tochter? Ich versuchte, ihm den Zusammenhang und den Grund meines Besuches zu erklären. Was Lied? sagte er, ich will euch Lieder singen! wobei er den rechten Arm sehr verdächtig auf und ab bewegte. – Dort liegt es, sprach das Mädchen, indem sie, ohne die Mulde mit Hülsenfrüchten wegzusetzen, sich samt dem Sessel seitwärts überbeugte und mit der Hand auf den Ladentisch hinwies. Ich eilte hin und sah ein Notenblatt liegen. Es war das Lied. Der Alte war mir aber zuvorgekommen. Er hielt das schöne Papier zerknitternd in der Hand. Ich frage, sagte er, was das abgibt? Wer ist der Mensch? Es ist ein Herr aus der Kanzlei, erwiderte sie, indem sie eine wurmstichige Erbse etwas weiter als die anderen von sich warf. Ein Herr aus der Kanzlei? rief er, im Dunkeln, ohne Hut? Den Mangel des Hutes erklärte ich durch den Umstand, daß ich ganz in der Nähe wohnte, wobei ich das Haus bezeichnete. Das Haus weiß ich, rief er. Da wohnt niemand drinnen als der Hofrat – hier nannte er den Namen meines Vaters – und die Bedienten kenne ich alle. Ich bin der Sohn des Hofrats, sagte ich, leise, als obs eine Lüge wäre. – Mir sind im Leben viele Veränderungen vorgekommen, aber noch keine so plötzlich, als bei diesen Worten in dem ganzen Wesen des Mannes vorging. Der zum Schmähen geöffnete Mund blieb offen stehen, die Augen drohten noch immer, aber um den untern Teil des Gesichtes fing an eine Art Lächeln zu spielen, das sich immer mehr Platz machte. Das Mädchen blieb in ihrer Gleichgültigkeit und gebückten Stellung, nur daß sie sich die losgegangenen Haare, fortarbeitend, hinter die Ohren zurückstrich. Der Sohn des Herrn Hofrats? schrie endlich der Alte, in dessen Gesichte die Aufheiterung vollkommen geworden war. Wollen Euer Gnaden sichs vielleicht bequem machen? Barbara, einen Stuhl! Das Mädchen bewegte sich widerwillig auf dem ihren. Nu, wart, Tuckmauser! sagte er, indem er selbst einen Korb von seinem Platze hob und den darunter gestellten Sessel mit dem Vortuche vom Staube reinigte. Hohe Ehre, fuhr er fort. Der Herr Hofrat – der Herr Sohn, wollt ich sagen, praktizieren also auch die Musik? Singen vielleicht, wie meine Tochter, oder vielmehr ganz anders, nach Noten, nach der Kunst? Ich erklärte ihm, daß ich von Natur keine Stimme hätte. Oder schlagen Klavizimbel, wie die vornehmen Leute zu tun pflegen? Ich sagte, daß ich die Geige spiele. Habe auch in meiner Jugend gekratzt auf der Geige, rief er. Bei dem Worte kratzen blickte ich unwillkürlich auf das Mädchen hin und sah, daß sie ganz spöttisch lächelte, was mich sehr verdroß.

Sollten sich des Mädels annehmen, heißt das in Musik, fuhr er fort. Singt eine gute Stimme, hat auch sonst ihre Qualitäten, aber das Feine, lieber Gott, wo solls herkommen? wobei er Daumen und Zeigefinger der rechten Hand wiederholt übereinander schob. Ich war ganz beschämt, daß man mir unverdienterweise so bedeutende musikalische Kenntnisse zutraute, und wollte eben den wahren Stand der Sache auseinandersetzen, als ein außen Vorübergehender in den Laden hereinrief: Guten Abend alle miteinander! Ich erschrak, denn es war die Stimme eines der Bedienten unseres Hauses. Auch der Griesler hatte sie erkannt. Die Spitze der Zunge vorschiebend und die Schulter emporgehoben, flüsterte er: Waren einer der Bedienten des gnädigen Papa. Konnten Sie aber nicht erkennen, standen mit dem Rücken gegen die Türe. Letzteres verhielt sich wirklich so. Aber das Gefühl des Heimlichen, Unrechten ergriff mich qualvoll. Ich stammelte nur ein paar Worte zum Abschied und ging. Ja, selbst mein Lied hätte ich vergessen, wäre mir nicht der Alte auf die Straße nachgesprungen, wo er mirs in die Hand steckte.

So gelangte ich nach Hause, auf mein Zimmer, und wartete der Dinge, die da kommen sollten. Und sie blieben nicht aus. Der

Bediente hatte mich dennoch erkannt. Ein paar Tage darauf trat der Sekretär meines Vaters zu mir auf die Stube und kündigte mir an, daß ich das elterliche Haus zu verlassen hätte. Alle meine Gegenreden waren fruchtlos. Man hatte mir in einer entfernten Vorstadt ein Kämmerchen gemietet, und so war ich denn ganz aus der Nähe der Angehörigen verbannt. Auch meine Sängerin bekam ich nicht mehr zu sehen. Man hatte ihr den Kuchenhandel auf der Kanzlei eingestellt, und ihres Vaters Laden zu betreten, konnte ich mich nicht entschließen, da ich wußte, daß es dem meinigen mißfiel. Ja, als ich dem alten Griesler zufällig auf der Straße begegnete, wandte er sich mit einem grimmigen Gesichte von mir ab, und ich war wie niedergedonnert. Da holte ich denn, halbe Tage lang allein, meine Geige hervor und spielte und übte.

Es sollte aber noch schlimmer kommen. Das Glück unseres Hauses ging abwärts. Mein jüngster Bruder, ein eigenwilliger, ungestümer Mensch, Offizier bei den Dragonern, mußte eine unbesonnene Wette, infolge der er, vom Ritt erhitzt, mit Pferd und Rüstung durch die Donau schwamm – es war tief in Ungarn – mit dem Leben bezahlen. Der ältere, geliebteste, war in einer Provinz am Ratstisch angestellt. In immerwährender Widersetzlichkeit gegen seinen Landesvorgesetzten und, wie sie sagten, heimlich dazu von unserem Vater aufgemuntert, erlaubte er sich sogar unrichtige Angaben, um seinen Gegner zu schaden. Es kam zur Untersuchung, und mein Bruder ging heimlich aus dem Lande. Die Feinde unseres Vaters, deren viele waren, benützten den Anlaß, ihn zu stürzen. Von allen Seiten angegriffen und ohnehin ingrimmig über die Abnahme seines Einflusses hielt er täglich die angreifendsten Reden in der Ratssitzung. Mitten in einer derselben traf ihn ein Schlagfluß. Er wurde sprachlos nach Hause gebracht. Ich selbst erfuhr nichts davon. Des andern Tages auf der Kanzlei bemerkte ich wohl, daß sie heimlich flüsterten und mit den Fingern nach mir wiesen. Ich war aber derlei schon gewohnt und hatte kein Arges. Freitags darauf – es war mittwochs gewesen – wurde mir plötzlich ein schwarzer Anzug mit Flor auf die Stube gebracht. Ich erstaunte und fragte und erfuhr. Mein Körper ist sonst stark und widerhältig, aber da fiels mich an mit Macht. Ich sank besinnungslos zu Boden. Sie trugen mich ins Bette, wo ich fieberte und irre sprach den Tag hindurch und die ganze Nacht. Des andern Morgens hatte die Natur die Oberhand gewonnen, aber mein Vater war tot und begraben.

Ich hatte ihn nicht mehr sprechen können; ihn nicht um Verzeihung bitten wegen all des Kummers, den ich ihm gemacht;

nicht mehr danken für die unverdienten Gnaden – ja Gnaden! denn seine Meinung war gut, und ich hoffe ihn einst wiederzufinden, wo wir nach unsern Absichten gerichtet werden und nicht nach unsern Werken.

Ich blieb mehrere Tage auf meinem Zimmer, kaum daß ich Nahrung zu mir nahm. Endlich ging ich doch hervor, aber gleich nach Tische wieder nach Hause, und nur des Abends irrte ich in den dunklen Straßen umher, wie Kain, der Brudermörder. Die väterliche Wohnung war mir dabei ein Schreckbild, dem ich sorgfältigst aus dem Wege ging. Einmal aber, gedankenlos vor mich hinstarrend, fand ich mich plötzlich in der Nähe des gefürchteten Hauses. Meine Kniee zitterten, daß ich mich anhalten mußte. Hinter mir an die Wand greifend, erkenne ich die Türe des Grieslerladens und darin sitzend Barbara, einen Brief in der Hand, neben ihr das Licht auf dem Ladentische und hart dabei in aufrechter Stellung ihr Vater, der ihr zuzusprechen schien. Und wenn es mein Leben gegolten hätte, ich mußte eintreten. Niemanden zu haben, dem man sein Leid klagen kann, niemanden, der Mitleid fühlt! Der Alte, wußte ich wohl, war auf mich erzürnt, aber das Mädchen sollte mir ein gutes Wort geben. Doch kam es ganz entgegengesetzt. Barbara stand auf, als ich eintrat, warf mir einen hochmütigen Blick zu und ging in die Nebenkammer, deren Türe sie abschloß. Der Alte aber faßte mich bei der Hand, hieß mich niedersitzen, tröstete mich, meinte aber auch, ich sei nun ein reicher Mann und hätte mich um niemanden mehr zu kümmern. Er fragte, wieviel ich geerbt hätte. Ich wußte das nicht. Er forderte mich auf, zu den Gerichten zu gehen, was ich versprach. In den Kanzleien, meinte er, sei nichts zu machen. Ich sollte meine Erbschaft im Handel anlegen. Knoppern und Früchte würfen guten Profit ab; ein Kompagnon, der sich darauf verstände, könnte Groschen in Gulden verwandeln. Er selbst habe sich einmal viel damit abgegeben. Dabei rief er wiederholt nach dem Mädchen, die aber kein Lebenszeichen von sich gab. Doch schien mir, als ob ich an der Türe zuweilen rascheln hörte. Da sie aber immer nicht kam und der Alte nur vom Gelde redete, empfahl ich mich endlich und ging, wobei der Mann bedauerte, mich nicht begleiten zu können, da er allein im Laden sei. Ich war traurig über meine verfehlte Hoffnung und doch wunderbar getröstet. Als ich auf der Straße stehenblieb und nach dem Hause meines Vaters hinüberblickte, hörte ich plötzlich hinter mir eine Stimme, die gedämpft und im Tone des Unwillens sprach: Trauen Sie nicht gleich jedermann, man meint es nicht gut mit Ihnen. So schnell ich mich umkehrte, sah ich doch niemand; nur das Klirren eines Fensters im Erdgeschosse, das zu des Grieslers Wohnung gehörte, belehrte mich, wenn ich auch die Stimme nicht erkannt hätte, daß Barbara die geheime Warnerin war. Sie hatte also doch gehört, was im Laden gesprochen worden. Wollte sie mich vor ihrem Vater warnen? oder war ihr zu Ohren gekommen, daß gleich nach meines Vaters Tode, teils Kollegen aus der Kanzlei, teils andere ganz unbekannte Leute mich mit Bitten um Unterstützung und Nothilfe angegangen, ich auch zugesagt, wenn ich erst zu Geld kommen würde. Was einmal versprochen, mußte ich halten, in Zukunft aber beschloß ich, vorsichtiger zu sein. Ich meldete mich wegen meiner Erbschaft. Es war weniger, als man geglaubt hatte, aber doch sehr viel, nahe an elftausend Gulden. Mein Zimmer wurde den ganzen Tag von Bittenden und Hilfesuchenden nicht leer. Ich war aber beinahe hart geworden und gab nur, wo die Not am größten war. Auch Barbaras Vater kam. Er schmälte, daß ich sie schon drei Tage nicht besucht, worauf ich der Wahrheit gemäß erwiderte, daß ich fürchte, seiner Tochter zur Last zu sein. Er aber sagte, das sollte mich nicht kümmern, er habe ihr schon den Kopf zurecht gesetzt, wobei er auf eine boshafte Art lachte, so daß ich erschrak. Dadurch an Barbaras Warnung rückerinnert, verhehlte ich, als wir bald im Gespräche darauf kamen, den Betrag meiner Erbschaft; auch seinen Handelsvorschlägen wich ich geschickt aus.

Wirklich lagen mir bereits andere Aussichten im Kopfe. In der Kanzlei, wo man mich nur meines Vaters wegen geduldet hatte, war mein Platz bereits durch einen andern besetzt, was mich, da kein Gehalt damit verbunden war, wenig kümmerte. Aber der Sekretär meines Vaters, der durch die letzten Ereignisse brotlos geworden, teilte mir den Plan zur Errichtung eines Auskunfts-, Kopier- und Übersetzungs-Comptoirs mit, wozu ich die ersten Einrichtungskosten vorschießen sollte, indes er selbst die Direktion zu übernehmen bereit war. Auf mein Andringen wurden die Kopierarbeiten auch auf Musikalien ausgedehnt, und nun war ich in meinem Glücke. Ich gab das erforderliche Geld, ließ mir aber, schon vorsichtig geworden, eine Handschrift darüber ausstellen. Die Kaution für die Anstalt, die ich gleichfalls vorschoß, schien, obgleich beträchtlich, kaum der Rede wert, da sie bei den Gerichten hinterlegt werden mußte und dort mein blieb, als hätte ich sie in meinem Schranke.

Die Sache war abgetan, und ich fühlte mich erleichtert, erhoben, zum ersten Male in meinem Leben selbständig, ein Mann. Kaum daß ich meines Vaters noch gedachte. Ich bezog eine bessere Wohnung, änderte einiges in meiner Kleidung und ging, als es Abend geworden, durch wohlbekannte Straßen nach dem Grieslerladen, wobei ich mit den Füßen schlenkerte und mein Lied zwischen den Zähnen summte, obwohl nicht ganz richtig. Das B in der zweiten Hälfte habe ich mit der Stimme nie treffen können. Froh und guter Dinge langte ich an, aber ein eiskalter Blick Barbaras warf mich sogleich in meine frühere Zaghaftigkeit zurück. Der Vater empfing mich aufs beste, sie aber tat, als ob niemand zugegen wäre, fuhr fort Papierdüten zu wickeln, und mischte sich mit keinem Worte in unser Gespräch. Nur als die Rede auf meine Erbschaft kam, fuhr sie mit halbem Leibe empor und sagte fast drohend, Vater! worauf der Alte sogleich den Gegenstand änderte. Sonst sprach sie den ganzen Abend nichts, gab mir keinen zweiten Blick, und als ich mich endlich empfahl, klang ihr: Guten Abend! beinahe wie ein Gott sei Dank!

Aber ich kam wieder und wieder, und sie gab allmählich nach. Nicht als ob ich ihr irgend etwas zu Danke gemacht hätte. Sie schalt und tadelte mich unaufhörlich. Alles war ungeschickt; Gott hatte mir zwei linke Hände erschaffen; mein Rock saß wie an einer Vogelscheuche; ich ging wie die Enten, mit einer Anmahnung an den Haushahn. Besonders zuwider war ihr meine Höflichkeit gegen die Kunden. Da ich nämlich bis zur Eröffnung der Kopieranstalt ohne Beschäftigung war und überlegte, daß ich dort mit dem Publikum zu tun haben würde, so nahm ich, als Vorübung, an dem Kleinverkauf im Grieslergewölbe tätigen Anteil, was mich oft halbe Tage lang festhielt. Ich wog Gewürz ab, zählte den Knaben Nüsse und Welkpflaumen zu, gab klein Geld heraus; letzteres nicht ohne häufige Irrungen, wo denn immer Barbara dazwischen fuhr, gewalttätig wegnahm, was ich eben in den Händen hielt, und mich vor den Kunden verlachte und verspottete. Machte ich einem der Käufer einen Bückling oder empfahl mich ihnen, so sagte sie barsch, ehe die Leute noch zur Türe hinaus waren: Die Ware empfiehlt! und kehrte mir den Rücken. Manchmal aber wieder war sie ganz Güte. Sie hörte mir zu, wenn ich erzählte, was in der Stadt vorging; aus meinen Kinderjahren; von dem Beamtenwesen in der Kanzlei, wo wir uns zuerst kennengelernt. Dabei ließ sie mich aber immer allein sprechen und gab nur durch einzelne Worte ihre Billigung oder – was öfter der Fall war – Mißbilligung zu erkennen.

Von Musik oder Gesang war nie die Rede. Erstlich meinte sie, man müsse entweder singen oder das Maul halten, zu reden sei da nichts. Das Singen selbst aber ging nicht an. Im Laden war es unziemlich, und die Hinterstube, die sie und ihr Vater gemeinschaftlich bewohnten, durfte ich nicht betreten. Einmal aber, als ich unbemerkt zur Türe hereintrat, stand sie, auf den Zehenspitzen emporgerichtet, den Rücken mir zugekehrt und mit den erhobenen Händen, wie man nach etwas sucht, auf einem der höheren Stellbretter herumtastend. Und dabei sang sie leise in sich hinein. – Es war das Lied, mein Lied! – Sie aber zwitscherte wie eine Grasmücke, die am Bache das Hälslein wäscht und das Köpfchen herumwirft und die Federn sträubt und wieder glättet mit dem Schnäblein. Mir war, als ginge ich auf grünen Wiesen. Ich schlich näher und näher und war schon so nahe, daß das Lied nicht mehr von außen, daß es aus mir herauszutönen schien, ein Gesang der Seelen. Da konnte ich mich nicht mehr halten und faßte mit beiden Händen ihren in der Mitte nach vorn strebenden und mit den Schultern gegen mich gesenkten Leib. Da aber kams. Sie wirbelte wie ein Kreisel um sich selbst. Glutrot vor Zorn im Gesichte, stand sie vor mir da; ihre Hand zuckte, und ehe ich mich entschuldigen konnte –

Sie hatten, wie ich schon früher berichtet, auf der Kanzlei öfter von einer Ohrfeige erzählt, die Barbara, noch als Kuchenhändlerin, einem Zudringlichen gegeben. Was sie da sagten von der Stärke des eher klein zu nennenden Mädchens und der Schwungkraft ihrer Hand schien höchlich und zum Scherze übertrieben. Es verhielt sich aber wirklich so, und ging ins Riesenhafte. Ich stand wie vom Donner getroffen. Die Lichter tanzten mir vor den Augen. – Aber es waren Himmelslichter. Wie Sonne, Mond und Sterne; wie die Engelein, die Versteckens spielen und dazu singen. Ich hatte Erscheinungen, ich war verzückt. Sie aber, kaum minder erschrokken als ich, fuhr mit ihrer Hand wie begütigend über die geschlagene Stelle. Es mag wohl zu stark ausgefallen sein, sagte sie, und – wie ein zweiter Blitzstrahl – fühlte ich plötzlich ihren warmen Atem auf meiner Wange und ihre zwei Lippen, und sie küßte mich; nur leicht, leicht; aber es war ein Kuß auf diese meine Wange hier!« Dabei klatschte der alte Mann auf seine Backe, und die Tränen traten ihm aus den Augen. »Was nun weiter geschah, weiß ich nicht«, fuhr er fort. »Nur daß ich auf sie losstürzte und sie in die Wohnstube lief und die Glastüre zuhielt, während ich von der andern Seite nachdrängte. Wie sie nun, zusammengekrümmt und mit aller Macht sich entgegenstemmend, gleichsam an dem Türfenster klebte, nahm ich mir ein Herz, verehrtester Herr, und gab ihr ihren Kuß heftig zurück, durch das Glas.

Oho, hier gehts lustig her! hörte ich hinter mir rufen. Es war der Griesler, der eben nach Hause kam. Nu, was sich neckt – sagte er. Komm nur heraus, Bärbe, und mach keine Dummheiten! Einen

Kuß in Ehren kann niemand wehren. – Sie aber kam nicht. Ich selbst entfernte mich nach einigen halb bewußtlos gestotterten Worten, wobei ich den Hut des Grieslers statt des meinigen nahm, den er lachend mir in der Hand austauschte. Das war, wie ich ihn schon früher nannte, der Glückstag meines Lebens. Fast hätte ich gesagt: der einzige, was aber nicht wahr wäre, denn der Mensch hat viele Gnaden von Gott.

Ich wußte nicht recht, wie ich im Sinne des Mädchens stand. Sollte ich sie mir mehr erzürnt oder mehr begütigt denken? Der nächste Besuch kostete einen schweren Entschluß. Aber sie war gut. Demütig und still, nicht auffahrend wie sonst, saß sie da bei einer Arbeit. Sie winkte mit dem Kopfe auf einen nebenstehenden Schemel, daß ich mich setzen und ihr helfen sollte. So saßen wir denn und arbeiteten. Der Alte wollte hinausgehen. Bleibt doch da, Vater, sagte sie; was Ihr besorgen wollt, ist schon abgetan. Er trat mit dem Fuße hart auf den Boden und blieb. Ab- und zugehend sprach er von diesem und jenem, ohne daß ich mich in das Gespräch zu mischen wagte. Da stieß das Mädchen plötzlich einen kleinen Schrei aus. Sie hatte sich beim Arbeiten einen Finger geritzt, und, obgleich sonst gar nicht weichlich, schlenkerte sie mit der Hand hin und her. Ich wollte zusehen, aber sie bedeutete mich fortzufahren. Alfanzerei und kein Ende! brummte der Alte, und vor das Mädchen hintretend, sagte er mit starker Stimme: Was zu besorgen war, ist noch gar nicht getan! und so ging er schallenden Trittes zur Türe hinaus. Ich wollte nun anfangen, mich von gestern her zu entschuldigen; sie aber unterbrach mich und sagte: Lassen wir das und sprechen wir jetzt von gescheiten Dingen.

Sie hob den Kopf empor, maß mich vom Scheitel bis zur Zehe und fuhr in ruhigem Tone fort: Ich weiß kaum selbst mehr den Anfang unserer Bekanntschaft, aber Sie kommen seit einiger Zeit öfter und öfter, und wir haben uns an Sie gewöhnt. Ein ehrliches Gemüt wird Ihnen niemand abstreiten, aber Sie sind schwach, immer auf Nebendinge gerichtet, so daß Sie kaum imstande wären, Ihren eigenen Sachen selbst vorzustehen. Da wird es denn Pflicht und Schuldigkeit von Freunden und Bekannten, ein Einsehen zu haben, damit Sie nicht zu Schaden kommen. Sie versitzen hier halbe Tage im Laden, zählen und wägen, messen und markten; aber dabei kommt nichts heraus. Was gedenken Sie in Zukunft zu tun, um Ihr Fortkommen zu haben? Ich erwähnte der Erbschaft meines Vaters. Die mag recht groß sein, sagte sie. Ich nannte den Betrag. Das ist viel und wenig, erwiderte sie. Viel, um etwas damit anzufangen; wenig, um vom Breiten zu zehren. Mein Vater hat

Ihnen zwar einen Vorschlag getan, ich riet Ihnen aber ab. Denn einmal hat er schon selbst Geld bei derlei Dingen verloren, dann, setzte sie mit gesenkter Stimme hinzu, ist er so gewohnt, von Fremden Gewinn zu ziehen, daß er es Freunden vielleicht auch nicht besser machen würde. Sie müssen jemand an der Seite haben, der es ehrlich meint. – Ich wies auf sie. – Ehrlich bin ich, sagte sie. Dabei legte sie die Hand auf die Brust, und ihre Augen, die sonst ins Graulichte spielten, glänzten hellblau, himmelblau. Aber mit mir hats eigene Wege. Unser Geschäft wirft wenig ab, und mein Vater geht mit dem Gedanken um, einen Schenkladen aufzurichten. Da ist denn kein Platz für mich. Mir bliebe nur Handarbeit, denn dienen mag ich nicht. Und dabei sah sie aus wie eine Königin. Man hat mir zwar einen andern Antrag gemacht, fuhr sie fort, indem sie einen Brief aus ihrer Schürze zog und halb widerwillig auf den Ladentisch warf; aber da müßte ich fort von hier. – Und weit? fragte ich. – Warum? was kümmert Sie das? – Ich erklärte, daß ich an denselben Ort hinziehen wollte. – Sind Sie ein Kind! sagte sie. Das ginge nicht an und wären ganz andere Dinge. Aber wenn Sie Vertrauen zu mir haben und gerne in meiner Nähe sind, so bringen Sie den Putzladen an sich, der hier nebenan zu Verkauf steht. Ich verstehe das Werk, und um den bürgerlichen Gewinn aus Ihrem Gelde dürfen Sie nicht verlegen sein. Auch fänden Sie selbst mit Rechnen und Schreiben eine ordentliche Beschäftigung. Was sich etwa noch weiter ergäbe, davon wollen wir jetzt nicht reden. – Aber ändern müßten Sie sich! Ich hasse die weibischen Männer.

Ich war aufgesprungen und griff nach meinem Hute. Was ist? Wo wollen Sie hin? fragte sie. Alles abbestellen, sagte ich mit kurzem Atem. – Was denn? – Ich erzählte ihr nun meinen Plan zur Errichtung eines Schreib- und Auskunfts-Comptoirs. Da kommt nicht viel heraus, meinte sie. Auskunft einziehen kann ein jeder selbst und schreiben hat auch ein jeder gelernt in der Schule. Ich bemerkte, daß auch Musikalien kopiert werden sollten, was nicht jedermanns Sache sei. Kommen Sie schon wieder mit solchen Albernheiten? fuhr sie mich an. Lassen Sie das Musizieren und denken Sie auf die Notwendigkeit! Auch wären Sie nicht imstande, einem Geschäfte selbst vorzustehen. Ich erklärte, daß ich einen Compagnon gefunden hätte. Einen Compagnon? rief sie aus. Da will man Sie gewiß betrügen! Sie haben doch noch kein Geld hergegeben? – Ich zitterte, ohne zu wissen, warum. – Haben Sie Geld hergegeben? fragte sie noch einmal. Ich gestand die dreitausend Gulden zur ersten Einrichtung. – Dreitausend Gulden? rief sie, so vieles Geld! – Das übrige, fuhr ich fort, ist bei den Gerichten hinterlegt und jedenfalls sicher. – Also noch mehr? schrie sie auf. – Ich gab den Betrag der Kaution an. – Und haben Sie die selbst bei den Gerichten angelegt? – Es war durch meinen Compagnon geschehen. – Sie haben doch einen Schein darüber? – Ich hatte keinen Schein. – Und wie heißt Ihr sauberer Compagnon? fragte sie weiter. Ich war einigermaßen beruhigt, ihr den Sekretär meines Vaters nennen zu können.

Gott der Gerechte! rief sie aufspringend und die Hände zusammenschlagend. Vater! Vater! – Der Alte trat herein. – Was habt Ihr heute aus den Zeitungen gelesen? – Von dem Sekretarius? sprach er. – Wohl, wohl! – Nun, der ist durchgegangen, hat Schulden über Schulden hinterlassen und die Leute betrogen. Sie verfolgen ihn mit Steckbriefen! – Vater, rief sie, er hat ihm auch sein Geld anvertraut. Er ist zugrunde gerichtet. – Potz Dummköpfe und kein Ende! schrie der Alte. Hab ichs nicht immer gesagt? Aber das war ein Entschuldigen. Einmal lachte sie über ihn, dann war er wieder ein redliches Gemüt. Aber ich will dazwischenfahren! Ich will zeigen, wer Herr im Hause ist. Du, Barbara, marsch hinein in die Kammer! Sie aber, Herr, machen Sie, daß Sie fortkommen, und verschonen uns künftig mit Ihren Besuchen. Hier wird kein Almosen gereicht. – Vater, sagte das Mädchen, seid nicht hart gegen ihn, er ist ja doch unglücklich genug. – Eben darum, rief der Alte, will ichs nicht auch werden. Das, Herr, fuhr er fort, indem er auf den Brief zeigte, den Barbara vorher auf den Tisch geworfen hatte, das ist ein Mann! Hat Grütz im Kopfe und Geld im Sack. Betrügt niemanden, läßt sich aber auch nicht betrügen; und das ist die Hauptsache bei der Ehrlichkeit. – Ich stotterte, daß der Verlust der Kaution noch nicht gewiß sei. – Ja, rief er, wird ein Narr gewesen sein, der Sekretarius! Ein Schelm ist er, aber pfiffig. Und nun gehen Sie nur rasch, vielleicht holen Sie ihn noch ein! Dabei hatte er mir die flache Hand auf die Schulter gelegt und schob mich gegen die Türe. Ich wich dem Drucke seitwärts aus und wendete mich gegen das Mädchen, die, auf den Ladentisch gestützt, dastand, die Augen auf den Boden gerichtet, wobei die Brust heftig auf und niederging. Ich wollte mich ihr nähern, aber sie stieß zornig mit dem Fuße auf den Boden, und als ich meine Hand ausstreckte, zuckte sie mit der ihren halb empor, als ob sie mich wieder schlagen wollte. Da ging ich, und der Alte schloß die Türe hinter mir zu.

Ich wankte durch die Straßen zum Tor hinaus, ins Feld. Manchmal fiel mich die Verzweiflung an, dann kam aber wieder Hoffnung. Ich erinnerte mich, bei Anlegung der Kaution den Sekretär zum Handelsgericht begleitet zu haben. Dort hatte ich unter dem Torwege gewartet, und er war allein hinaufgegangen. Als er herabkam, sagte er, alles sei berichtigt, der Empfangsschein werde mir ins Haus geschickt werden. Letzteres war freilich nicht geschehen, aber Möglichkeit blieb noch immer. Mit anbrechendem Tage kam ich zur Stadt zurück. Mein erster Gang war in die Wohnung des Sekretärs. Aber die Leute lachten und fragten, ob ich die Zeitungen nicht gelesen hätte? Das Handelsgericht lag nur wenige Häuser davon ab. Ich ließ in den Büchern nachschlagen, aber weder sein Name noch meiner kamen darin vor. Von einer Einzahlung keine Spur. So war denn mein Unglück gewiß. Ja, beinahe wäre es noch schlimmer gekommen. Denn da ein Gesellschaftskontrakt bestand, wollten mehrere seiner Gläubiger auf meine Person greifen. Aber die Gerichte gaben es nicht zu. Lob und Dank sei ihnen dafür gesagt! Obwohl es auf eines herausgekommen wäre.

In all diesen Widerwärtigkeiten war mir, gestehe ichs nur, der Griesler und seine Tochter ganz in den Hintergrund getreten. Nun da es ruhiger wurde und ich anfing zu überlegen, was etwa weiter geschehen sollte, kam mir die Erinnerung an den letzten Abend lebhaft zurück. Den Alten, eigennützig, wie er war, begriff ich ganz wohl, aber das Mädchen. Manchmal kam mir in den Sinn, daß, wenn ich das Meinige zu Rate gehalten und ihr eine Versorgung hätte anbieten können, sie wohl gar – Aber sie hätte mich nicht gemocht.« Dabei besah er mit auseinanderfallenden Händen seine ganze dürftige Gestalt. – »Auch war ihr mein höfliches Benehmen gegen jedermann immer zuwider.

So verbrachte ich ganze Tage, sann und überlegte. Eines Abends im Zwielicht – es war die Zeit, die ich gewöhnlich im Laden zuzubringen pflegte – saß ich wieder und versetzte mich in Gedanken an die gewohnte Stelle. Ich hörte sie sprechen, auf mich schmähen, ja, es schien, sie verlachten mich. Da raschelte es plötzlich an der Türe, sie ging auf, und ein Frauenzimmer trat herein. – Es war Barbara. – Ich saß auf meinem Stuhl angenagelt, als ob ich ein Gespenst sähe. Sie war blaß und trug ein Bündel unter dem Arme. In die Mitte des Zimmers gekommen, blieb sie stehen, sah rings an den kahlen Wänden umher, dann nach abwärts auf das ärmliche Geräte und seufzte tief. Dann ging sie an den Schrank, der zur Seite an der Mauer stand, wickelte ihr Packet auseinander, das einige Hemden und Tücher enthielt – sie hatte in der letzten Zeit meine Wäsche besorgt –, zog die Schublade heraus, schlug die Hände zusammen, als sie den spärlichen Inhalt sah, fing aber gleich darauf an, die Wäsche in Ordnung zu bringen und die mitgebrachten Stücke einzureihen. Darauf trat sie ein paar Schritte vom Schranke hinweg, und die Augen auf mich gerichtet, wobei sie mit dem Finger auf die offene Schublade zeigte, sagte sie: Fünf Hemden und drei Tücher. So viel habe ich gehabt, so viel bringe ich zurück. Dann drückte sie langsam die Schublade zu, stützte sich mit der Hand auf den Schrank und fing laut an zu weinen. Es schien fast, als ob ihr schlimm würde, denn sie setzte sich auf einen Stuhl neben dem Schranke, verbarg das Gesicht in ihr Tuch, und ich hörte aus den stoßweise geholten Atemzügen, daß sie noch immer fortweinte. Ich war leise in ihre Nähe getreten und faßte ihre Hand, die sie mir gutwillig ließ. Als ich aber, um ihre Blicke auf mich zu ziehen, an dem schlaff hängenden Arme bis zum Ellbogen emporrückte, stand sie rasch auf, machte ihre Hand los und sagte in gefaßtem Tone: Was nützt das alles? Es ist nun einmal so. Sie haben es selbst gewollt, sich und uns haben Sie unglücklich gemacht; aber freilich sich selbst am meisten. Eigentlich verdienen Sie kein Mitleid - hier wurde sie immer heftiger - wenn man so schwach ist, seine eigenen Sachen nicht in Ordnung halten zu können; so leichtgläubig, daß man jedem traut, gleichviel, ob es ein Spitzbube ist oder ein ehrlicher Mann. - Und doch tuts mir leid um Sie. Ich bin gekommen, um Abschied zu nehmen. Ja, erschrecken Sie nur. Ists doch Ihr Werk. Ich muß nun hinaus unter die groben Leute, wogegen ich mich so lange gesträubt habe. Aber da ist kein Mittel. Die Hand habe ich Ihnen schon gegeben, und so leben Sie wohl - für immer. Ich sah, daß ihr die Tränen wieder ins Auge traten, aber sie schüttelte unwillig mit dem Kopfe und ging. Mir war, als hätte ich Blei in den Gliedern. Gegen die Türe gekommen, wendete sie sich noch einmal um und sagte: Die Wäsche ist jetzt in Ordnung. Sehen Sie zu, daß nichts abgeht. Es werden harte Zeiten kommen. Und nun hob sie die Hand auf, machte wie ein Kreuzeszeichen in die Luft und rief: Gott mit dir, Jakob! - In alle Ewigkeit, Amen! setzte sie leise hinzu und ging.

Nun erst kam mir der Gebrauch meiner Glieder zurück. Ich eilte ihr nach, und auf dem Treppenabsatze stehend, rief ich ihr nach: Barbara! Ich hörte, daß sie auf der Stiege stehen blieb. Wie ich aber die erste Stufe hinabstieg, sprach sie von unten herauf: Bleiben Sie! und ging die Treppe vollends hinab und zum Tore hinaus.

Ich habe seitdem harte Tage erlebt, keinen aber wie diesen; selbst der darauf folgende war es minder. Ich wußte nämlich doch nicht so recht, wie ich daran war, und schlich daher am kommenden Morgen in der Nähe des Grieslerladens herum, ob mir vielleicht einige Aufklärung würde. Da sich aber nichts zeigte, blickte ich endlich seitwärts in den Laden hinein und sah eine fremde Frau, die abwog und Geld herausgab und zuzählte. Ich wagte mich hinein und fragte, ob sie den Laden an sich gekauft hätte? Zur Zeit noch nicht, sagte sie. – Und wo die Eigentümer wären? – Die sind heute frühmorgens nach Langenlebarn gereist. – Die Tochter auch? stammelte ich. – Nun freilich auch, sagte sie, sie macht ja Hochzeit dort.

Die Frau mochte mir nun alles erzählt haben, was ich in der Folge von andern Leuten erfuhr. Der Fleischer des genannten Ortes nämlich – derselbe, den ich zur Zeit meines ersten Besuches im Laden antraf – hatte dem Mädchen seit lange Heiratsanträge gemacht, denen sie immer auswich, bis sie endlich in den letzten Tagen, von ihrem Vater gedrängt und an allem übrigen verzweifelnd, einwilligte. Desselben Morgens waren Vater und Tochter dahin abgereist, und in dem Augenblick, da wir sprachen, war Barbara des Fleischers Frau.

Die Verkäuferin mochte mir, wie gesagt, das alles erzählt haben, aber ich hörte nicht und stand regungslos, bis endlich Kunden kamen, die mich zur Seite schoben und die Frau mich anfuhr, ob ich noch sonst etwas wollte, worauf ich mich entfernte.

Sie werden glauben, verehrtester Herr«, fuhr er fort, »daß ich mich nun als den unglücklichsten aller Menschen fühlte. Und so war es auch im ersten Augenblicke. Als ich aber aus dem Laden heraustrat und, mich umwendend, auf die kleinen Fenster zurückblickte, an denen Barbara gewiß oft gestanden und herausgesehen hatte, da kam eine selige Empfindung über mich. Daß sie nun alles Kummers los war, Frau im eigenen Hause und nicht nötig hatte, wie wenn sie ihre Tage an einen Herd- und Heimatlosen geknüpft hätte, Kummer und Elend zu tragen, das legte sich wie ein lindernder Balsam auf meine Brust, und ich segnete sie und ihre Wege.

Wie es nun mit mir immer mehr herabkam, beschloß ich, durch Musik mein Fortkommen zu suchen; und solange der Rest meines Geldes währte, übte und studierte ich mir die Werke großer Meister, vorzüglich der alten, ein, welche ich abschrieb; und als nun der letzte Groschen ausgegeben war, schickte ich mich an, von meinen Kenntnissen Vorteil zu ziehen, und zwar anfangs in geschlossenen Gesellschaften, wozu ein Gastgebot im Hause meiner Mietfrau den ersten Anlaß gab. Als aber die von mir vorgetragenen Kompositionen dort keinen Anklang fanden, stellte ich mich in die Höfe der Häuser, da unter so vielen Bewohnern doch einige sein mochten, die das Ernste zu schätzen wußten – ja endlich auf die öffentlichen Spaziergänge, wo ich denn wirklich die Befriedigung hatte, daß einzelne stehen blieben, zuhörten, mich befragten und nicht ohne Anteil weitergingen. Daß sie mir dabei Geld hinlegten, beschämte mich nicht. Denn einmal war gerade das mein Zweck, dann sah ich auch, daß berühmte Virtuosen, welche erreicht zu haben ich mir nicht schmeicheln konnte, sich für ihre Leistungen, und mitunter sehr hoch, honorieren ließen. So habe ich mich, obzwar ärmlich, aber redlich fortgebracht bis diesen Tag.

Nach Jahren sollte mir noch ein Glück zuteil werden. Barbara kam zurück. Ihr Mann hatte Geld verdient und ein Fleischhauergewerbe in einer der Vorstädte an sich gebracht. Sie war Mutter von zwei Kindern, von denen das älteste Jakob heißt, wie ich. Meine Berufsgeschäfte und die Erinnerung an alte Zeiten erlaubten mir nicht, zudringlich zu sein, endlich ward ich aber selbst ins Haus bestellt, um dem ältesten Knaben Unterricht auf der Violine zu geben. Er hat zwar nur wenig Talent, kann auch nur an Sonntagen spielen, da ihn in der Woche der Vater beim Geschäft verwendet, aber Barbaras Lied, das ich ihn gelehrt, geht doch schon recht gut; und wenn wir so üben und hantieren, singt manchmal die Mutter mit darein. Sie hat sich zwar sehr verändert in den vielen Jahren, ist stark geworden und kümmert sich wenig mehr um Musik, aber es klingt noch immer so hübsch wie damals.« Und damit ergriff der Alte seine Geige und fing an, das Lied zu spielen, und spielte fort und fort, ohne sich weiter um mich zu kümmern. Endlich hatte ichs satt, stand auf, legte ein paar Silberstücke auf den nebenstehenden Tisch und ging, während der Alte eifrig immer fortgeigte.

Bald darauf trat ich eine Reise an, von der ich erst mit einbrechendem Winter zurückkam. Die neuen Bilder hatten die alten verdrängt, und mein Spielmann war so ziemlich vergessen. Erst bei Gelegenheit des furchtbaren Eisganges im nächsten Frühjahre und der damit in Verbindung stehenden Überschwemmung der niedrig gelegenen Vorstädte erinnerte ich mich wieder an ihn. Die Umgegend der Gärtnergasse war zum See geworden. Für des alten Mannes Leben schien nichts zu besorgen, wohnte er doch hoch oben am Dache, indes unter den Bewohnern der Erdgeschosse sich der Tod seine nur zu häufigen Opfer ausersehen hatte. Aber entblößt von aller Hilfe, wie groß mochte seine Not sein! Solange die Überschwemmung währte, war nichts zu tun, auch hatten die Behörden nach Möglichkeit auf Schiffen Nahrung und Beistand den Abgeschnittenen gespendet. Als aber die Wasser verlaufen und die Straßen gangbar geworden waren, beschloß ich, meinen Anteil an der in Gang gebrachten, zu unglaublichen Summen angewachsenen Kollekte persönlich an die mich zunächst angehende Adresse zu befördern.

Der Anblick der Leopoldstadt war grauenhaft. In den Straßen

zerbrochene Schiffe und Gerätschaften, in den Erdgeschossen zum Teil noch stehendes Wasser und schwimmende Habe. Als ich, dem Gedränge ausweichend, an ein zugelehntes Hoftor hintrat, gab dieses nach und zeigte im Torwege eine Reihe von Leichen, offenbar behufs der amtlichen Inspektion zusammengebracht und hingelegt; ja, im Innern der Gemächer waren noch hie und da, aufrechtstehend und an die Gitterfenster angekrallt, verunglückte Bewohner zu sehen, die – es fehlte eben an Zeit und Beamten, die gerichtliche Konstatierung so vieler Todesfälle vorzunehmen.

So schritt ich weiter und weiter. Von allen Seiten Weinen und Trauergeläute, suchende Mütter und irregehende Kinder. Endlich kam ich an die Gärtnergasse. Auch dort hatten sich die schwarzen Begleiter eines Leichenzuges aufgestellt, doch, wie es schien, entfernt von dem Hause, das ich suchte. Als ich aber näher trat, bemerkte ich wohl eine Verbindung von Anstalten und Hin- und Hergehenden zwischen dem Trauergeleite und der Gärtnerswohnung. Am Haustor stand ein wacker aussehender, ältlicher, aber noch kräftiger Mann. In hohen Stiefeln, gelben Lederhosen und langherabgehendem Leibrock sah er einem Landfleischer ähnlich. Er gab Aufträge, sprach aber dazwischen ziemlich gleichgültig mit den Nebenstehenden. Ich ging an ihm vorbei und trat in den Hofraum. Die alte Gärtnerin kam mir entgegen, erkannte mich auf der Stelle wieder und begrüßte mich unter Tränen. »Geben Sie uns auch die Ehre?« sagte sie. »Ja, unser armer Alter! der musiziert jetzt mit den lieben Engeln, die auch nicht viel besser sein können, als er es war. Die ehrliche Seele saß da oben sicher in seiner Kammer. Als aber das Wasser kam und er die Kinder schreien hörte, da sprang er herunter und rettete und schleppte und trug und brachte in Sicherheit, daß ihm der Atem ging wie ein Schmiedegebläs. Ja – wie man denn nicht überall seine Augen haben kann – als sich ganz zuletzt zeigte, daß mein Mann seine Steuerbücher und die paar Gulden Papiergeld im Wandschrank vergessen hatte, nahm der Alte ein Beil, ging ins Wasser, das ihm schon an die Brust reichte, erbrach den Schrank und brachte alles treulich. Da hatte er sich wohl verkältet, und wie im ersten Augenblicke denn keine Hilfe zu haben war, griff er in die Phantasie und wurde immer schlechter, ob wir ihm gleich beistanden nach Möglichkeit und mehr dabei litten als er selbst. Denn er musizierte in einem fort, mit der Stimme nämlich, und schlug den Takt und gab Lektionen. Als sich das Wasser ein wenig verlaufen hatte und wir den Bader holen konnten und den Geistlichen, richtete er sich plötzlich im Bette auf, wendete Kopf und Ohr seitwärts, als ob er in der Entfernung etwas gar

Schönes hörte, lächelte, sank zurück und war tot. Gehen Sie nur hinauf, er hat oft von Ihnen gesprochen. Die Madame ist auch oben. Wir haben ihn auf unsere Kosten begraben lassen wollen, die Frau Fleischermeisterin gab es aber nicht zu.«

Sie drängte mich die steile Treppe hinauf bis zur Dachstube, die offen stand und ganz ausgeräumt war bis auf den Sarg in der Mitte, der, bereits geschlossen, nur der Träger wartete. An dem Kopfende saß eine ziemlich starke Frau, über die Hälfte des Lebens hinaus, im buntgedruckten Kattunüberrocke, aber mit schwarzem Halstuch und schwarzem Band auf der Haube. Es schien fast, als ob sie nie schön gewesen sein konnte. Vor ihr standen zwei ziemlich erwachsene Kinder, ein Bursche und ein Mädchen, denen sie offenbar Unterricht gab, wie sie sich beim Leichenzuge zu benehmen hätten. Eben, als ich eintrat, stieß sie dem Knaben, der sich ziemlich tölpisch auf den Sarg gelehnt hatte, den Arm herunter und glättete sorgfältig die herausstehenden Kanten des Leichentuches wieder zurück. Die Gärtnersfrau führte mich vor; da fingen aber unten die Posaunen an zu blasen, und zugleich erscholl die Stimme des Fleischers von der Straße herauf: Barbara, es ist Zeit! Die Träger erschienen, ich zog mich zurück, um Platz zu machen. Der Sarg ward erhoben, hinabgebracht, und der Zug setzte sich in Bewegung. Voraus die Schuljugend mit Kreuz und Fahne, der Geistliche mit dem Kirchendiener. Unmittelbar nach dem Sarge die beiden Kinder des Fleischers und hinter ihnen das Ehepaar. Der Mann bewegte unausgesetzt, als in Andacht, die Lippen, sah aber dabei links und rechts um sich. Die Frau las eifrig in ihrem Gebetbuche, nur machten ihr die beiden Kinder zu schaffen, die sie einmal vorschob, dann wieder zurückhielt, wie ihr denn überhaupt die Ordnung des Leichenzuges sehr am Herzen zu liegen schien. Immer aber kehrte sie wieder zu ihrem Buche zurück. So kam das Geleite zum Friedhof. Das Grab war geöffnet. Die Kinder warfen die ersten Handvoll Erde hinab. Der Mann tat stehend dasselbe. Die Frau kniete und hielt ihr Buch nahe an die Augen. Die Totengräber vollendeten ihr Geschäft, und der Zug, halb aufgelöst, kehrte zurück. An der Türe gab es noch einen kleinen Wortwechsel, da die Frau eine Forderung des Leichenbesorgers offenbar zu hoch fand. Die Begleiter zerstreuten sich nach allen Richtungen. Der alte Spielmann war begraben.

Ein paar Tage darauf – es war ein Sonntag – ging ich, von meiner psychologischen Neugierde getrieben, in die Wohnung des Fleischers und nahm zum Vorwande, daß ich die Geige des Alten als Andenken zu besitzen wünschte. Ich fand die Familie beisammen, ohne Spur eines zurückgebliebenen besondern Eindrucks. Doch hing die Geige mit einer Art Symmetrie geordnet neben dem Spiegel, einem Kruzifix gegenüber, an der Wand. Als ich mein Anliegen erklärte und einen verhältnismäßig hohen Preis anbot, schien der Mann nicht abgeneigt, ein vorteilhaftes Geschäft zu machen. Die Frau aber fuhr vom Stuhle empor und sagte: »Warum nicht gar! Die Geige gehört unserem Jakob, und auf ein paar Gulden mehr oder weniger kommt es uns nicht an!« Dabei nahm sie das Instrument von der Wand, besah es von allen Seiten, blies den Staub herab und legte es in die Schublade, die sie, wie einen Raub befürchtend, heftig zustieß und abschloß. Ihr Gesicht war dabei von mir abgewandt, so daß ich nicht sehen konnte, was etwa darauf vorging. Da nun zu gleicher Zeit die Magd mit der Suppe eintrat und der Fleischer, ohne sich durch den Besuch stören zu lassen, mit lauter Stimme sein Tischgebet anhob, in das die Kinder gellend einstimmten, wünschte ich gesegnete Mahlzeit und ging zur Türe hinaus. Mein letzter Blick traf die Frau. Sie hatte sich umgewendet, und die Tränen liefen ihr stromweise über die Backen.

SELBSTBIOGRAPHIE

Die Akademie fordert mich (nunmehr zum dritten Male) auf, ihr meine Lebensumstände zum Behufe ihres Almanachs mitzuteilen. Ich will es versuchen, nur fürchte ich, wenn sich das Interesse daran einstellen sollte, zu weitläufig zu werden. Man kann ja aber später auch abkürzen.

Ich bin zu Wien am 15. Jänner 1791 geboren. Mein Vater war Advokat, ein streng rechtlicher, in sich gezogener Mann. Da seine Geschäfte und auch seine natürliche Verschlossenheit ihm nicht erlaubte, sich mit seinen Kindern viel abzugeben, er auch starb, ehe ich volle achtzehn Jahre alt war, und in den letzten Jahren seines Lebens Krankheit, die gräßlichen Kriegsjahre und der durch beides herbeigeführte Verfall seiner häuslichen Umstände jene Verschlossenheit nur vermehrten, so kann ich von dem Innern seines Wesens mir und andern keine Rechenschaft geben. Sein äußres Benehmen hatte etwas Kaltes und Schroffes, er vermied jede Gesellschaft, war aber ein leidenschaftlicher Freund der Natur. Früher einen eigenen, später einen gemieteten Garten selbst zu bearbeiten und Blumen aller Art zu ziehen, machte beinahe seine einzige Erheiterung aus. Nur auf Spaziergängen, bei denen er, auf unglaubliche Entfernungen, manchmal die ganze Familie, häufig aber auch nur mich, noch als Kind, mitnahm, wurde er froh und mitteilsam. Wenn ich mich erinnere, daß es ihm bei solchen Spaziergängen am Ufer der Donau Vergnügen machte, den Inseln im Flusse nach Art der Weltumsegler selbstgewählte Namen zu geben, so muß ich glauben, daß in früherer Zeit die Regungen der Phantasie ihm nicht fremd gewesen sein müssen, ja noch später, in den Jahren meiner Lesewut, konnte ich ihm kein größeres Vergnügen machen, als wenn ich ihm Romane, aber ausschließlich Ritter- und Geistergeschichten, zutrug, die dann der ernste Mann, am schwedischen Ofen stehend und ein Glas Bier dazu trinkend, bis in die späte Nacht hinein las. Neuere Geschichten waren ihm wegen ihres Konventionellen zuwider.

Meine Mutter war eine herzensgute Frau, plagte sich mit ihren

Kindern, suchte Ordnung herzustellen, die sie, die Wahrheit zu sagen, selbst nicht gar genau hielt, und lebte und webte in der Musik, die sie mit Leidenschaft liebte und trieb.

Ich war der älteste von drei Brüdern, zu denen erst spät, als ich schon ziemlich erwachsen war, ein vierter hinzukam. Man hielt mich für den Liebling meines Vaters, obwohl er mir nie ein Zeichen davon gab. Im Gegenteile unterhielt er sich am liebsten mit dem dritten, der ihn, von Geschäften ermüdet, durch unschädliche Wunderlichkeiten in seinem Entwicklungsgang erheiterte. Der zweite war ihm durch sein trotziges und störrisches Wesen beinahe zuwider.

Überhaupt kann man sich verschiedenere Charaktere als diese drei Brüder nicht denken. Von dem zweiten ist schon die Rede gewesen. Der dritte war ein bildschöner Knabe und dadurch von den Weibern verhätschelt. Da nun zugleich meine Mutter, wenn der Lärm zu arg wurde, kein Mittel wußte, als die Schuldigen zu sich zu rufen und in Form von Strafe zu verhalten, an einem »Strumpfband« zu stricken, so hatte der Jüngste die Sache ernsthaft genommen und strickte wie ein Mädchen. Er hatte sich drei Ecken des Zimmers mit gedachten und auch benannten Frauen bevölkert, denen er wechselweise Besuch abstattete. Mein Vater, abends im Zimmer auf und nieder gehend, versuchte ihm auch für die vierte Ecke eine vierte Frau aufzudringen, die aber, da der vorgeschlagene Name den Spott gar zu deutlich an sich trug, der Knabe durchaus nicht akzeptierte.

Durch diese Grundverschiedenheit von meinen Brüdern entfernt gehalten und da unser Vater zugleich sich von jeder Bekanntschaft abschloß, wuchs ich in völliger Vereinzelung heran. Um das formlose und trübe meiner ersten Jahre begreiflich zu machen, muß ich sogar unsere Wohnung beschreiben.

Mein Vater, mit der Absicht zu heiraten umgehend, suchte Quartier. Einmal Abends bei einem Bekannten zu Gaste, kann er nicht fertig werden, die Wohnung des Wirtes zu loben. Zwei ungeheure, saalähnliche Zimmer; den Zugang bildend ein minder großes, ganz geeignet für die Kanzlei des Advokaten, nach rückwärts noch einige Gemächer, zum Schlafzimmer und sonstigen Bedarf. Seinen ausgesprochenen Wünschen kommt der Inhaber der Wohnung mit der Äußerung entgegen, wie es leicht sei, sich den Besitz alles dessen zu verschaffen. Er selbst habe die Wohnung aufgekündet, und unter den Geladenen befinde sich der Hausherr, mit dem er sogleich sprechen könne. Gesagt, getan. Die Männer geben sich den Handschlag, und mein Vater hat, was er wünscht. Er hatte bemerkt, daß die Fenster der Wohnung nach zwei Seiten gehen. Was war also natürlicher, als daß die eine Hälfte die Aussicht auf die Straße, den »Bauernmarkt«, hat, und die andere in den ziemlich geräumigen Hof des Hauses. Bei späterer Besichtigung aber fand sich, daß es mit der Aussicht in den Hof allerdings seine Richtigkeit habe, die zweite Hälfte aber in ein enges, schmutziges Sackgäßchen ging, von dessen Existenz sogar viele Menschen in Wien gar keine Kenntnis haben.

In diesem Hause wurde ich geboren und verlebte meine ersten Knabenjahre. Finster und trüb waren die riesigen Gemächer. Nur in den längsten Sommertagen fielen um die Mittagszeit einzelne Sonnenstrahlen in das Arbeitszimmer unsres Vaters, und wir Kinder standen und freuten uns an den einzelnen Lichtstreifen am Fußboden.

Ja auch die Einteilung der Wohnung hatte etwas Mirakulöses. Nach Art der uralten Häuser war es mit der größten Raumverschwendung gebaut. Das Zimmer der Kinder, das so ungeheuer war, daß vier darin stehende Betten und einige Schränke kaum den Raum zu verengen schienen, empfing sein Licht nur durch eine Reihe von Glasfenstern und eine Glastüre von einem kleinen Hofe auf gleicher Ebene mit dem Zimmer, also wie das Zimmer selbst im ersten Stockwerke. Dieser Hof war uns streng versperrt, wahrscheinlich infolge einer Konvention mit dem grämlichen Hausherrn, der den Lärm der Kinder scheute. Hierher verlegten wir in Gedanken unsere Luft- und Sommerfreuden.

Nächst der Küche lag das sogenannte Holzgewölbe, so groß, daß allenfalls ein mäßiges Haus darin Platz gehabt hätte. Man konnte es nur mit Licht betreten, dessen Strahl übrigens bei weitem nicht die Wände erreichte. Da lag Holz aufgeschichtet. Von da gingen hölzerne Treppen in einen höhern Raum, der Einrichtungsstücke und derlei Entbehrliches verwahrte. Nichts hinderte uns, diese schauerlichen Räume als mit Räubern, Zigeunern oder wohl gar Geistern bevölkert zu denken. Das Schauerliche wurde übrigens durch eine wirkliche, lebende Bevölkerung vermehrt, durch Ratten nämlich, die in Unzahl sich da herumtrieben und von denen einzelne sogar den Weg in die Küche fanden. Ein bei uns lebender Neffe meines Vaters und mein zweiter Bruder begaben sich manchmal mit Stiefelhölzern bewaffnet auf die Rattenjagd, ich selbst konnte mich kaum ein paarmal entschließen, das Gewölbe zu betreten und mir Angst und Grauen zu holen.

Von der Küche ab ging ein zweiter langer Gang in ein bis zu einem fremden Hause reichendes abgesondertes Zimmer, das die

Köchin bewohnte, die infolge eines Fehltritts mit dem auch Schreiberdienste leistenden Bedienten verheiratet war, welche beide dort eine Art abgesonderten Haushalt bildeten. Sie hatten ein Kind und zu dessen Wartung ein halberwachsenes Mädchen als Magd der Magd. Der Zutritt auch zu diesem Zimmer war uns verboten, und wenn manchmal das schmutzige Mädchen mit dem unsaubern Kinde, wenn auch nur im Durchgange, erschien, so kamen sie uns vor wie Bewohner eines fremden Weltteils.

In den ersten Jahren seit dem Erwachen meines Bewußtseins wurde das Traurige unserer Wohnung dadurch gemildert, daß mein Vater gemeinschaftlich mit seiner Schwiegermutter und einem seiner Schwäger ein großes Haus in Enzersdorf am Gebirge kaufte, das Raum genug bot, um drei Familien ganz abgesondert voneinander zu beherbergen. Das Beste daran war ein weitläufiger Garten, in dem mein Vater, wenn er von Samstag abend bis Montag morgen hinauskam, seiner Gärtnerlust nachhing. Für uns Kinder wurde der Genuß dieses Gartens durch einen – wie es uns damals vorkam – sehr großen Teich gestört, der sich an einem Ende desselben befand und der, obwohl man ihn mit einer schwachen Barriere eingefaßt hatte, doch eine immerwährende Gefahr des Hineinfallens darbot. Da war denn der Gebote und Verbote kein Ende, und an ein Herumlaufen ohne Aufsicht war gar nicht zu denken. Besonders hatte der der Gartenmauer zugekehrte hintere Rand des Teiches, der nie betreten wurde, für mich etwas höchst Mysteriöses, und ohne etwas Bestimmtes dabei zu denken, verlegte ich unter die breiten Lattigblätter und dichten Gesträuche alle die Schauder und Geheimnisse, mit denen in unserer Stadtwohnung das »Holzgewölbe« bevölkert war. Wir wurden gar nicht mit Gespenstern bedroht oder geschreckt. Demungeachtet als ich und mein zweiter Bruder einmal in dem gemeinschaftlichen Saale unterm Billard ganz allein spielten, schrien wir beide zu gleicher Zeit auf. Als man herbeilief, erzählten wir, wir hätten einen Geist gesehen. Auf die Frage, wie er ausgesehen, sagte ich: Wie eine schwarze Frau mit einem großen Schleier. Mein Bruder aber: Wie ein »Hörndler« (Hirschkäfer).

Die Freude an dieser Landwohnung wurde nur zu bald gestört. Mein Vater trieb in dem gemeinschaftlichen Garten die Blumenzucht nicht ohne Pedanterie. Nun konnten sich aber meine damals noch unverheirateten Tanten gar keine andere Bestimmung für Blumen denken, als, wie eine hervorkam, sie abzureißen und entweder als Strauß an die Brust zu stecken oder in Wasser und Glas ans Fenster zu stellen. Noch ärger trieben es die schon etwas herangewachsenen und sich einer großen Ungebundenheit erfreuenden Kinder meines Onkels. Sie liefen ohne Umstände in den Beeten herum und zertraten die Pflanzen, ehe noch an Blumen zu denken war. Da gab es denn immerwährendes Klagen, das Haus wurde allen drei Parteien verleidet und man war froh, einen Käufer zu finden. Erst einige Jahre später mietete mein Vater einen Garten in Hernals, wo wir den Sommer über wohnten und mein Vater als alleiniger Besitzer jede Störung von seinen geliebten Blumen abhielt.

Als die Sinnesart meines Vaters bezeichnend, erinnere ich mich noch, daß er einmal uns drei Kindern Peitschen machte. Meine Brüder bekamen ganz einfache, handsame, mit denen sie nach Herzenslust klatschten. Für mich, seinen vorausgesetzten Liebling, aber nahm er einen so dicken Prügel und eine so starke Schnur, daß ich damit durchaus nichts anzufangen wußte, obgleich er selbst, mich im Gebrauch unterweisend, dem ungeheuern Werkzeug weitschallende Klatsche entlockte. Er konnte sich nicht gut in die Weise der Kinder finden.

Sonst weiß ich von Enzersdorf nur noch, daß ich daselbst durch einen alten Schulmeister die Anfangsgründe der Buchstabenkunde, wohl auch des Buchstabierens empfing. Der Mann war äußerst respektvoll, und außer seiner Gestalt ist mir nur noch erinnerlich, daß er das Schmollen und Trotzen mit dem wunderlichen Namen des »Eserlbindens« bezeichnete.

Wahrscheinlich fing schon in Enzersdorf an und setzte sich in der Stadt fort, was die Plage meiner Knabenjahre gemacht hat. Ehe ich noch den vollkommenen Gebrauch meiner Gliedmaßen hatte, setzte sich nämlich meine für Musik begeisterte Mutter vor, mich in die Geheimnisse des Klavierspiels einzuweihen. Noch gellt in meinen Ohren der Ton, mit dem die sonst nachsichtige Frau in ihrem Eifer die Lage der Noten ober den Linien, unter den Linien, auf den Linien, zwischen den Linien in mich hineinschrie. Wenn nun gar der Versuch auf dem Klavier gemacht wurde und sie mir bei jedem verfehlten Tone die Hand von den Tasten riß, duldete ich Höllenqualen.

In die Stadt zurückgekommen, wurde ein eigener Klaviermeister aufgenommen. Leider war meine Mutter in der Wahl nicht glücklich. Sie verfiel auf einen Johann Mederitsch, genannt Gallus, einen, wie ich in der Folge erfuhr, ausgezeichneten Kontrapunktisten, der aber durch Leichtsinn und Faulheit gehindert wurde, seine Kunst zur Geltung zu bringen. Bestellte Arbeiten konnte niemand von ihm erhalten, eine begonnene Oper mußte der Kapellmeister Winter vollenden, ja, durch einige Zeit in Diensten des letzten Königs von Polen, ging er jedesmal zur Hintertüre hinaus, wenn der Wagen des Königs am vorderen Tore anfuhr, so daß dieser ihn endlich entließ, ohne ihn je spielen gehört zu haben. Um nicht geradezu zu verhungern, mußte er Klavierunterricht geben, obwohl es ihm widerlich genug war. Mich gewann er lieb, aber sein Unterricht war eine Reihe von Kinderpossen. Die Finger wurden mit lächerlichen Namen bezeichnet: der schmutzige, der ungeschickte. Wir krochen mehr unter dem Klavier herum, als daß wir darauf gespielt hätten. Meine Mutter, die gegenwärtig war, begütigte er dadurch, daß er in der zweiten Hälfte der Stunde und oft darüber hinaus phantasierte und fugierte, daß ihr das Herz im Leibe lachte. Statt mir Fingersatz und Geläufigkeit beizubringen, machte es ihm Spaß, mich bezifferten Baß spielen zu lassen, ja, einmal komponierte er, der Faule, sogar für mich ein Konzert mit allen Instrumenten, das ich in seiner Wohnung aufführen mußte, bei dem, da ich gar nichts konnte, das Klavier wahrscheinlich nur einzelne Töne und Akkorde hatte, indes die Instrumente das übrige taten. Für einen Spaß konnte er sich sogar Mühe geben, zum Ernste war er nie zu bringen. Und doch war er kein Spaßmacher, mehr kindisch als scherzhaft. Da er nun zugleich in seinen Stunden sehr nachlässig war, so kam manchmal statt seiner seine Schwester, eine äußerst lange, sehr häßliche, übrigens aber vortreffliche Frau. Im Klavierspiele machte ich auch bei ihr keine bemerkbaren Fortschritte, dafür lehrte sie mich aber während der nur zu häufigen Ausruhepausen nach einer damals wenig bekannten, gegenwärtig aber, wie ich höre, häufig angewandten Lautier-Methode buchstabieren und lesen, und zwar, da ich die Buchstaben schon kannte, am Klavier sitzend, ohne Buch. Ich weiß nicht, wie es ging, aber ich konnte lesen, ehe noch jemand eine Ahnung davon hatte.

Nun wurde beschlossen, mich in die Schule zu schicken. Man wählte dazu eine unserer Wohnung am Bauernmarkte gegenüberliegende, alle Vorzüge einer öffentlichen genießende Privatanstalt. Da ich die Hauptsache, fertig lesen, konnte, so ging man über den Mangel der Kenntnisse in Rechnen und der Sprachlehre hinaus und versetzte mich sogleich in die höhere, zweite Klasse. Hier machte ich es nun, wie ich es leider immer gemacht hatte, trieb das, was mich anzog, nicht ohne Eifer, vernachlässigte aber das übrige. Das Einmaleins ist mir bis auf diese Stunde nicht geläufig. Einen Teil der Schuld trägt aber mein Vater, der nur immer vorwärtsdrängte und meinte, die versäumten Anfangsgründe würden sich schon nachholen. Später in der lateinischen Schule ging es nicht anders. Nichts aber trägt sich schwerer nach als Anfangsgründe. In dieser Schule habe ich zwischen Lob und Tadel zwei Jahre ausgehalten; lernte ganz gut schreiben, blieb aber in Rechnen und Grammatik zurück.

Den Mangel der letztern ersetzte ich praktisch durch eine unermeßliche Leselust, die sich auf alles erstreckte, dessen ich habhaft werden konnte. Vorderhand waren es die biblischen Geschichten des Neuen Testamentes in für Kinder bestimmter Erzählung. Was mir sonst in die Hände fiel, weiß ich nicht mehr.

Eins der frühesten Bücher, die ich las, war das Textbuch der »Zauberflöte«. Ein Stubenmädchen meiner Mutter besaß es und bewahrte es als heiligen Besitz. Sie hatte nämlich als Kind einen Affen in der genannten Oper gespielt und betrachtete jenes Ereignis als den Glanzpunkt ihres Lebens. Außer ihrem Gebetbuche besaß sie kein anderes als diesen Operntext, den sie so hoch hielt, daß, als ihr die Anfangsblätter abhanden gekommen waren, sie mit eigener Hand mühselig das Fehlende abschrieb und dem Buche beilegte. Auf dem Schoße des Mädchens sitzend, las ich mit ihr abwechselnd die wunderlichen Dinge, von denen wir beide nicht zweifelten, daß es das Höchste sei, zu dem sich der menschliche Geist aufschwingen könnte.

Wenig später fiel mir eine uralte Übersetzung des Quintus Curtius in die Hände, wahrscheinlich als Derelikt unter altem Gerümpel auf dem Dachboden unserer Landwohnung, das mir der Hausherr, ein Tischler und Säufer von Profession, gerne überließ. Ich weiß nicht, wie oft ich das dickleibige, großgedruckte Buch mit immer neuer Begeisterung von Anfang bis zu Ende durchlas. Was ich nicht verstand, ließ ich in den Kauf gehen, um so mehr, als weder meine Mutter noch das Stubenmädchen mir Aufklärung geben konnten; meinen Vater zu fragen aber hielt mich die Furcht ab, er könnte mir das Buch, wie schon geschehen, als für mich nicht passend wegnehmen. Vor allem quälte mich das erste lateinisch gedruckte Wort, mit dem der Übersetzer oder erste Herausgeber das von Curtius verlorengegangene erzählend beifügte. Es hieß wohl Paralipomena oder ähnlich. Stundenlang marterte ich mich, um dem Zauberworte einen Sinn abzugewinnen, aber immer vergebens. Es machte mich unglücklich.

Eben auf dem Lande, wahrscheinlich aus derselben Quelle, geriet ich auf Heiligen- und Wundergeschichten des Pater Kochem, welche sich in meinem Kopfe mit den mazedonischen Helden sehr gut vertrugen, nur daß die Taten dieser letztern mir keinen Wunsch zur Nacheiferung erweckten, indes ich glaubte, die Leiden und Qualen der Märtyrer ebensogut erdulden zu können als jene Glaubensmänner. Ich beschloß, Geistlicher zu werden, wobei ich aber nur auf den Einsiedler und Märtyrer mein Absehen richtete. In die Stadt zurückgekehrt, wurde ein Meßkleid aus Goldpapier verfertigt. Ich las die Messe, wobei mein zweiter Bruder, der Klingel wegen, bereitwillig ministrierte. Ich predigte von einer Stuhllehne herab, wobei ich freilich als einzige Zuhörerin unsre alte Köchin hatte, die von meinem Unsinn sehr erbaut schien. Sie war auch mein Publikum am Klavier, aber nur für ein einziges Stück, das sie unaufhörlich wieder zu hören begehrte. Es war damals die Hinrichtung Ludwigs XVI. noch in frischem Gedächtnis. Man hatte mir unter andern Übungsstücken auch einen Marsch gebracht, von dem man behauptete, daß er bei dieser Hinrichtung gespielt worden sei, in dessen zweiten Teile ein Rutsch mit einem einzigen Finger über eine ganze Oktave vorkam, welcher das Fallen des Mordbeiles ausdrücken sollte. Die alte Person vergoß heiße Tränen bei dieser Stelle und konnte sich nicht satt hören.

Meine kirchliche Richtung war übrigens nicht im mindesten religiös. Mein Vater war in der josephinischen Periode aufgewachsen und mochte nicht viel auf Andachtsübungen halten. Die Mutter ging alle Sonntage in die Messe, mit dem Bedienten, der ihr das Gebetbuch nachtrug; wir Kinder kamen nie in die Kirche. Ich erinnere mich noch, daß ich später im Gymnasium, wo jeder Schultag mit einer Messe begonnen wurde, immer wie ein Wilder meine Kameraden ansehen mußte, um aus ihrem Vorgange zu merken, wo man aufzustehen, niederzuknien oder an die Brust zu schlagen habe.

Bald darauf kam uns die Lust, Komödie zu spielen. Wie sie kam und wer sie angeregt, weiß ich nicht. Wir Knaben waren äußerst selten ins Theater gekommen. Von meiner Seite war es das erstemal, noch als Kind, in eine italienische Oper mit meinen Eltern, denen ein ungarischer Graf, ein Klient meines Vaters, für den Abend seine Loge überlassen hatte. Ich erinnere mich nur, daß ich mich schrecklich langweilte und höchstens eine einzige Szene mich belustigte, wo die Leute in einer Laube Schokolade tranken, und der Geck des Stückes, der mit dem Stuhle schaukelte, samt Tasse und Becher rücklings über zu Boden fiel. Darauf folgte ein Ballett, dessen Titel »Die Hochzeit auf dem Lande« mir noch jetzt gegenwärtig ist. Da ging es etwas besser, und vor allem setzte mich in Erstaunen, daß in dem allgemeinen Tanze gegen den Schluß die Tänzer in eine auf halbe Theaterhöhe angebrachte fensterartige Öffnung mit einem Satze hineinsprangen. Sonst führte man uns

Kinder höchstens an Namenstagen ins Leopoldstädter Theater, wo uns die Ritter- und Geisterstücke mit dem Käsperle Laroche schon besser unterhielten. Noch sehe ich aus den zwölf schlafenden Jungfrauen die Szene vor mir, wo Ritter Willibald eine der Jungfrauen aus einer Feuersbrunst rettet. Das Gebäude war eine schmale Seitenkulisse und die Flammen wurden durch herausgeblasenes Kolophoniumfeuer dargestellt, damals aber schien es mir von schauerlicher Naturwahrheit. Vor allem aber bewunderte ich die Verwandlung eines in schleppende Gewänder gehüllten Greises mit einer Fackel in der Hand in einen rot gekleideten Ritter, wobei mir als das wunderbarste erschien, daß der rote Ritter auch eine Fackel in der Hand hielt, was eben die schwache Seite der Verwandlung war und von meinem damaligen Scharfsinn keine vorteilhafte Meinung gibt.

Außer diesen einzelnen Theaterabenden mochten zu unseren dramatischen Gelüsten auch die Erzählungen eines in unserem Hause lebenden verwaisten Neffen meines Vaters beigetragen haben, der in der Kanzlei als Schreiber verwendet wurde und der, um mehrere Jahre älter als wir, da er sich auf solche Art sein Brot selbst verdiente, einer ziemlich großen Freiheit genoß. Wie denn überhaupt mein Vater ein großer Freund von Verboten, aber nichts weniger als ein Freund von Beaufsichtigung war. Dieser Vetter, der nicht frei von einer gewissen Geckenhaftigkeit war, mochte uns nun von seinen Theatergenüssen erzählt haben, ja, durch ihn bekam ich vielleicht die ersten Komödienbücher in die Hand, von denen ich mich nur noch auf Klara von Hoheneichen von weiland Spieß erinnere. Mein Vater nahm scheinbar oder wirklich von unsern Kunstbestrebungen keine Notiz, ja, ich erinnere mich nicht, daß er unsern Darstellungen auch nur einiges Mal einen Blick gegönnt hätte. Die Mutter wurde dadurch gewonnen, daß unser Klavierlehrer Gallus, der die Sache, wie jede Kinderei, mit Eifer auffaßte, sich bereit erklärte, unsere Produktionen mit Ouvertüre und Zwischenakten in freier Phantasie auszuschmücken. Diese seine Improvisationen, zu denen er, wenn die Handlung bedeutender wurde, sogar melodramatische Begleitung fügte, verschaffte unsern Absurditäten sogar eine gewisse Zelebrität. Einige Musikfreunde nämlich, worunter ein uralter Baron Dubaine, ein vormozartischer Kunstfreund, die nie Gelegenheit hatten, Gallus spielen zu hören, fanden sich nämlich, ohne sein Vorwissen, im Nebenzimmer ein, wo sie durch die fingerweit offengelassene Türe sein Klavierspiel entzückt behorchten, ohne sich, wie natürlich, um unser Schauspiel, das sie nicht einmal sahen, auch nur im geringsten zu bekümmern.

Daß wir nur Ritterstücke aufführten, versteht sich von selbst, die Geister wurden durch das Mangelhafte unsers Apparates von selbst ausgeschlossen. Es ging nun an eine Verfertigung von hölzernen Schwertern mit papierenen Scheiden. Zu den Wämsern und Kollern wurden abgelegte Kleider mit Puffen und farbigen Schnüren ausstaffiert. Ich war sogar glücklich, die untere Hälfte eines alten Atlaskleides meiner Mutter als Mantel benützen zu können. Meinem jüngeren Bruder fielen die Weiberrollen zu, und er stickte sich Gürtel und Armbänder und Halsgeschmeide aufs prächtigste mit eigener Hand. Der mittlere mußte halb mit Gewalt gepreßt werden, und er fügte sich in die Knappenrollen nur auf die Bedingung, daß ihm in seinen Kleidern die Ärmel und die Beinkleider auf halben Schenkeln abgeschnitten wurden, so daß er halbnackt einherging. Aber auch so war er kaum zum Auftreten zu bewegen, sondern warf sich auf sein Bett und mußte durch vereinte Kraft der ganzen Gesellschaft herabgezogen und auf die Szene gestoßen werden, wo er denn nur an den Gefechten teilnahm. Unser Vetter Albert Koll und ich teilten uns in die Heldenrollen, wo denn immer eine Nebenbuhlerschaft um die Person meines jüngsten Bruders zugrunde lag, der geraubt, befreit und in jeder Art auf dem Theater herumgeschleppt wurde. Da unser Personal doch gar zu klein war, so nahmen wir mit Vergnügen den Antrag unsers Orchesterdirektors Gallus an, seine kleine Tochter Marie in die Frauenzimmerrollen eintreten zu lassen. Das Mädchen war recht artig und für ihr Alter gescheit, hinkte aber zum Unglück beträchtlich, so daß wir ihr gegenüber unsern Mißhandlungen doch etwas Einhalt tun mußten. Das Amt des Theaterdichters fiel mir zu. Nicht als ob ich ein Wort niedergeschrieben oder den Gang der Handlung anders als höchst allgemein vorausbestimmt hätte. Wir improvisierten, eine Szene gab die andere, und das Stück ging aus, wie es konnte und mochte. Nur der Ausgang der Kämpfe wurde festgesetzt, da niemand unterliegen wollte. Ein einziges Mal entschloß ich mich zum Schreiben, als ich Klara von Hoheneichen durch Hinweglassen von zwei Dritteilen des Stückes für unsere Bühne einrichtete, wo denn vor allem der Name des Ritters Adelungen geändert werden mußte, der mir durch seinen Gleichlaut mit dem verhaßten Adelung der Sprachlehre unerträglich prosaisch vorkam. Im Lauf eines einzigen Winters begannen und endeten unsere theatralischen Vorstellungen, wozu die nächste Veranlassung war, daß ein uns sehr entfernt verwandter älterer Bursche unter dem Vorwand, Helme und Harnische von Pappe herbeizuschaffen, uns Geld aus unsern Sparbüchsen lockte, wo denn, als der Betrug herauskam, es sogar zu Auseinandersetzungen mit dem Vater des Schuldigen kam und wir sowohl die Lust verloren als unser Vater Einspruch tat.

Mittlerweile, ungefähr in meinem achten Jahre, hatte ich die deutschen Schulgegenstände zurückgelegt und sollte ins Gymnasium eintreten. Mein Vater aber, der, besonders mit Rücksicht auf meine große Jugend, dem Besuch der öffentlichen Schule abgeneigt war, beschloß, uns Privatunterricht erteilen zu lassen. Es wurde daher ein Hofmeister aufgenommen. Das war nun einer der wunderlichsten aller Menschen. Ein sonderbares Gemisch von innerm Fleiß und äußerliche Indolenz. Er kam als Theologe in unser Haus, änderte seine Meinung und studierte Medizin. Als ich ihn nach Jahren wiederfand, hatte er auch diese aufgegeben und die Rechte absolviert, so daß wir, trotz eines Altersunterschiedes von beinahe zwanzig Jahren, in gleicher Eigenschaft als Konzeptspraktikanten bei der Finanzhofstelle gleichzeitig eintraten. Seine Lernbegierde ging über alle Grenzen. So hatte man ihm vorgeworfen, daß er nicht Französisch könne. Nun legte er sich mit solchem Eifer auf diese Sprache und übte sich so unausgesetzt, daß, als wir zusammen bei der Finanzstelle dienten, er alle wichtigern Ausarbeitungen erst französisch konzipierte und dann für den Amtsgebrauch ins Deutsche übersetzte. Die fremde Sprache war ihm geläufiger geworden als die eigene.

Dabei grenzte aber seine Indolenz nach außen beinahe an Stumpfsinn, von dem eine große Blödsichtigkeit den körperlichen Ausdruck bildete. Wir hatten seine Schwächen bald weg, und die Streiche, die wir ihm spielten, grenzen ans Unglaubliche. So liebte er zum Beispiel, des Morgens lange im Bette zu liegen. Da stürzte ich denn eines Tages ins Zimmer mit der Nachricht, es sei eine Frau da, die unsre Wohnung besehen wolle in der Absicht, sie zu mieten. Mein Gärtner, so hieß er, springt im Hemde aus dem Bette und flüchtet sich hinter einen Vorhang, der eine abgesperrte Verbindungstüre mit der Nachbarwohnung bedeckte. Unterdessen führe ich meinen Bruder herein in den Kleidern unserer Mutter, den ich ersuche, Platz zu nehmen und die Rückkunft unserer Eltern abzuwarten. Da setzt sich denn der Bube in der Mitte des Zimmers, mit dem Rücken gegen den Vorhang gekehrt, in einen Sessel und bleibt ein paar Stunden lang sitzen, indes, der arme Hofmeister im Hemde und mit bloßen Füßen alle Qualen der Angst und Kälte erduldet.

Wenn es dem armen Teufel zu arg wurde, beschloß er endlich zu strafen. Die Strafe bestand in dem Verbote, bei Tisch von der vierten Speise zu essen. Nun duldete mein Vater nicht, daß wir uns aus

Vorliebe oder Abneigung im Essen wählerisch bezeigten. Wenn nun die verbotene Speise kam, schob der Sträfling seinen Teller von sich ab. »Was soll das bedeuten?« fragte mein Vater. – »Ich danke, ich mag davon nicht essen.« – »Du wirst essen«, sagte mein Vater. Und nun ließ sich der Schuldige reichlich herausfassen und aß nach Herzenslust, wobei er triumphierend nach dem Hofmeister blickte, der aus Furcht vor dem Vater sich nicht zu sagen getraute, daß eine Strafe im Mittel liege, deren volle Bestätigung und Ausführung sonst außer allem Zweifel gelegen hätte.

Wir Brüder hätten uns nicht so leicht emanzipiert. Der Haupturheber war einer jener Söhne meines Onkels, die meinem Vater in Enzersdorf seine Blumenbeete zertreten hatten. Er besuchte uns manchmal und, um mehrere Jahre älter als wir, wurde er von dem in unserem Hause lebenden Vetter Alber Koll getreulich unterstützt. Sie marterten den armen Gärtner bis aufs Blut. Er aber glaubte alles und ging immer wieder von neuem in die Falle.

Ich selbst muß mir das Zeugnis geben, nur an den unschuldigen Neckereien teilgenommen zu haben, denn ich achtete ihn, obgleich seine Absurditäten gar zu verführerisch waren.

Meine Achtung gründete sich auf seine Bücher, die er unausgesetzt las und nach seiner Fahrlässigkeit auf allen Tischen liegen ließ. Da war nun ein französischer Telemach und ein lateinischer Autor, wahrscheinlich Suetonius, beide mit deutschen Anmerkungen und ausführlichen Sach- und Namensregistern in derselben Sprache. In diese vertiefte ich mich, sooft ich ihrer nur habhaft werden konnte, und ich kann daher wohl sagen, daß ich von dem guten Gärtner gefördert worden bin, obwohl ich in den Schulgegenständen von ihm rein nichts lernte.

Seine Trägheit ging nämlich so weit, daß er uns nicht einmal die Schulbücher kaufte, obwohl er das Geld dafür empfangen hatte, das sich bei der späteren Katastrophe unberührt in seinem Schranke vorfand. Er drohte uns täglich mit dem Ankauf dieser Bücher, kam aber nie dazu. Ja, endlich wurde der Müßiggang als eine Belohnung für sonstiges Wohlverhalten oder für geleistete kleine Dinge förmlich zu Recht erhoben. Da er alles umherliegen ließ, seinen Schrank nie versperrte, ja sogar die herausgezogenen Schubladen zurückzuschieben vergaß, so nahmen wir von seinen Sachen ungescheut alles, was uns als Spielwerk eben anstand. Die Entschuldigung war immer, wir hätten es gefunden. Da wurde nun festgesetzt, daß, wer ihm etwas Verlornes zurückbringe, für denselben Tag nichts zu lernen brauche. Ich erinnere mich, daß wir einmal, der eine die Schuhschnalle, der andere die zweite und der dritte die

Beinkleiderschnalle ihm als gefunden zurückbrachten und dafür alle drei vom Lernen frei waren.

So ging es beinahe ein volles Jahr fort. Endlich aber brach das Schicksal herein. Mein Vater hatte einen lateinischen Brief nach Ungarn zu schreiben und war wegen eines Ausdrucks im Zweifel. Er ging daher in unser Zimmer, das er sonst nie betrat, um sich in meinem Wörterbuch Rat zu holen. Er findet aber weder Wörterbuch noch Schulbücher. Ein großes Verhör wird vorgenommen, infolgedessen der schuldige Hofmeister das Haus verlassen muß und ein neuer, ein Tiroler namens Scarpatetti, aufgenommen wird.

Die Hauptschwierigkeit war aber nun, daß nach verstrichenem Schuljahre die Prüfung vor der Türe stand. Mein Vater wollte mich, wie er sagte, kein Jahr verlieren lassen. Der neue Hofmeister erhielt daher die Weisung, mit Zuhilfenahme der Schulferien, in sechs oder acht Wochen mir alles das beizubringen, was in einem vollen Jahre hätte gelernt werden sollen. Dem Gefährlichen der Prüfung wurde dadurch begegnet, daß der prüfende Professor ein großer Gartenfreund war. Nun besaß mein Vater sechs oder acht große Oleanderstöcke in Kübeln. Diese wurden meinem Weiterkommen aufgeopfert, die Prüfung ging glücklich vor sich und ich trat, nach versäumter erster, in die zweite lateinische Klasse ein, zu der mich eben mein Vater, durch die Erfahrung gewarnt, in die öffentliche Schule zu schicken beschloß.

Da lernte ich denn die neuen Aufgaben nicht ohne Fleiß, da mir aber die Anfangsgründe nicht geläufig waren, machte ich namentlich in den Schulkompositionen eine Unzahl von Fehlern; der Arithmetik gar nicht zu gedenken, da mir das Rechnen noch von der deutschen Schule her fremd war. Ich wurde daher unter die Höchst-Mittelmäßigen gerechnet, was, statt meinen Eifer anzuspornen, ihn vielmehr auf das Streng-Pflichtmäßige beschränkte.

Dagegen stand mir nun, als einem Halberwachsenen, die Bibliothek meines Vaters offen. Da war eine Sammlung von Reisebeschreibungen, von denen mich besonders Cooks Weltumseglung so interessierte, daß ich bald in Otaheiti mehr zu Hause war als in unserer eigenen Wohnung. Büffon, dessen allgemeine Naturgeschichte mit seinen Planeten, Kometen, Urrevolutionen mich bald verrückt gemacht hätte. Eine Theaterbibliothek mit allen in Wien aufgeführten Stücken, unter denen von Schiller und Goethe gar nichts, von Shakespeare aber nur Hamlet und Lear in der Schröderschen Bearbeitung vorkam. In Lessings Nathan störte mich die wunderliche Abteilung der Zeilen, die Verse, und zugleich der matte Ausgang, wo ich vielleicht nicht so unrecht hatte. Tschinks Geisterseher. Die Krone für mich aber war Guthrie und Grays Weltgeschichte in mehr als neunzig Bänden, die ich, ich weiß nicht, wie oft, mehr verschlang als las. Von eigentlichen Dichtern war nur Geßner und Ewald Kleist vorhanden. Geßner entzückte mich. Ich habe ihn seit meinen Kinderjahren nicht wieder gelesen, glaube aber, auf Bürgschaft jenes Eindrucks, daß er wirklich vortrefflich ist, obwohl ihn eine aufs Gewaltsame gestellte Zeit nicht mehr anerkennen will. Mit Kleist wußte ich noch nichts anzufangen. Der Sinn des Verses war mir damals noch nicht aufgegangen.

Diese Leserei reihte sich an eine frühere, in der Büchersammlung meiner unverehelichten Tante, die aus sieben oder acht vereinzelten Bänden bestand. Der erste Band von Tausendundeiner Nacht in einer uralten Übersetzung, mir vor allen schätzbar. Ein Band von Goethe mit Götz von Berlichingen, Clavigo und Claudine von Villabella. Daß Götz und der Reiterjunge Georg mich entzückten, kann man wohl denken, dagegen hätte ich Weislingen und Adelheid wohlfeil hergegeben. Im Clavigo ließ ich dem Beaumarchais alle Gerechtigkeit widerfahren. Aus Claudine von Villabella wußte ich nichts zu machen. Noch war Wallensteins Lager und die beiden Piccolomini da, von denen ich nur das erstere in ganzer Folge, die Piccolomini aber nur stellenweise las, da mir die langen Reden auf nichts hinauszugehen schienen. Meiner ganzen Einbildungskraft bemächtigte sich Gozzis Rabe in deutscher Übersetzung, den ich Goethes, Schillers und Shakespeares Dramen weit vorzog.

Das Haus unserer mütterlichen Großmutter, in dem jene Tante zugleich mit zwei Schwestern wohnte, war die Zielpunkt aller unserer Besuche. Ich stand in ziemlicher Gunst bei der alten, gescheiten und energischen Frau. Noch erinnere ich mich, daß einmal, als meine Mutter über mein abgeschlossenes Wesen klagte, sie erwiderte: Laßt ihn gehen, er hat's wie die Geiß zwischen den Füßen. Wobei sie in derber, altwienerischer Manier wahrscheinlich den wertvollsten Teil der Ziege, das Euter, meinte, das diese halbverborgen zwischen den Füßen trägt.

In dem Hause meiner Großmutter erneuerten sich auch meine dramatischen Genüsse. Die drei unverheirateten Töchter, zugleich zwei meiner Onkel, von denen der eine ein vorzüglich komisches Talent besaß, und einige Freunde des Hauses führten nämlich auf einem von spanischen Wänden improvisierten Theater Komödien auf. Da es nur Konversationsstücke waren, so griffen sie mich nicht sonderlich an, und ich gestehe, daß die Mandelmilch und eine gewisse wohlschmeckende Torte, die man in den Zwischenakten herumtrug, eine starke Nebenbuhlerschaft mit dem geistigen Genusse behaupteten. Man drängte sich übrigens zu diesen Darstellungen, die man vortrefflich fand, obgleich meine Tanten einen in der Familie meiner Großmutter verbreiteten Sprachfehler hatten, den auch meine Mutter teilte und dem auch ich als Knabe unterworfen war. Erst später, als ich von Demosthenes las, daß er einen vielleicht ähnlichen Fehler der Zunge dadurch bezwang, daß er mit in den Mund genommenen kleinen Kieselsteinen laut und anhaltend las, wurde ich, indem ich sein Beispiel nachahmte, des Zischlautes bis zum Unmerklichen mächtig.

Ich war mir dieses Sprachfehlers, im Gegensatz meiner Verwandten, die ganz unbefangen plauderten und sogar Komödie spielten, vollkommen bewußt, und vielleicht rührte meine Schüchternheit als Knabe zum Teil daher, daß ich in große Verlegenheit geriet, sooft mich jemand Fremder ansprach, und daher jeden solchen Anlaß vermied. So wie mir auch mein Name so häßlich vorkam, daß ich mich erst spät entschließen konnte, ihn meinen Stücken auf dem Theaterzettel beisetzen zu lassen.

Diese Vorgänge in dem Hause meiner Großmutter sind übrigens aus einer früheren Zeit nachgetragen. Als Gymnasiast trieb ich meine Studien so, daß ich eben leidliche Fortgangszeugnisse erhielt. Erst in der ersten Humanitätsklasse sollte ich einen nachhaltigeren Anstoß bekommen. Unser Professor, ein alter Ex-Jesuit, namens Walpert, behandelte mich so gleichgültig wie seine Vorgänger. Da fällt es ihm einmal ein, uns über Sonntag eine rednerische Aufgabe in deutscher Sprache, behandelnd die Vergänglichkeit der Zeit, zu geben. Daß die Zeit vergehe, wußte ich wohl, was aber weiter davon zu sagen sei, kam mir nicht in den Sinn. Da besuchte mich am Sonntag morgen ein Schulkamerad, der einen Hauslehrer hatte und das Schulpensum schon reinlich abgeschrieben in seiner Rocktasche trug. Ich ersuchte ihn, mir es lesen zu lassen. Er aber fürchtete, ich möchte es abschreiben, und ließ mich nur in die Anfangsworte hineinblicken. Da stand nun: wo ist Cäsar, wo ist Pompejus hingekommen? Mir ging ein plötzliches Licht auf, was sich über die Vergänglichkeit der Zeit sagen lasse. Ich dränge ihn fortzugehen, setze mich nieder und schreibe in einem Zuge, ohne Korrektur, eine Ausarbeitung, die des nächsten Tages in der Schule als die zweitbeste anerkannt wird.

Das beste, oder nach dem Schulausdruck zu reden: das erstbeste der Elaborate war das eines gewissen Meiller, der sich nun einmal im Besitze des Vorrechtes befand, in allem der Beste zu sein. Er war der Sohn eines Müllers in Neunkirchen, und da er anfangs seinem Vater in dessen Geschäfte an die Hand ging, trieb ihn erst spät seine Neigung in die Studien. Er war daher viel älter und gereifter als wir, damals schon nahe an seinem zwanzigsten Jahre. Der Hauptvorteil meines Schulerfolges war nun, daß dieser Matador, der auf den ersten Bänken saß, anfing, von mir, dem Jüngsten der Schule und einem Einheimischen des Berges der hintern Bänke, Notiz zu nehmen. Wir schlossen uns bald nah und näher aneinander an. Sein Einfluß auf mich war höchst vorteilhaft, besonders da er mein früher unzusammenhängendes Wesen zur Einkehr in sich selbst trieb, nur daß aus einer mir angeborenen Neigung zum Gegensatz, sein Ernst mich in eine Lustigkeit warf, die mir früher fremd war. Als wir uns daher später mit Poesie abgaben und er ein Trauerspiel aus der römischen Geschichte verfaßte, schrieb ich ein Lustspiel, in dem unsere Professoren mit ihren bis zur Karikatur getriebenen Eigenheiten die Rolle der »unglücklichen Liebhaber« spielten. Wir beide zweifelten nicht, daß er zur Tragödie und ich zum Lustspiel geboren seien.

Vorderhand aber blieb in der Schule alles, wie es früher war. Mein Fleiß wurde nicht größer, mein Meisterwerk war bald vergessen, und Professor Walpert gab sich mit mir allerdings mehr ab als früher, nur daß er durch die wunderlichste Ideenverbindung mich vor allem für die Geographie ausbilden wollte.

So gelangten wir in die letzte Humanitätsklasse, in die »Poesie«, wie wir sie nannten. Auch da ging es so ziemlich im alten Tone. Als uns die antiken Versmaße erklärt wurden, war ich zerstreut wie immer, und die aufgezeichnete offene Hand mit den kurzen und langen Silben, die den Hexameter deutlich machen sollte, kam mir höchst wunderlich vor. Meine erste Probe fiel daher sehr unglücklich aus. Wir bekamen nämlich als Aufgabe zerbrochene deutsche Hexameter, von Zachariä glaub ich, um sie zusammenzusetzen und wieder einzurenken. Ich, der ich vom deutschen Verse keine andere Vorstellung hatte, als daß sich die Zeilen reimen müßten, setzte die unglückseligen Hexameter nach dem beiläufigen Gleichlaut der Schlußworte zusammen, nicht ohne Rhythmus, aber ohne Spur von Metrum. Zum Überfluß kam noch in der diktierten Aufgabe ein Wort vor, dem ich kein Verständnis abgewinnen konnte und dessen Erklärung in der Schule ich überhört hatte. Im Tempel des Schlafes nämlich stand »der Hojahnen« (das Gähnen) Wache. Ich glaubte, falsch gehört zu haben, und machte aus den Hojahnen unbedenklich Huhlanen, wie man bei uns das Wort Ulanen ausspricht, so daß an der Schwelle des Schlafes die Wache der Ulanen postiert war, was allerdings so lächerlich ist, daß ich noch jetzt nicht begreife, wie ich darauf verfiel. Dieses Gelächter entstand denn auch wirklich des andern Tages in der Schule, und unser guter Professor Stein erklärte ohne Anstand, daß unter allen diesjährigen Schülern ich das wenigste Ohr für den Vers hätte.

Es kam bald eine Gelegenheit, die ihn eines Bessern überzeugen konnte. Wir bekamen über Sonntag die Aufgabe, deutsche Verse, ein Gedicht über einen beliebigen Gegenstand zu machen. Also ein Gedicht, und worüber? In Geßnerischer Prosa hätte ich mich über jeden Gegenstand ausschütten können, aber ein Gedicht, und worüber? Ich verbrachte den ganzen Sonntag in fruchtlosem Nachsinnen oder vielmehr in gedankenloser Stumpfheit. Es wurde Abend und ich hatte noch keine Feder angesetzt. Allein zu Hause geblieben, indes die übrige Familie auf einem Spaziergang war, lag ich im offenen Fenster von meines Vaters Kanzlei und starrte hinaus in die wunderschöne Nacht. Der Mond in seltener Reinheit stand gerade über mir. Da überfiel's mich. Ein Gedicht an den Mond. Ich schrieb augenblicklich die erste Strophe nieder:

Wandle, wandle, holder Schimmer,
Wandle über Berg und Au,
Gleitend wie ein kühner Schwimmer
In des stillen Meeres Blau.

Der Anfang wäre gut genug gewesen. Damit war aber auch mein ganzer Ideenvorrat erschöpft, ich fügte noch ein paar ungeschickte Strophen hinzu und hatte so wenigstens mein Pensum für morgen zustande gebracht. Unglücklicherweise wurde unser Professor Stein, der Sinn genug hatte, um auch in dem Wenigen die Spuren von Talent zu erkennen, des andern Tages krank gemeldet. An seiner Statt erschien ein Supplent, der nur das Nötigste besorgte, und von meinen Versen war keine Rede. Es sollte aber bald eine andere Gelegenheit kommen, mich in ein vorteilhafteres Licht zu setzen. Bis jetzt hatte ich die lateinische Sprache nur als eine traurige Notwendigkeit betrachtet, aber wir kamen auf Horaz, und da fühlte ich zuerst ein Bedürfnis, das bisher Vernachlässigte nachzuholen. Vor allem aber zog die Aufmerksamkeit des Professors auf mich, daß meine, nicht Sprach-, wohl aber Sinn- und Sacherklärungen immer die richtigen waren. Er fragte mich öfter, woher ich alles das wüßte? Worauf ich ihm antwortete: mir schiene es eben so.

Leider wurde sein Anteil an mir durch jenen, wie ich oben erwähnte, in mir, ganz gegen meine sonstige Natur erwachten Hang zur Lustigkeit in Schatten gestellt, zufolgedessen ich, während ich laut und öffentlich den Horaz mit Sinn und Verständnis kommentierte, bald darauf heimlich und leise meinen Nebensitzenden parodische und skurrile Deutungen zuflüsterte, die Lachen erregten, ja die oft unsittlich gewesen wären, wenn ich die volle Bedeutung meiner travestierenden Ausdrücke immer gekannt hätte. Wenn nun Professor Stein um die Ursache des Gelächters fragte und diese und mich als Urheber erfuhr, kam er in ebenso heftigen Zorn, als er sich mir vorher als geneigt zugewendet hatte, und unsere wechselseitige Stellung befestigte sich nie.

Einen Beweis meines Übermutes gab ich noch am Schlusse des Jahres bei der schriftlichen Komposition, die im Lokale der Schule selbst zustande gebracht werden mußte und deren Aufgabe eine äsopische Fabel: »Der Hund und der Wolf«, in lateinischer Sprache war, nach Wahl, in Prosa oder Versen. Ich setzte mich aber über die Bedingungen hinaus und schrieb meine Fabel in deutschen Reimen, nicht aufs beste, soviel ich mich erinnere.

Nach all diesen Vorgängen konnte ich in dem Professor nicht die vorteilhafteste Meinung von mir voraussetzen. Wie war ich also des nächsten Tages erstaunt oder vielmehr entsetzt, als ich unter den fünf Besten der Schule zur gemeinschaftlichen Prüfung aufgerufen wurde. Diesem Eliten-Tentamen wohnte der geistliche Studienreferent, spätere Erzbischof von Salzburg, Gruber, bei, dessen fleißiger, aber etwas duckmäuserischer Neffe sich eben in unserer Fünfzahl befand.

Meine Prüfung ging zu meinem eigenen Erstaunen ganz gut vor sich. Nur als lateinische Verse aus der ars poetica auswendig herzusagen waren, die ich ganz gut wußte, fiel mir bei der Stelle Romani tollunt equites peditesque cachinnum das letzte Wort nicht ein. Der Professor einer anderen Klasse, der als Ehrengeleit mit dem Herrn Studienvorsteher gekommen war, meinte absurderweise, daß ich die Sache nicht wüßte, indes mir das letzte Wort fehlte, und um mich auf die Spur zu bringen, ahmte er die Gebärde eines Lachenden nach, wobei er sich den Bauch hielt und die wunderlichsten Gesichter schnitt, ich aber glaubte, er lache mich aus, und warf ihm grimmige Blicke zu, wodurch ich aber immer mehr aus dem Kontexte kam.

Das Übelste aber sollte nachkommen. Wir hatten im Schuljahre den König Ödipus von Sophokles gelesen. Die letzten Tage vor der Prüfung waren wir damit zu Ende. Da aber doch die für das Griechische bestimmte Stunde ausgefüllt werden mußte, fingen wir ein Stück von Euripides zu lesen an. Jedermann war überzeugt, daß dieses Fragment, zu einer Zeit gelesen, wo jeder schon über Hals und Kopf sich anderweitig für die Prüfung vorbereitete, bei dieser Prüfung selbst gar nicht zur Sprache gebracht werden würde. Das war selbst die Absicht des Professors. Unglücklicherweise aber ließ er, als es aufs Griechische kam, um dem Herrn Studienreferenten den Hof zu machen, dessen Neffen die Wahl der zu übersetzenden und zu zergliedernden Stelle, und der Duckmäuser, um zu zeigen, daß er auch noch in den letzten Tagen mit gleicher Aufmerksamkeit zugehört habe, wählte die Szene aus dem Euripides. Die Darauffolgenden zogen sich ganz leidlich aus der Sache, ich aber, der ich den König Ödipus am Schnürchen hatte, scheiterte ganz am Euripides. So fiel denn, was zu meiner Ehre gemeint war, zu meiner Beschämung aus.

Nun kommt eine trübe wüste Zeit, die aber glücklicherweise nur ein Jahr dauerte. Ich trat in die Universitätsstudien über. Die Ideen von akademischer Freiheit, die jeden anwandelten, befielen mich stärker als jeden andern. Leider waren unsere Professoren von solcher Art, daß nur die Gewohnheiten des Fleißes, die meine Sache nicht war, zur Fortsetzung desselben aneifern konnte. In dem Professor der Philosophie hatten wir einen Pedanten, aber nicht nur in gewöhnlichem Sinn, sondern als eigentliche Lustspielfigur, als ob der Dottore aus der italienischen Commedia dell'arte sich in ihm verkörpert hätte. Er hatte eine »Philosophie ohne Beinamen« als Vorlesebuch geschrieben und hielt sich für ganz selbständig, bloß weil er die Neuerungen Kants von sich stieß, indes sein System nichts als der bare Wolfianismus war. Oft, erinnere ich mich, rief er während der Vorlesung aus: Komm her, o Kant, und widerlege mir diesen Beweis! Seine Philosophie bestand bloß aus Distinktionen und Divisionen, zwischen denen sich die Definitionen notdürftig Platz machten. Auf sein schematisches Gerüst war er so stolz, daß er den Schülern erlaubte, dasselbe bei den Prüfungen in Handschrift vor sich zu haben, wo dann die mit scharfen Augen Begabten sich die Definitionen mit kleiner Schrift dazwischenschrieben. Ich, der ich ein so kurzes Gesicht hatte als der Professor selbst, entbehrte leider dieses Hilfsmittels. Das Ganze wurde in Küchenlatein abgehandelt, nur bei heftigen Aufwallungen bediente sich der übrigens höchst gutmütige Mann der deutschen Sprache.

Der Professor der Mathematik mochte so übel nicht sein, nur hatte er in einem Jahr sieben Bände eines mathematischen Lehrbuches abzuhandeln, so daß er von einem Lehrsatze auf den andern sprang und weiterging, ehe man das erste begriffen hatte, und so der Hauptnutzen der Mathematik, die innere Erfahrung von dem Wesen des strengen Beweises, ganz verlorenging.

Der Professor der philosophischen Philologie galt für einen tüchtigen Mann, nur war er trocken bis zum Abschreckenden und so auf seine Übersetzung der tuskulanischen Untersuchungen versessen, daß er jeden, als den von ihm gebrauchten Ausdruck, mit stummem Kopfschütteln zurückwies.

Am meisten befriedigte uns der Professor der Geschichte, trotz seiner vollendeten Geckerei. Sein Vortrag war affektiert, aber lebhaft. Da mir die Geschichte aus meinen Kinderjahren geläufig war, so fand ich mich hier am besten zurecht. Ich erinnere mich sogar, daß er meine Art, die Geschichte zu studieren, sämtlichen Mitschülern als Muster empfahl, da bei einer Prüfung über die Handelswege der Alten er aus meinem Herumzeigen mit den Fingern auf der Schulbank abnahm, daß ich mit Zuhilfenahme der Landkarte studiert hatte.

Meine gleicherweise aus Büffon erworbenen Kenntnisse in der Naturgeschichte halfen mir bei dem Professor dieses Fachs wenig, da er, als Mitglied der Landwirtgesellschaft, hauptsächlich auf die Konfigurationen und Schichten der Erdoberfläche gestellt war, welche mich nicht interessierten.

Von dem Professor der Ästhetik läßt sich nur sagen, daß er das gerade Widerspiel seines Faches war, wie denn in einem in Gegenwart der Schüler geführten Wortwechsel mit dem Professor der Philosophie sie sich gegenseitig mit den Schimpfnamen Pedant und Ignorant belegten.

Leider übertrug ich meine Geringschätzung der Professoren auf die von ihnen vorgetragenen Wissenschaften und lernte im ersten Halbjahre im strengsten Sinne des Wortes gar nichts, was um so unbegreiflicher ist, da nach der damaligen Studieneinrichtung man am Schlusse des Halbjahrs eine mehr oder weniger strenge Prüfung zu überstehen hatte. Ich verließ mich darauf, daß ich diese psychologischen Aufzählungen und logischen Formen denn doch schon von selbst wüßte und des Lateinischen mächtig genug sei, um der Philologie zu genügen, besonders da ich den Inhalt der tuskulanischen Untersuchungen so unbedeutend fand, daß ich gar nicht begriff, wie ein so berühmter Mann als Cicero sich habe die Mühe geben mögen, das alles niederzuschreiben. Die Geometrie widerte mich geradezu an, besonders durch ihre Mißhandlung der Gestalt, wo denn Linien ins Willkürliche verlängert, verschiedenes als gleich gesetzt und die reinlichsten Kreise durch hineingezeichnete Dreiecke und sonstigen Kram verunstaltet wurden. Wie dumm das war, braucht mir niemand zu sagen.

Meine Neigung zur Ungebundenheit führte mich auch auf das

Billardspiel, zu dem mich ein Verwandter von gleichem Alter an- oder wohl gar verleitete. Da wir beide wenig Geld hatten, übten wir uns in der Hinterstube eines Kaffeehauses, welche so finster war, daß wir mehrere Minuten brauchten, um nur das Billard und die Ballen unterscheiden zu können.

Zugleich hatte sich schon in den letzten Gymnasialjahren meiner eine unersättliche Lust zur Romanlektüre bemächtigt, und ich, der ich in meiner Knabenzeit nur gute Bücher gelesen hatte, verschlang nun Spieß, Kramer und Lafontaine mit eigentlicher Wut. Ich erinnere mich, in Sommernächten bei Licht bis zum Morgen und nach Aufgang der Sonne, ohne Schlaf, bei der Tageshelle weitergelesen zu haben, und sooft ich jetzt ein chemisches Feuerzeug zur Hand nehme, überkommt mich ein Dankgefühl, wenn ich der Zeit gedenke, wo ich bei Nacht mich stundenlang fruchtlos abmühte, mir mit Stahl und Stein Licht zu verschaffen.

Meine eigenen schöngeistigen Hervorbringungen hatten in meinem Vater ein großes Hindernis gefunden. Sooft ich ihm ein Gedicht meiner Arbeit oder ähnliches zeigte, konnte er anfangs eine gewisse Freude nicht verbergen, die aber bald in immer heftiger werdende Kritik überging, deren Schluß immer die stehende Phrase war, »ich würde noch auf dem Miste krepieren«. Das hing wahrscheinlich so zusammen: Einer der Brüder meiner Mutter, ein liebenswürdiger und anstelliger Mann, hatte, ohne eigentliches Talent, sich eben auch mit poetischen Bestrebungen abgegeben. Er machte Gedichte, übersetzte Theaterstücke aus dem Französischen, wobei denn äußerst wenig herauskam. Ja, er vernachlässigte darüber die eigentlichen Notwendigkeiten und nur ein eigener Glücksstern, verbunden mit einer großen Gewandtheit, machten, daß er sich doch immer über dem Wasser erhielt und nach unzähligen Bestimmungswechseln sich in Ansehen und guten Vermögensumständen befand. Mein Vater mochte mir kein größeres Talent bei einem vielleicht mindern Glücksstern und gewiß geringerer Anstelligkeit zutrauen, und da war denn dem ernsten Manne unleidlich, mich durch solche Nebengelüste von eigentlich zweckfördernder Tätigkeit abgezogen zu glauben.

Sein Mißvergnügen stieg auf den äußersten Grad, als gerade damals, da nach einer Reihe ungeschickt geführter Kriege die Franzosen zum ersten Male Wien besetzten, ich, der ich nach dem Beispiele meines Vaters der eifrigste Patriot war, mich doch nicht enthalten konnte, meinem Unwillen über so viel verkehrte Maßregeln in einem Spottgedichte oder vielmehr erbärmlichen Gassenhauer Luft zu machen. Er wurde blaß vor Schreck, als ich es ihm vorlas, machte mir die eindringlichsten Vorstellungen, wie mein ganzes künftiges Schicksal durch diese Verse in Gefahr gesetzt werden könnte, und band mir auf die Seele – nicht es zu zerreißen (was denn doch eine gewisse Befriedigung voraussetzt) – wohl aber es niemanden sehen zu lassen. Das habe ich treulich gehalten und es niemanden gezeigt, demungeachtet kam schon des andern Tages mein Vater ganz bestürzt aus dem Gasthause zurück, wo er manchmal des Abends ein Glas Bier zu trinken pflegte, rief mich beiseite und sagte mir, daß das Gedicht mit allgemeiner Billigung von einem der Gäste vorgelesen worden sei. Das Zeug machte gerade seiner plumpen Derbheit wegen die Runde durch die ganze Stadt, glücklicherweise erriet aber niemand den Verfasser.

Das ist einer der beiden Fälle in meinem Leben, wo ein von mir sorgfältig verborgen gehaltenes Gedicht den Weg, das erstemal zur Öffentlichkeit, das zweitemal an seine besondere Adresse fand.

Ich will auch den zweiten Fall hier anführen, obwohl er nicht in die Zeitfolge gehört, aber für sich vereinzelt dasteht, keine Entwicklungsperiode bezeichnet und ich ihn an seiner Stelle leicht vergessen könnte. Mehrere Jahre später hatte ich mich in eine Theatersängerin verliebt, die als Cherubin in Mozarts Figaro, in der doppelten Verklärung der herrlichen Musik und ihrer eigenen frischen jugendlichen Schönheit sich meiner ganzen Einbildungskraft bemächtigte. Ich schrieb ein Gedicht an sie, das man wohl gut nennen kann, obwohl die Glut darin ein wenig an das Verrückte, wohl gar Unsittliche streifte. Mich ihr selbst zu nähern, kam mir nicht in den Sinn. Ich war damals in den dürftigsten Umständen, selbst meine Garderobe legte davon Zeugnis ab, indes die Gefeierte, von reichen Liebhabern umworben, Gold und Seide als tägliches Opfer erhielt. Auch die Reize meiner Person ließen keinen günstigen Eindruck voraussetzen. Ich schloß daher meine Verse mit einem demütigenden Gefühle ein, und nichts in der Welt hätte mich vermögen können, es jemandem mitzuteilen.

Lange danach kam ich mit einem wenigstens damals noch reichen jungen Manne zusammen, der in der Zeit meines Cherubinfiebers der begünstigte, nämlich zahlende Liebhaber der Huldin gewesen war. Wir sprachen von Poesie, und er bemerkte, es sei doch sonderbar, daß manche Dichter, die mit entschiedenem Talente aufträten, in der Folge ganz verschwänden. So sei in der Zeit seines Verhältnisses mit jener Sängerin, er wisse nicht wie, ihr ein Gedicht in die Hände gekommen, das die gesteigertste Liebeswerbung in den schönsten Versen aussprach. Das Mädchen sei darüber wie wahnsinnig geworden, habe alles aufgeboten, um den

Verfasser ausfindig zu machen und geradezu erklärt, wenn es ihr gelänge, alle ihre Bewerber fortzujagen, um dem unbekannten Sänger zu gewähren, um was er so schön bitte. Es sei darüber beinahe zum Bruche zwischen ihnen gekommen. Und nun wäre unter allen jetzt tätigen Dichtern keiner, dem er jene Verse zuschreiben könne. Ich verlangte das Gedicht zu sehen; es war das meinige. Auf eine mir jetzt noch unbegreifliche Art hatte es den Weg zu ihr gefunden, und während ich mich in hoffnungsloser Sehnsucht abquälte, erwartete der schöne Gegenstand mit Ungeduld die Möglichkeit, mir entgegenzukommen. So ist es mir aber mein ganzes Leben ergangen. Mißtrauen in mich selbst, wenn ich bedachte, was sein sollte, und damit abwechselnder Hochmut, wenn man mich herabsetzen oder vergleichen wollte. Das ist aber der im Leben schädlichste Stolz, der nicht aus eigener Wertschätzung, sondern aus fremder Geringschätzung hervorgeht.

Ich kehre aber in die Reihenfolge zurück. Schon jetzt, obschon kaum fünfzehn Jahre alt, faßte ich, als Vorspiel künftiger Herzensangelegenheiten, eine heftige Neigung für eine Schauspielerin und Sängerin an einem der Vorstadttheater, die, mir noch aus ihren Kinderrollen erinnerlich, damals nicht älter sein mochte als ich selbst. Ich war mir bei dieser Neigung beinahe etwas Willkürlichen bewußt, der Gedanke stand mir nicht völlig fern, daß ich diesem Mädchen sowohl ihrem Talent als ihrem Äußern nach eine höhere Geltung beilege, als sie allenfalls habe, und doch vertiefte ich mich so in meine Leidenschaft, daß, als sich in der Folge herausstellte, was ich früher schon als Gerücht vernommen hatte, daß sie von ihrem Vater an einen reichen alten Herrn verkauft worden sei, und ich sie mit diesem in einer Loge sah, es mich dermaßen ergriff, daß ich in ein nicht unbedeutendes nervöses Fieber fiel.

Dieses allerdings dissolute Treiben übte übrigens auf meine Sittlichkeit durchaus keinen verderblichen Einfluß. Ein mir angeborenes Schamgefühl nach innen und außen bewahrte mich sogar vor dem übeln Beispiel, das meine Kameraden mir von allen Seiten gaben. Ich hörte kaum, was an meinen Ohren, ich sah kaum, was an meinen Augen vorüberging. Ja, dieses – soll ich es Rechtlichkeitsgefühl nennen? – war so stark, daß ich mir nicht einmal erlaubte, hinter die Schule zu gehen. Ich habe, meines Wissens, nie eine Vorlesung versäumt. Ich wohnte jeder bei, obgleich ich nur mit halbem Ohr zuhörte, oder wohl gar, wenn es mich zu sehr langweilte, auf etwas anderes dachte. Das war nicht etwa Furcht vor meinem Vater, denn bei einem scharfen und richtigen Verstande war niemand leichter zu täuschen als er, und seine Strenge beschränkte sich auf Ernst. Vielleicht lag sogar ein Erziehungsplan zugrunde. So mochte er bei jener nervösen Krankheit, verbunden mit meinem häufigen späten Ausbleiben an den Theaterabenden, den Zusammenhang sehr gut einsehen; nie hat er aber mit mir ein Wort darüber gesprochen, und er nahm die Sache, als ob sie eine natürliche wäre. Auch bei spätern, im Hause selbst eintretenden Anlässen dieser Art begnügte er sich, statt zu warnen, zu belehren, zu drohen, einfach darauf, die Gelegenheit zu entfernen, und die Gefahr war zugleich mit der Möglichkeit verschwunden.

Endlich sollte das alles sich selbst strafen. Die Zeit der halbjährigen Prüfung kam heran, und ich erhielt eine oder zwei schlechte Fortgangsklassen. Da war es nun wieder nicht mein Vater, der kaum zu wissen schien, daß eine Prüfung vor sich gegangen sei, indes meine Mutter zum Verheimlichen und Vertuschen immer geneigt war; mein eignes Selbstgefühl fand sich empört, daß ich mich auf eine so liederliche Weise den Schlechten und Nichtswerten gleichgemacht hatte. Ich beschloß, diesem Treiben ein Ende zu machen, und hielt Wort. Schon im nächsten Halbjahre mußten dieselben Professoren, die mir jene Makel angehängt hatten, mir im Schulzeugnisse primam cum ingenii laude erteilen, und das ging steigend fort, bis ich für einen der besten Studenten unserer Klasse galt.

Ein halbkomisches Intermezzo bildete Professor Stein, derselbe, der mir in der obersten Humanitätsklasse ein Ohr für den Vers abgesprochen hatte. Er war als Professor der Philologie an die Universität berufen worden und quälte sich und uns mit der Zerfaserung der gewählten Autoren, wobei seine heftige Wunderlichkeit es nicht an Spaß fehlen ließ. Er ließ uns auch Stilübungen treiben, wobei uns oft die Wahl des Gegenstandes überlassen war. Da brachte ich ihm denn einmal ein ziemlich mittelmäßiges Gedicht: Der Abend. Er las es mit Lob in der Klasse vor, wobei denn doch ein gewisses Mißvergnügen durchschimmerte. Am Schluß der Stunde rief er mich zu sich und fragte, von wo ich das Gedicht abgeschrieben hätte? Ich sagte, ich hätte es selber gemacht. Da brach er los und kündigte mir seine Verachtung für meine Lügenhaftigkeit an. Er war auch das ganze Jahr über nicht zu begütigen, und erst spät, nachdem schon meine ersten dramatischen Arbeiten erschienen waren, suchte er seine Ungerechtigkeit durch das liebevollste Entgegenkommen wiedergutzumachen; ja, er erlaubte mir sogar, in seiner Anwesenheit eine Zigarre zu rauchen, die höchst denkbare Gunst, da er den Tabak in allen Formen mit der ihm natürlichen Umtreibung haßte.

Um diese Zeit waren mir auch die ersten Dramen Schillers in die Hände gekommen. Die Räuber, Kabale und Liebe – Fiesko hatte ich aufführen gesehen – und Don Carlos. Das letztere Stück entzückte mich, und ich ging daran, auch ein Trauerspiel zu schreiben. Ich wählte dazu in der Geschichte Peters des Grausamen die Ermordung seiner Gattin, Blanka von Kastilien, und diese letztere gab den Titel her.

Ich übereilte mich nicht und schrieb ziemlich lange daran, wobei ich immer den Don Carlos im Auge hatte, mit dem es übrigens auch zwei Fehler gemein hatte; daß ich nämlich in der Mitte des Stückes am Plane änderte und es so ungeheuer lang geriet, daß man gut zwei volle Abende daran zu spielen gehabt hätte. Als es fertig war, legte ich es hin und zeigte es niemandem, auch meinem Vater nicht, da ich seine Abneigung gegen solche Beschäftigungen zu kennen glaubte.

Nun ging es, nach Vollendung der philosophischen, an die Rechtsstudien. Bei dieser Gelegenheit verlor ich meinen alten Kameraden Meiller, der sich der Theologie widmete, bald darauf aber starb. Er hatte lange meinen einzigen Zusammenhang mit der schönen Literatur gemacht. Wir wollten sogar einmal gemeinschaftlich ein belletristisches Journal »Irene« herausgeben, zu dem ich das gleichnamige Einleitungsgedicht schrieb, das mir abhanden gekommen ist. Die Zensurstelle, der wir die Probebogen handschriftlich vorlegten, versagte aber die Bewilligung zur Herausgabe, wobei sie wahrscheinlich sehr recht hatte. Meiller hatte übrigens auf meinen verminderten oder vermehrten Fleiß in den Studien gar keinen Einfluß, da er sich vielmehr an den Gedanken gewöhnt hatte, mich für ein liederliches Genie zu halten, wobei er sich vielleicht in beiden Beziehungen irrte.

Zu größerm Eifer in den nun beginnenden Rechtsstudien wurde ich vielmehr dadurch angetrieben, daß mein Vater ein leidenschaftlicher Jurist war und ich wohl wußte, daß ich ihm keine größere Freude machen konnte, als wenn ich ihm ausgezeichnete Zeugnisse nach Hause brachte. Das trieb ich aber ganz äußerlich. Während des ganzen Halbjahrs nahm ich von dem laufenden Studium gar keine Notiz, sechs oder acht Wochen vor der Prüfung aber warf ich mich auf den Gegenstand mit einem solchen alles andere vergessenden Eifer, studierte von anbrechendem Tage bis in die späte Nacht so ausdauernd und eisern, daß die guten Zeugnisse nie ausblieben; woran sich mein Vater wohl heimlich erfreuen mochte, ohne daß er mir aber je ein Zeichen davon gab. Alle meine Professoren hielten mich für einen ausgemachten Juristen, und nur ich wußte, daß ich es nicht war, denn es fehlte mir Lust und Liebe und daher auch der Geist und der Zusammenhang.

Freund Meiller sollte mir nun mehr als zehnfach ersetzt werden; durch eine – alte Kindsfrau, die nacheinander bei uns und einem Hofsekretär Wohlgemut gedient hatte und die mich sehr liebte, wurde ich in dem Hause des letzteren bekannt. Er hatte unter vier Kindern einen Sohn, ein Jahr älter als ich und mir um ein Jahr in den Studien voraus. Ein äußerst fleißiger, wohl auch fähiger, aber etwas dunkler junger Mensch. Bei ihm versammelten sich die drei oder vier Besten seiner Klasse. Da war nun von Poesie keine Rede, aber die Wissenschaften kamen an die Reihe, vor allem die für uns damals neue Kantische Philosophie, für welche der Sohn des Hauses ein reichhaltiges, mit Streitschriften und Kommentaren wohlversehenes Rüsthaus besaß. Noch erinnere ich mich seiner, wie er, um alle Genüsse zu vereinigen, auf dem den Untersatz zu seiner Bücherei bildenden Schranke saß, an einem großen Stück Brot essend, wobei er in einem philosophischen Buche las und dazu mechanisch auf der Violine spielte. Vor allem lag uns als Juristen Kants Naturrecht nahe, wo denn auch Fichte mit hereinspielte, in dem besonders ein ungeheuer fleißiger, aber etwas pedantischer junger Mann, namens Kaufmann, belesen war, der später als Professor des römischen Rechtes gestorben ist. So trieben wir uns ziemlich zwecklos herum, bis es auf einmal hieß: Der Verhältnismacher kommt! Das war nun ein anderer junger Mann, namens Altmütter, ein früherer Schulkamerad meiner neuen Freunde, der aber, da er Zwistigkeiten mit einem der Wiener Professoren gehabt hatte, auf die Universität nach Prag gegangen war und nun von dort zurückkehrte. Altmütter lebt zu meiner Freude noch jetzt als Professor der Technologie am polytechnischen Institute, indes die übrigen alle tot sind. Damals war er Jurist, und den Namen Verhältnismacher hatte er davon bekommen, daß er seine Schulkameraden häufig zum besten hatte und ihnen allerlei unschuldigen Schabernack spielte. Endlich erschien der Erwartete. Ein schwarzer, gedrungener, durchaus nicht hübscher, sogar etwas ordinär aussehender junger Mann, dem aber bei jedem Anlaß der Humor und der Verstand aus den Augen blitzten. Wodurch er sich an mich gezogen fühlte, weiß ich nicht, nur so viel weiß ich, daß beinahe vom ersten Augenblick unserer Begegnung an wir uns mit einer fast leidenschaftlichen Neigung aneinanderschlossen. Indes er seine alten Freunde nach alter Gewohnheit fortwährend hänselte, hat er nie auch nur ein Wort des Spottes an mich gerichtet. Durch die ganze Zeit unserer Studienjahre waren wir täglich vormittags im Hause unseres gemeinschaftlichen Freundes und jeden Abend vier bis fünf Stunden allein uns gegenüber. Was wir in diesen vielen Abenden und unzähligen Stunden gedacht, gesprochen und getrieben haben, um den Reiz des Beisammenseins immer neu zu erhalten, kann ich mir jetzt kaum denken; besonders bei der Verschiedenheit unserer Richtungen. Ich beschäftigte mich ziemlich desultorisch mit allerlei; er hatte sich, mit Vernachlässigung seiner juridischen Studien, mit Eifer auf die Chemie geworfen, in der er vielleicht bestimmt war, durch seinen Scharfsinn eine ausgezeichnete Stelle zu behaupten. Ich weiß, daß er vor Davy auf die Idee der Kalimetalloide gekommen war. Als zur Zeit des Wiener Kongresses Alexander Humboldt nach Wien kam, überreichte ihm Altmütter einen Aufsatz in dieser Richtung zur Beurteilung. Der berühmte Mann fand aber entweder nicht Zeit oder Altmütters Schrift zu beschwerlich zum Lesen und der Aufsatz folgte ohne Bemerkung zurück. Altmütter steht gegenwärtig als Professor der Technologie in großer Achtung, aber die Gaben seiner Jugend haben ihn zu unendlich mehr berechtigt, und vielleicht war es nur ein schon damals sichtbarer Hang zur äußeren Vernachlässigung, was ihm hindernd in den Weg getreten ist. Er brachte mit einem Male Leben und Richtung in die wissenschaftlichen Anwandlungen unseres Jugendkreises. Wir stifteten eine Akademie der Wissenschaften, in der allwöchentlich Versammlungen gehalten und Aufsätze vorgelesen wurden. Damit die Sache aber nicht gar zu ernsthaft werde, gründeten wir nebenbei ein Journal der Torheit, in der jede Albernheit eines Akademikers oder der sonstigen Mitglieder des Wohlgemuthischen Hauses, nicht ohne Widerspruch des Beteiligten, da es mitunter die tiefsinnigsten Gedanken waren, eingetragen wurde. Mit den schriftlichen Aufsätzen in unserer Akademie ging es etwas knapp, nur Freund Kaufmann war unerschöpflich. Da gab er z. B. einen gar nicht enden wollenden lateinischen Aufsatz über die prästabilierte Harmonie, bei dessen Vorlesung die Akademiker einer nach dem andern sich entfernten, nur ich hielt aus Mitleid und Neugierde aus. Als es mir aber auch zuviel wurde, faßte er mich mit seiner Riesenfaust am Kleide, und ich mußte das Werk bis zu Ende anhören, wo er denn aber gutmütig genug war, selbst über seine Überschwenglichkeit zu lachen.

Altmütter und ich gehörten unter die Faulsten, uns war es mehr um die Diskussion zu tun. Wir streiften wohl auch in der schönen Umgebung von Wien herum und unterhielten uns mit Plänen für die Zukunft, die nicht minder überschwenglich waren als Freund Kaufmanns Abhandlungen. So standen wir einmal auf der Höhe des Kahlenberges, hinter uns die Fußgestelle einer abhandengekommenen Statue. Wir bestiegen den altarähnlichen Block geradezu mit dem Gefühl einer prätendierten Göttlichkeit und sahen in die unermeßlich ausgebreitete Gegend hinaus, wobei wir einander umschlungen hielten. Von uns unbemerkt, hatte ein ältlicher Herr, offenbar ein Norddeutscher, die Höhe erklommen und stand nun und sah uns verwundert an. »Ja«, sagte Altmütter, indem wir herunterstiegen, »staunen Sie nicht! Der da« – indem er auf mich zeigte – »wird einen Tempel bauen, und ich werde einen niederreißen.« Er meinte bei letzterm Lavoisiers damals neues System der Chemie. Der fremde Herr mochte wohl glauben, ein paar Wahnsinnige vor sich zu haben.

Diese mitunter höchst gesteigerten Ideen hinderten uns übrigens nicht, zu den eigentlichen Kinderpossen herabzusteigen. So besaß der jüngste Bruder unseres Freundes Pepi (Joseph) Wohlgemuth, Muckerl (Johann von Nepomuk) genannt – indes die älteste Schwester Xaverl (Franziska Xaveria) hieß –, ein kleines Kindertheater, mit dem er sehr ungeschickt hantierte. Wir beschlossen, ihm zu Hilfe zu kommen. Ich malte Dekorationen und Figuren, die auf Pappe aufgeklebt und nach unten mit hölzernen Stängelchen versehen wurden. Wir Akademiker teilten uns in die Rollen. Selbst der pedantische, kolossale Kaufmann übernahm die Partie der Greise, wo wir ihn denn unausgesetzt auslachten. Einer Freundin der Tochter des Hauses, einem sehr hübschen Mädchen, fielen die Liebhaberinnen zu. Der kleine Muckerl, der die Figuren dirigierte, gab nebenbei die Zofen und sonstigen weiblichen Vertrauten, und so führten wir, ohne uns zu schämen, vor einer zahlreichen Zuhörerschaft die größten Stücke auf. Ich verliebte mich pflichtschuldigst in die Liebhaberin, welche schon versprochene Braut war, und da sie eben deshalb mit Argusaugen bewacht wurde, gab es auch außer den Theaterabenden die lustigsten Verwicklungen. Die in den Stücken vorkommenden Umarmungen und Küsse wurden in dem durch Vorhänge abgeschlossenen Raume der Schauspieler auch in der Wirklichkeit gegeben, und das Verhältnis ging schon in das höchst Bedenkliche über, als das Studentenmädel – diesen Spottnamen gaben ihr die erbosten Verwandten – in die projektierte Heirat hineingejagt wurde, was mich übrigens nicht sehr anfocht. – Auch sie ist jetzt tot, wie beinahe alles, was mir im Leben nähergestanden hat, männlichen, vor allem aber weiblichen Geschlechtes, und doch bin ich nicht älter als zweiundsechzig Jahre.

Der Haupthebel unserer pseudo-dramatischen Unterhaltungen

war der Herr des Hauses, der alte Hofsekretär Wohlgemuth, ein großer Freund und täglicher Besucher des Leopoldstädter Theaters. Er veranlaßte uns auch zu einem Versuch auf einem wirklichen, sogenannten Haustheater. Wir führten zwei kleine Stücke auf, in deren einem ich einen Offizier spielte. Ich weiß nur, daß mir zumute war, als ob ich allein auf einer Insel im Weltmeere mich befände, selbst die Mitspielenden schienen mir unendlich entfernt. Ich habe nur noch ein einziges Mal später einen zweiten theatralischen Versuch gemacht, auch damals aus Gefälligkeit, nie aus Neigung, obwohl man mit meinen Leistungen zufrieden war. Die Fortsetzung jener ersten Darstellung scheiterte an dem gänzlichen Mangel dramatischen Talentes bei dem Sohne des Hauses. Obwohl er nur einen Bedienten zu spielen hatte, so murmelte er doch seine wenigen Worte so unverständlich, daß sein theaterliebender Vater – obgleich das Stück, wie natürlich, indes weitgespielt hatte – doch hartnäckig verlangte, er sollte noch einmal heraustreten und seine Rolle verständlich vortragen.

Dieses sorglose Schlaraffenleben sollte übrigens bald gestört werden. Mein Vater, der sonst einer eisernen Gesundheit genoß, fing an zu kränkeln. Ein scheinbar unbedeutender Husten wurde von einem Anhänger der Brownischen Heilmethode – unser eigener Arzt, der in Wien berühmte Doktor Closset, befand sich selbst krank – mit drastischen Mitteln behandelt, und als Closset nach vierzehn Tagen selbst die Kur übernahm, erklärte er schon nach dem ersten Besuche heimlich meiner Mutter, das Leiden habe sich auf der Brust festgesetzt, es sei ein organisches Übel vorhanden. Da mein Vater aber das sechsundvierzigste Jahr schon erreicht hatte, so meinte der Arzt, er könne bei gehöriger Diät noch viele Jahre leben.

Die, wenn auch entfernte Gefahr, erschütterte uns, wie natürlich, alle sehr. Ich blieb mehr zu Hause und fühlte mich auch sonst melancholisch gestimmt. Da erwachte plötzlich die Neigung zur Musik in mir.

Ich habe schon erzählt, wie mir in den Knaben-, ja Kinderjahren das Klavierspiel verleidet wurde. Diese Abneigung nahm mit den Jahren zu, ohne darum eine Abneigung gegen die Musik zu sein. Denn als mein zweiter Bruder, der überhaupt kein Freund des Lernens war, um sich dem verhaßten Klavierspiel zu entziehen, eine Lust zur Violine vorgab, auch einen Geigenmeister erhielt, bei dem er aber ebensowenig lernte als bei dem Klaviermeister, nahm ich bei jeder Gelegenheit seine Violine zur Hand, übte Skalen und Beispiele und spielte endlich mit dem Meister leichte Duette, ohne je die geringste Anweisung erhalten zu haben. Der alte Deabis, so hieß er, schrieb mir ein großes Talent zu und beschwor meine Eltern, mich fortfahren zu lassen. Es wurde aber verweigert, ja mir die Violine aus der Hand genommen und, da mein Bruder doch nichts lernte, der Meister entlassen, weil ich in meinen Knabenjahren eine Anlage zum Verwachsen zeigte, welche durch die emporgehobene Schulter bei Behandlung der Geige vermehrt werden konnte. Hatte doch meine Großmutter, als sie mich auf jene Befürchtung hin körperlich untersuchte, den Ausspruch getan: Ja, er wird bucklich, aber es schadet nicht, da er doch Geistlicher werden will. Glücklicherweise ist beides nicht eingetroffen.

Die verweigerte Violine machte mir das Klavier noch verhaßter. Demungeachtet mußte ich an dem Unterrichte teilnehmen, den meinem dritten Bruder und mir – nachdem unser erster Meister Gallus längst wieder nach Polen zurückgekehrt war – eine wunderlich aufgeputzte, sonst aber recht tüchtige Meisterin erteilte, von deren Geschicklichkeit die Fortschritte meines Bruders zeugten. Endlich sollte ich befreit werden. Mein Vater schloß sich das ganze Jahr ab. Um aber seinen gesellschaftlichen und Familienverpflichtungen nachzukommen, gab er jeden Fasching einen einzigen, aber so glänzenden, ja kostspieligen Ball, daß in der halben Stadt davon die Rede ging. Als wir später die Wohnung wechselten und die neue nicht mehr jene ungeheueren, zum Tanze bequemen Räume der alten darbot, wurde der frühere Ball in zwei oder drei Abendgesellschaften mit Spiel und Souper aufgelöst, bei deren einer mein Bruder und ich die Geladenen durch unser Klavierspiel unterhalten sollten. Mein Bruder Kamillo spielte mit allgemeinem Beifall, als aber an mich die Reihe kam, war ich nirgends zu finden. Ich hatte mich in das Bett unseres Bedienten verkrochen und alles Suchen war vergebens. Erst nachdem die Gäste ihren Abschied genommen, kam ich aus meinem Versteck wieder hervor. Da brach mein Vater in heftigen Zorn aus. Wenn ich nun schon einmal nichts lernen wollte, so sollte ich doch wenigstens nicht meinem Bruder die Hälfte der Lehrstunde rauben. Und so war es mit meinen Lektionen zu Ende. Durch sieben oder acht Jahre habe ich mit keinem Finger das Klavier berührt.

In meiner damaligen trüben Stimmung fühlte ich wohl das Bedürfnis einer Ableitung nach außen. Die Poesie lag mir zur Zeit ziemlich fern, wäre auch mit ihren scharf ausgeprägten Gedanken ein wenig geeigneter Ausdruck für meine in die Zukunft greifenden unbestimmten Empfindungen gewesen. Ich verfiel auf die Musik. Das Klavier ward geöffnet, aber ich hatte alles vergessen, selbst die

Noten waren mir fremd geworden. Da kam mir nun zu statten, daß mein erster Klaviermeister Gallus, als er mich in halb kindischer Tändelei bezifferten Baß spielen ließ, mir eine Kenntnis der Grundakkorde beigebracht hatte. Ich ergötzte mich an dem Zusammenklang der Töne, die Akkorde lösten sich in Bewegungen auf und diese bildeten sich zu einfachen Melodien. Ich gab den Noten den Abschied und spielte aus dem Kopfe. Nach und nach erlangte ich darin eine solche Fertigkeit, daß ich stundenlang phantasieren konnte. Oft legte ich einen Kupferstich vor mir auf das Notenpult und spielte die darauf dargestellte Begebenheit, als ob es eine musikalische Komposition wäre. Ich erinnere mich noch, daß später, während meiner Hofmeisterschaft in einem vornehmen Hause, der Geigenmeister des jungen Grafen, ein sehr geschätzter Musiker, mir viertelstundenlang außer der Tür zuhörte und beim Eintritt seines Lobes kein Ende finden konnte. Auf dem Gut desselben Grafen war kein anderes Instrument als ein altes Klavier ohne Saiten, demungeachtet habe ich mit Entzücken halbe Tage lang darauf gespielt, und der Abgang des Tones war mir gar nicht fühlbar. Als ich mich später der Poesie ergab, nahm diese Fähigkeit des musikalischen Improvisierens stufenweise ab, besonders seit ich, um Ordnung in meine Gedanken zu bringen, Unterricht im Kontrapunkte nahm. Die Entwicklungen und Fortschreitungen wurden nun richtiger, verloren aber das Inspirierte, und gegenwärtig kann ich nicht viel mehr als beim Erwachen meiner musikalischen Neigung. Ich hatte immer das Wunderliche, daß, wenn ich von einem Gegenstande auf den andern überging, ich mit der Lust an dem früheren auch zugleich alle erlangte Fertigkeit, ja Fähigkeit verlor. Ich habe alles getrieben, was der Mensch treiben kann; Tanzen und Jagen, Reiten und Fechten, Zeichnen und Schwimmen, nichts ist mir fremd geblieben, ja, ich habe es, mit Ausnahme der Jägerei, mit einer bestimmten Anlage getrieben, und das alles ist mir fremd geworden. So war ich einer der besten oder wenigstens der elegantesten Schwimmer, und wenn man mich heute ins Wasser würfe, ich würde gewiß ertrinken. Die Inspiration war mein Gott und ist es geblieben.

In jener Zeit nun dachte ich auf nichts als Musik. Ich setzte sogar Lieder, die ich mit einer leidlichen Tenorstimme sang, darunter Goethes König von Thule. Dieses Lied konnte sich mein Vater, gegen seine sonstige Gewohnheit nicht satt hören. Ich mußte es immer wieder spielen und singen. Nur als es sich mit seiner Krankheit zu Ende neigte, ließ er mir sagen, ich möchte es nicht mehr singen, es mache ihn traurig.

Die Voraussagung unseres Arztes Closset, mein Vater könne bei gehöriger Diät noch viele Jahre leben, hatte sich, ohne seine Schuld, nicht bewährt. Mein Vater zwar ließ es an Diät nicht fehlen, aber die Zeitumstände beschleunigten den Lauf seiner Krankheit. Als wir unsere neue Wohnung bezogen, hatte er, damals noch in ungeschwächter Gesundheit, den bedeutendsten Teil seines Ersparten auf Herstellung und Einrichtung derselben verwendet. Da wurden Türen vermauert und neue durchgebrochen, Parketten gelegt, Tapeten gezogen und seidene Möbel angeschafft, was um so sonderbarer war, da uns niemand besuchte, aber es schien einmal der Grundsatz meines Vaters, alles, was er machte, vollständig zu tun. Ein ungetreuer Sollizitator hatte ihn um eine namhafte Summe betrogen. Dazu kamen nun die Kriegsläufe des Jahres 1809, die verlornen Schlachten, die Beschießung der Stadt, der Einzug der Franzosen in Wien, die Stockung der Geschäfte, die Einquartierung, die Kriegssteuern und Kontributionen, vor allem aber sein vaterländisches Herz, das unter allen diesen Erniedrigungen unendlich litt. Ich hatte mich bei der Belagerung von dem Studentenkorps nicht ausschließen können, das einen Teil der Festungsmauern besetzte. Als nun in der Nacht die Geschütze unausgesetzt donnerten, die Granaten sich in der Luft kreuzten und die Stadt an mehreren Orten brannte, wußte mein Vater, der mich all diesen Kugeln ausgesetzt glaubte, seiner Unruhe kein Ende. Am nächsten Morgen nach Übergabe der Stadt erschien meine Mutter, unter andern Angehörigen anderer, weinend auf der Bastei und beschwor mich, doch sogleich nach Hause zu kommen und meinen Vater von meinem Leben zu überzeugen. Er empfing mich ganz kalt, ja, es war, als ob er einen Teil seines Unwillens auf mich übertrüge.

Was meine eigene Haltung während der Beschießung betrifft, so war sie nicht besonders mutig, aber auch nicht furchtsam. Ich ließ eben die Dinge gewähren. In den letztverflossenen Tagen, als wir mit unseren Feldzeichen auf den Hüten in den Straßen herumgingen, fühlte ich sogar Anwandlungen von Heldenmut. Dieser Aufschwung wurde jedoch ziemlich herabgedrückt, als jemand die (unwahre) Nachricht mitteilte, die französischen Kürassiere trügen nach neuer Einrichtung außer den Harnischen auch Armschienen. Dieser an sich gleichgültige Umstand machte einen höchst ungünstigen Eindruck auf meine Phantasie.

Am entscheidenden Tage selbst führte man uns mit einbrechender Nacht auf die Basteien und kündigte uns das bevorstehende Bombardement an. Da war denn allerdings ein gewisses Schwanken in unseren Reihen sichtbar, das nicht vermindert wurde, als die ersten Brandkugeln hart ober unseren Häuptern in die Dachfenster des hinter uns befindlichen Palastes des Herzogs Albert von Sachsen-Teschen hineinfuhren. Nachdem aber später die Franzosen – wie wir glaubten, aus Ungeschicklichkeit, da wir unsere Personen für ihr einziges Ziel hielten – ihre Würfe höher richteten und die Kugeln weit von uns weg fielen, verbesserte sich unsere Stimmung sichtlich. Die in der Stadt entstehenden Feuersbrünste, von denen wir nur den Widerschein in den Wolken sehen konnten, hielten wir für das Aufgehen des Mondes und freuten uns, bald die ganze Szene überblicken zu können. Ebenso schienen uns die von dem Flackern der Flammen bewegten Schatten sämtlicher Stangen und Pflöcke im Stadtgraben ebensoviel wandelnde Franzosen zu sein, und wir gaben, da wir uns eine Belagerung ohne Sturmlaufen gar nicht denken konnten, wiederholte Salven aus unsern Musketen, wodurch die auf einem niederen Parapet unter uns aufgestellten Landwehrsoldaten in augenscheinliche Lebensgefahr gerieten. Ich machte das alles mit, mit Ausnahme der Furcht. Dennoch, als mein Nebenmann und Mitschüler, ein sonst höchst stiller und ruhiger junger Mensch, mit Heftigkeit verlangte, außer den Mauern dem Feinde im freien Felde entgegengeführt zu werden, bemerkte ich, nicht ohne Bedächtlichkeit, wie es ein Unsinn wäre, ungeübte Truppen gleich uns einem kriegserfahrenen Feinde gleich auf gleich gegenüberzustellen. Die Nachricht von der Übergabe der Stadt erfüllte uns mit Unwillen. Ich machte dem meinigen durch einen nur halb gefühlten Ausfall gegen unsere Bürgerschaft Luft, denen ihre Dächer lieber seien als ihre Ehre, ein Wort, das sogleich von unserm Anführer, einem bildhübschen jungen Kavallerie-Offizier, mit dem Arm in der Binde, aufgegriffen wurde und die ganze Kompanie wiederholte. Im Grunde aber waren wir alle froh, wieder nach Hause zu kommen, um so mehr, als wir seit sechzehn oder achtzehn Stunden nichts gegessen hatten.

All diese Dinge, wozu noch ökonomische Verlegenheiten kamen, griffen die Gesundheit meines Vaters ungeheuer an. Ich besitze noch sein Einschreibbuch, in das er Einnahmen und Ausgaben allmonatlich eintrug. Während die Ausgaben mit den steigenden Preisen fortwährend wuchsen, fielen die Einnahmen stufenweise bis zum Unbedeutenden herab, bis er in den letzten Monaten mit unsicherer Hand Nihil einschrieb. Er mußte sogar ein Darlehen aufnehmen, er, für den Schuldenmacher und Dieb gleichbedeutende Worte waren.

Die Stadt vom Feinde besetzt zu wissen, war ihm ein Greuel, und jeder ihm begegnende Franzose ein Dolchstich. Und doch ging er gegen seine Gewohnheit jeden Abend in den Straßen spazieren, aber nur, um bei jedem Zwist zwischen Franzosen und Bürgern die Partei des Landsmannes zu nehmen und ihm gegen den Fremden beizustehen. Die Schlacht von Aspern war Öl in seine Lampe, die von Wagram machte freilich allen Hoffnungen ein Ende, was denn auch in dem Herabkommen seines Körperzustandes nur allzu sichtbar war.

Ich selbst war kein geringerer Franzosenfeind als mein Vater, und demungeachtet zog Napoleon mich mit magischer Gewalt an. Mit dem Haß im Herzen und zu aller Zeit kein Liebhaber von militärischem Schaugepränge, versäumte ich doch keine seiner Musterungen in Schönbrunn und auf dem Felde der sogenannten Schmelz. Noch sehe ich ihn die Freitreppe des Schönbrunner Schlosses mehr herablaufen als gehen, die beiden Kronprinzen von Bayern und Württemberg als Adjutanten hinter sich, und nun mit auf dem Rücken gefalteten Händen eisern dastehen, seine vorüberziehenden Gewalthaufen mit den unbewegten Blicken des Meisters überschauend. Seine Gestalt ist mir noch jetzt gegenwärtig, seine Züge haben sich leider mit den vielen gesehenen Porträten vermengt. Er bezauberte mich wie die Schlange den Vogel. Mein Vater mochte mit diesen unpatriotischen Exkursionen wenig zufrieden sein, doch verbot er sie nie.

Nun kam der entscheidende Moment: der Abschluß des Preßburger Friedens. Mein Vater war damals schon genötigt, den größten Teil des Tages das Bett zu hüten. Wir verbargen ihm das Ereignis nach Möglichkeit. Er mochte aber doch Kunde davon erhalten haben, denn im höchsten Zorne befahl er mir, ihm augenblicklich ein Exemplar des gedruckten Traktates zu verschaffen, durch den bekanntlich ein Dritteil der Monarchie an Frankreich abgetreten wurde. Er las die Druckschrift ganz durch, legte sie dann von sich und kehrte sich gegen die Wand. Von da an hat er kaum mehr ein Wort gesprochen. Nur als ich an einem der folgenden Tage, von einer dunklen Ahnung eines baldigen Endes ergriffen, an seinem Bette auf die Knie sank und seine Hand weinend küßte, sagte er: Nun ist's zu spät! Womit er denn doch wohl andeuten wollte, daß er mit meinem Wesen und Treiben nicht völlig zufrieden sei.

Desselben Tages saßen wir mittags bei Tische, und zwar, seinem Wunsche gemäß, in dem Zimmer, in dem er lag. Da tat er ein paar stärkere Atemzüge. Wir sprangen auf und eilten hinzu, er aber war tot.

Ich habe meinen Vater eigentlich zärtlich nie geliebt. Er war zu schroff. Indem er mit einem höchst erfolgreichen Bemühen jeden Ausdruck der eigenen Empfindung in sich verschloß, machte er die Annäherung jeder fremden beinahe unmöglich. Erst später, als ich die Gründe mancher seiner Handlungen einsehen lernte und der bis jetzt fortdauernde Ruf seiner beinahe fabelhaften Rechtschaffenheit mich beglückte und – in weiter Entfernung – zur Nacheiferung begeisterte, habe ich seinem Andenken nachgetragen, was ich in der Gegenwart zum Teil versäumte.

Der Tod meines Vaters versetzte uns in eine beinahe hilflose Lage. Die von ihm in den letzten Monaten kontrahierte Schuld mußte abgetragen werden. Seine eigenen Forderungen an Klienten waren teils uneinbringlich, teils erhielten wir kaum den zehnten Teil. Was sonst vorhanden war, reichte kaum hin, die Heiratsansprüche meiner Mutter zu decken. Auf uns Kinder kam beinahe nichts, welches Beinahe durch das zwei Jahre später erscheinende Finanzpatent vom Jahre 1811 auf ein wirkliches Nichts herabgesetzt wurde. Dasselbe Finanzpatent brachte die Pension, welche mein Vater durch jährliche Einlagen bei der Fakultätskasse seiner Witwe gesichert hatte, auf 90 Gulden Papiergeld herab. Und davon sollte eine Mutter mit vier Kindern leben, obzwar eigentlich nur mit drei, denn mein zweiter Bruder Karl war nach den wunderlichsten Ereignissen, die für sich allein einen Roman bilden würden, unsichtbar geworden. Ich selbst, damals 18 Jahre alt, befand mich im vorletzten Jahrgange meiner juridischen Studien. Natürlich mußte ich sie fortsetzen. Meinem dritten Bruder, Kamillo, wurde durch seine musikalische Geschicklichkeit das Glück zuteil, daß ihn der Amtmann einer Staatsherrschaft zugleich als Amtspraktikanten und Klavierlehrer seiner Tochter in sein Haus und völlige Versorgung nahm. Der spätgeborene vierte, Adolph, besaß eine gute Stimme und wurde schon seit längerer Zeit im Singen unterrichtet, um später als Hofsängerknabe im kaiserlichen Konvikte seine Studien vollenden zu können. Das waren alles Hoffnungen für die Zukunft, aber die Gegenwart drängte. Da kam mir zustatten, daß meine Professoren mich für einen guten Juristen hielten. Sie verschafften mir, soviel ich weiß, unaufgefordert, Informationsstunden bei zwei jungen Kavalieren, die mich so gut bezahlten, daß meine Bedürfnisse gedeckt waren und wohl auch etwas für die Familie übrigblieb. Zugleich fiel mir mein vergessenes Trauerspiel ein. Vielleicht, daß sich dadurch etwas verdienen ließ. Ich schrieb es gemeinschaftlich mit meinen Freunden Wohlgemuth und Altmütter ab und überreichte es dem Bruder meiner Mutter, demselben, mit dessen Beispiel mich mein Vater von der Poesie abgeschreckt hatte und der damals, infolge einer der vielen Phasen seines Lebensplanes, als Sekretär und Dramaturg bei dem Wiener Hofburgtheater angestellt war. Ich wartete lange auf Entscheidung, endlich erhielt ich es mit der Äußerung zurück, daß es nicht anwendbar sei. Darin hatte der Mann allerdings recht, demungeachtet glaube ich, daß er das Stück, abgeschreckt durch die unmäßige Länge und die nicht einladende Handschrift Altmütters, gar nicht oder wenigstens nicht zu Ende gelesen hatte, er hätte sonst unzweideutige Spuren eines Talentes darin entdecken müssen, das nicht so kurz abzufertigen war, um so mehr, als es ihm weder an Herzensgüte noch an Verstand fehlte. Nur war er ungeheuer flüchtig. So erinnere ich mich, daß er Müllners »Schuld« als Manuskript ein Jahr lang ungelesen auf seinem Pult liegen hatte, ja es als ein Zeichen des Unsinns unserer Zeit bezeichnete, daß jemand ein Stück in »Stanzen«, so nannte er die Trochäen, zu schreiben unternommen habe. Erst der Schauspieler Heurteur, der um ein Stück für seine Einnahme verlegen war, las es und brachte es zur Aufführung, wo es dann die ungeheuerste Wirkung in ganz Deutschland machte.

Mir selbst fiel bei der Rückgabe meines Trauerspiels die Prophezeiung meines Vaters ein, und ich fühlte mich in dem Entschlusse bestärkt, der Poesie, vor allem der dramatischen, für immer den Abschied zu geben.

Inzwischen verlor ich meine beiden Instruktionen, da einer meiner Eleven, ein ziemlich schwacher Kopf, die Studien ganz aufgab, der andere aber, ein geistreicher junger Mensch, der freilich in den Lehrstunden lieber von Literatur als von juridischen Dingen sprach, in sein Vaterland, Welschtirol, zur Bewirtschaftung seiner Güter zurückkehren mußte. Der Ersatz war übrigens bald gefunden. Eben wieder einer meiner ehemaligen Professoren machte mir den Antrag, in ein adeliges Haus mit fortwährender Bestimmung zu treten. Es war der Neffe eines reichen Grafen in den juridischen Gegenständen zu unterrichten, wozu man, da der Sommer auf den Gütern zugebracht werden sollte, einen Informator brauchte, der Herr über seine Zeit war. Der junge Mensch hatte einen eigenen Hofmeister, und es galt daher nur ein paar Stunden des Tages Unterricht zu geben, wofür ein freilich mäßiger Gehalt, dafür aber gänzliche und, wie sich in der Folge zeigte, glänzende Verpflegung zugesichert wurde. Ich hatte unterdessen meine Studien vollendet, fühlte aber einen Widerwillen gegen die Staatsdienste. Ich nahm daher an, besonders um meine Mutter der immerwährenden Sorge um die wechselvolle Zu- und Abnahme meiner Einkünfte zu entheben.

Da kam ich denn nun in ein wunderliches Haus. Der junge Graf, ungefähr von meinem Alter, der noch jetzt lebt, wird mir nicht übelnehmen, wenn ich hier niederschreibe, daß aus unseren Studien, wohl aus beiderseitiger Schuld, nicht viel herauskam. Der alte Onkel war eine eigentliche Karikatur, höchst borniert, eigenwillig, geizig, bigott. Als ehemaliger Gesandter an einem größern deutschen Hofe und kaiserlicher Concommissarius in Regensburg sprach er gern von seinen Missionen. Ich habe ihn geizig genannt, er war es, mit Ausnahme von zwei Rubriken: seinen Stall und die Küche. In ersterem hielt er eine Anzahl der ausgezeichnetsten Prachtpferde, die er aus übergroßer Schonung kaum benützte. Die Küche besorgten abwechselnd ein französischer und ein deutscher Koch vom ersten Range. Seine Neigung gewann ich besonders durch meinen damals starken Appetit. Täglich kam er zwischen elf und zwölf Uhr in seinem schmutzigen Schlafrocke auf mein Zimmer, um mir den Küchenzettel des Tages vorzulesen und eine Art Feldzugsplan zu verabreden: von welcher Speise nämlich viel und von welcher wenig, mit Rücksicht auf eine nachfolgende bessere, zu essen sei. Ich hätte in seinem Hause ein Feinschmecker werden müssen, demungeachtet war ich in der Folge froh, wieder zur ärmlichen Kost meiner Mutter zurückzukommen. Übrigens hielt er mich für einen Jakobiner, mit welchem Namen er alle bezeichnete, die anders dachten als er. Seine Frau – wir nannten sie die Fürstin, weil sie aus fürstlichem Hause war – verbrachte ihre Zeit mit Andachtsübungen und fuhr so oft des Tages in die Kirche, als ihr Gemahl erlaubte, die müßig stehenden Prachtpferde abwechselnd einspannen zu lassen. Der Hofmeister war ein kenntnisloser, untertäniger, übrigens gutmütiger alter Mann.

Ich befand mich anfangs sehr gut in diesem Verhältnisse. Mit Ausnahme von zwei oder drei Stunden, in denen ich meinen Zögling – unterrichtete, der Tischzeit und dem obligaten Vorlesen des Küchenzettels, war ich Herr meines Tages. Zugleich befand sich eine zahlreiche und mit älteren Werken wohlausgestattete Bibliothek im Hause, besonders reich an englischen Büchern, die der Großvater des Grafen, der als Gesandter in London stand, von dort mitgebracht hatte. Außer der Schwierigkeit, das verrostete Schloß des Bibliothekszimmers zu öffnen, hinderte mich nichts, von dem toten Schatze, um den sich niemand kümmerte, so viel mit mir zu schleppen, als mir beliebte, und mich ganz der Lektüre zu überlassen. Leider fand sich meine Kenntnis des Englischen, das ich schon früher ohne Meister und sonstige Hilfsmittel zu betreiben angefangen hatte, zu mangelhaft, um Shakespeare, der sich in der Theobaldschen Ausgabe da befand, mit Genuß lesen zu können. Es eiferte mich übrigens an, meine Kenntnis dieser Sprache zu vervollkommnen.

Auf diese Art verstrich der Winter, und die Zeit kam heran, sich auf die ausgedehnten Güter der Familie in Mähren zu verfügen. Bei der Abreise wurde mir der junge Graf anvertraut, und es hieß, der Hofmeister werde nachkommen. Auf dem prächtigen Schlosse, in der fruchtbarsten, obgleich nicht schönsten Gegend Mährens angekommen, wartete ich fruchtlos auf die Ankunft des alten Mannes. Endlich erfuhr ich von dem Hauschirurgen, daß man den Hofmeister, mit dem man unzufrieden war, weil man ihn in Verdacht hatte, den verstorbenen älteren Bruder meines Zöglings in seinem Widerstreben gegen eine vorgeschlagene Heirat bestärkt zu haben, mit Pension entlassen habe.

Meine Stellung wurde dadurch auf eine unangenehme Art verändert. Indes ich früher nur ein paar Stunden mit meinem Zöglinge zu tun hatte, blieb er mir nun den ganzen Tag auf dem Halse. Ich mußte ihn sogar täglich in die Kirche begleiten, wo ich denn den Vicar of Wakefield mitnahm, von dem man im Hause, wegen der geistlichen Benennung Vikar auf dem Titelblatte nicht zweifelte, daß es ein Gebet- oder Andachtsbuch sei. Ebenso mußte ich auf alle meine poetischen und dramatischen Brouillons, von denen ich mich doch nicht ganz losgemacht hatte, obenansetzen: Aus dem Englischen oder Französischen übersetzt, damit sie als Sprachübungen gelten könnten, da jedes Zeichen eines eignen poetischen Talentes den alten Grafen in seiner Meinung, daß ich ein Jakobiner sei, bestärkt haben würde. Ich setze das hierher, damit nach meinem Tode derjenige, dem mein schriftlicher Nachlaß in die Hände gerät, sich nicht etwa fruchtlose Mühe gebe, die Originale zu diesen angeblichen Übersetzungen aufzufinden. Übrigens sind es durchaus unbedeutende Bruchstücke, mehr Erzeugnisse der Langeweile als eines längst aufgegebenen ernsten Strebens.

Das Landleben ist angenehm für sich, und so fand ich mich denn endlich zurecht. Ich fing sogar an, die böhmische Sprache zu lernen, habe es aber nie weiter gebracht als zur Benennung der Speisen, den Schimpfnamen und den Jagdausdrücken. Erstere durch die Notwendigkeit bei weitern Exkursionen, die zweiten vom oftmaligen Hören, die letztern von unseren Jagdunterhaltungen. Der alte Graf war der schlechteste Schütze von der Welt, es schoß daher, angeblich ohne sein Wissen, immer der erste seiner beiden

Büchsenspanner zugleich mit ihm. Was nun getroffen wurde, hatte der Graf getroffen, ging aber das Wild durch, so wendete sich der alte Herr zornig zu seinem Leibjäger um und sagte: Esel! Da ich nun selbst infolge meiner Kurzsichtigkeit schlecht schoß, bei dem jungen Grafen aber man froh sein mußte, nicht selbst für einen Hasen oder ein Rebhuhn gehalten zu werden, so gehörte die ganze Jagdbeute gewöhnlich dem Haupt des Hauses, und er war stolz auf seine Kunst.

Ebenso konnte er, obwohl er seit dreißig Jahren alljährlich sechs Monate in Mähren zubrachte, nicht ein Wort Böhmisch. Daß die Bauern nicht Deutsch und nicht Französisch verstanden, wußte er, in jeder andern Sprache aber prätendierte er, verstanden zu werden. Besonders freigebig war er mit lateinischen Ausdrücken und ärgerte sich, wenn die Bauern nicht wußten, was er wollte.

So verging die schöne Jahreszeit, und wir kehrten in die Stadt zurück. Ich weiß nicht, war es Sparsamkeit oder war man mit mir so zufrieden, es erschien noch immer kein Hofmeister. Mir ward das Verhältnis unleidlich. Nicht allein, daß meine Verbindung mit Altmütter abgerissen wurde und ich meine beste Zeit verlor, vor allem daß ich in meinem einundzwanzigsten Jahre durch gesetztes Betragen ein Muster und Beispiel für meinen Zögling sein sollte, der nur um ein Jahr jünger was als ich. Meinen Vorstellungen wurde entgegengesetzt, daß man einen Hofmeister suche, aber noch immer keinen gefunden habe. Es war die traurigste Zeit meines Lebens, hat die übelste Wirkung auf meine Stimmung und Jugendentwicklung gehabt, und nur die Lage und dringenden Bitten meiner Mutter hielten mich ab, den Zwang gewaltsam zu durchbrechen.

Nun verwirren sich, wahrscheinlich durch die Langweiligkeit der Sache, meine Erinnerungen. Ich weiß nur, daß ich im Februar 1813 als unbesoldeter Praktikant bei der Wiener Hofbibliothek eintrat, zugleich aber noch immer im Hause des Grafen hofmeisterte. Wie ich das vereinigte, verstehe ich nicht, noch weniger, wie ich im Sommer desselben Jahres mit der Familie wieder nach Mähren gehen konnte; wahrscheinlich folgte ich erst in den Ferialmonaten der Hofbibliothek ihnen nach, und der Onkel machte inzwischen selbst den Hofmeister.

Ich finde mich wieder mit ihnen auf einem Jagdschlosse im waldigen Teile des Hradischer Kreises. Es war in der Mitte eines Fasan- und Wildgartens auf einer ziemlichen Anhöhe einsam gelegen, wunderschön, aber klein. Es war unterdessen das verhängnisvolle Jahr 1812 vorübergegangen, der Zug nach Moskau, der Untergang des französischen Heeres. Ich erinnere mich noch der kannibalischen Freude, mit der wir alle, ich auch, die gehäuften Greuel vernahmen. Jetzt hatte sich Österreich in die Verhandlungen gemischt, und man zweifelte nicht, daß es Teil an dem Kriege gegen Napoleon nehmen werde. Daß in diesem Falle die Franzosen in Böhmen einbrechen und darin weiter vordringen würden, als uns irgend lieb war, war uns nach früheren Erfahrungen höchstwahrscheinlich, und wir waren immer zur Flucht bereit; ja, vielleicht hatte der Graf nur darum sein Schloß Lukow, nahe der ungarischen Grenze, zum Aufenthalt gewählt, um von der Gefahr möglichst entfernt und der Zuflucht möglichst nahe zu sein.

Aber auch die Kommunikationen fingen schon an, gestört zu werden. So fehlte es in unserem Schlosse, wo sonst alles in Überfluß war, allgemach an Kolonialartikeln. Da bestimmte der alte Onkel, sein Neffe sollte statt des Kaffees täglich eine Milchspeise frühstücken. Mir wurde freigestellt, entweder daran teilzunehmen oder den gewohnten Kaffee, solange der Vorrat währte, wie früher zu trinken. Ich entschied mich für ersteres aus Rücksicht für die alten Leute. Diese Milchspeisen beschwerten mir wahrscheinlich den Magen und waren Mitursache an meiner spätern Krankheit.

Unser Schloß lag, wie gesagt, ganz einsam, und die nächste Kirche, ein Wallfahrtsort Maria-Stip, lag eine halbe Stunde entfernt. Nur die fromme Fürstin ließ sich täglich hinfahren, wobei sie etwa den Neffen mitnahm, wir andern begnügten uns mit der Sonntagsandacht. An einem solchen Sonntag hing der Himmel voll dicker Regenwolken. Schon war ich im Begriffe, mit der alten Dame und meinem Zögling in einen ungeheuern, wohlverschlossenen Wagen einzusteigen, als der Onkel hinzukam und mir anlag, ihn nicht allein fahren zu lassen. Er war nämlich furchtsam mit Pferden und fuhr nie anders als auf einem niedern Wurstwagen mit zwei alten Schimmeln, die er selbst leitete. Dabei war ich fast immer sein Begleiter, dem er, indes er beinahe unausgesetzt Tabak schnupfte oder die ungeheure rote Nase schneuzte, Zügel und Peitsche anvertraute. Auch sonst ging es so langsam, daß in solchen Momenten die Pferde stehenblieben und sogar an den Rainen des Weges grasten. Die Fürstin, die mich liebhatte, protestierte, er aber versprach, diesmal den Schimmeln »etwas ins Ohr zu sagen« und mich noch vor dem Regen nach Maria-Stip zu bringen. Ich gab nach und wir fuhren ab. Wir hatten längst den Wagen der Fürstin aus den Augen verloren und befanden uns etwa auf der Hälfte des Weges, als der Regen in Strömen herabgoß. Als wir bis auf die Haut durchnäßt in Maria-Stip ankamen, war mein erster Gang nach den beiden einzigen Häusern, die sich nebst der Kirche da befanden, dem Hause des Geistlichen und des Kirchendieners, um Wäsche zu wechseln und im Notfalle selbst eine Kutte des Geistlichen anzuziehen. Wir hatten uns aber verspätet. Beide Häuser waren verschlossen und die Bewohner in der Kirche. Mir blieb nichts übrig, als auch hinzugehen, wo mich denn schon ein empfindlicher Frost anwandelte. Des nächsten Morgens erwachte ich in einem hitzigen Fieber mit Phantasien und allem Zugehör. Da war nun Not an Mann. Das kleine Schloß ließ eine Absonderung kaum zu, und der Chirurg hatte die Krankheit für ein Nervenfieber, mithin nicht ohne Gefahr der Ansteckung, erklärt. Man beschloß daher, mich in ein von Maria-Stip nicht weit entferntes sogenanntes Badhaus zu bringen, das so hieß, nicht weil Bäder da waren, sondern weil es ein Bader bewohnte, der seinen Lebensunterhalt aus der chirurgischen Operation des Schröpfens an den Personen der von weit herkommenden Wallfahrer gewann.

Hier besuchte mich der Chirurg des Grafen täglich, und soweit war ich leidlich versorgt. Den übrigen Bewohnern des Schlosses hatte der Gebieter streng jede Gemeinschaft mit mir untersagt. Trotz dieses Verbotes kam eines Abends die alte Fürstin, setzte sich an mein Bett und weinte bitterlich.

Des andern Tages sollte mir die Ursache ihres Weinens deutlich werden. Der Chirurg des Grafen erschien nicht mehr. Die Familie war von Lukow abgereist und ließ mich in den Händen des unwissenden Baders allein zurück. Meine Krankheit verschlimmerte sich von Tag zu Tag, woran außer der Unfähigkeit des Arztes wohl auch die Beschaffenheit der Arzneien Schuld tragen mochte, die (Chinarinde, soviel ich weiß) von Hradisch geholt werden mußten, einem kleinen Orte, dessen Apotheke die vaterländische Eichenrinde wohl näher lag als die überseeische Chinarinde. Noch bin ich mir einer Art Herrschaft über meine Phantasien bewußt. Beim Ausbruch der Krankheit, noch im Schlosse, glaubte ich, eine Prinzessin läge unter meinem Strohsacke, und ich rückte daher jeden Augenblick von der Stelle, um die arme Person nicht zu drücken. In dem mir fremden Badhause hörte ich immer Stimmen von außen, die riefen, meine Mutter komme. Ich richtete mich gewaltsam auf und wußte augenblicklich, daß alles Täuschung sei. Sobald ich aber aus Mattigkeit zurücksank, fingen dieselben Stimmen wieder von neuem zu rufen an. Diese Sehnsucht nach meiner Mutter mochte wohl auch die alte Fürstin so gerührt haben, verbunden mit dem Bewußtsein der Grausamkeit, einen jungen Menschen am Eingange des Lebens, einen Hausgenossen, in einer solchen Lage hilflos zu verlassen.

Ich kam dem Tode nahe, wußte es und war gleichgültig. Schon erschien der Geistliche von Maria-Stip, um mir als einem Sterbenden Trost zuzusprechen. Ich aber wendete mich von ihm, der Mauer zu. Da sagte er: er phantasiert, ging und kam nicht wieder.

Auch sonst war ich schlimm daran. Niemand im Badhause verstand Deutsch als notdürftig der Bader selbst. Des Nachts legte man einen Ackerknecht in mein Zimmer, der sogleich zu schnarchen anfing und mir jeden Schlaf unmöglich machte, statt mir irgend zu Dienste zu sein. Einmal, eben auch bei Nacht, glaubte ich, eine Weibsperson nähere sich meinem Bette und ziehe das Schublädchen aus dem Tische, der neben mir stand und in dem ich mein Geld verwahrte. Ich hielt es für Täuschung, aber des andern Morgens war mein Geld wirklich verschwunden.

Endlich aber siegte die Jugend und meine niemals starke, aber unendlich zähe Natur. Ich genas. Als ich das erstemal Eßlust verspürte, gab man mir als Krankenspeise einen Hasen mit Knödeln, und bei meinem ersten Ausgange in den Garten, wo die Zwetschkenbäume voll reifer Früchte hingen, erlaubte mir mein Arzt, davon so viel zu essen, als mir beliebte, was ich denn auch tat.

In welcher Art ich meine Rückreise, wahrscheinlich mit Geld von dem Verwalter des Grafen versehen, antrat, weiß ich nicht mehr. Nur schwebt mir vor, daß ich auf meinem Wege irgendwo mit dem gräflichen Chirurgen zusammentraf, der mir geradezu erklärte, daß man meinen Tod für unvermeidlich gehalten habe. Auch traf mich die erste Nachricht von der Schlacht bei Leipzig auf dieser Rückreise, die dadurch beinahe verzögert wurde. Kein Postmeister, kein Postillion, kein Wirt oder Aufwärter war in den Häusern zu finden, alles befand sich auf den Straßen. Man las die Zeitungen vor, man erzählte, man umarmte sich, jubelte, weinte, das Tausendjährige Reich schien angebrochen.

Bei meiner Rückkunft nach Wien machte ich den Eindruck der Erscheinung eines Verstorbenen. Ich konnte nichts von Scham oder Reue in den hochadeligen Gesichtern bemerken, wohl aber eine gewisse Verlegenheit. Das Rätsel klärte sich bald auf. Man hatte nun wirklich einen Hofmeister gefunden. Daß ich meinen Unterricht fortsetzen sollte, war ausgemacht. Die weitere Frage aber, ob im Hause oder außer demselben wohnend, ward bald dadurch entschieden, daß ich ein Rezidiv meiner Krankheit bekam. Ich ließ mich zu meiner Mutter bringen, wo mich derselbe Doktor Closset behandelte, der leider zu spät kam, um den Tod meines Vaters zu verhindern. Mein Übel war weniger ein Rezidiv als ein vollkommenes Nachlassen aller Kräfte. Die Nachtschweiße stellten sich so heftig ein, daß die gewechselten und an die Luft gehängten Unterbetten kaum für den zweiten Tag zum Gebrauche getrocknet waren. Endlich ging auch das vorüber. Doktor Closset nahm keine Bezahlung und sagte mir, bei seinem letzten Besuche die Hand drückend, er fühlte sich hinreichend dadurch belohnt, daß mein Fall einer der wenigen in seiner Praxis sei, auf die er sich als Arzt etwas zugute tue. Er hatte selbst nicht an meine Heilung geglaubt.

Ich nahm nun meinen Unterricht wieder auf, speiste auch mit der gräflichen Familie zu Mittag, mietete mich aber in einem anderen Hause ein. Da bemerkte ich nun eine seltsame Verstimmung in den erhabenen Personen, ganz im Widerspruche mit dem sonstigen, nicht immer angenehmen, aber zutraulichen Tone. Die Ursache habe ich erst viele Jahre später durch die mitbeteiligte Person selbst erfahren, setze sie aber jetzt schon her. Das Hauswesen des Grafen hatte sich in letzter Zeit durch eine Nichte vermehrt, die, bis dahin im Kloster erzogen, nun von den Verwandten zu sich genommen wurde, ein äußerlich nicht gerade bevorzugtes, aber herzensgutes, heiteres und unter dem verwandtschaftlichen Druck bitter leidendes Frauenzimmer. Wir sahen uns natürlich oft, aber ohne besonderes Interesse, und niemand hatte ein Arges dabei. Als ich nun zu meiner Mutter gebracht wurde und man im gräflichen Hause von der Armut derselben sprach, vermischte die etwa sechzehnjährige Komtesse, noch von ihrer Klosterlektüre her, die Armut mit der Bettelhaftigkeit, packte ihren kleinen Schmuck zusammen und gab ihn ihrer Kammerjungfrau, die ihn heimlich und ohne zu sagen von wem, meiner Mutter überbringen sollte. Die Kammerjungfer fand die Sache bedenklich, fragte sich bei dem Grafen an, der polternden Gegenbefehl gab und, da er sich eine solche Großmut ohne besonderes Motiv gar nicht denken konnte, auf ein Liebesverständnis schloß, das weder von seiten der kleinen Gräfin noch vor allem von der meinigen je und irgend bestand.

Inzwischen beschäftigte ich mich, ich hätte bald gesagt: eifrig, in der Hofbibliothek. Von Eifer war damals in dieser Anstalt überhaupt nicht viel zu bemerken. Die Beamten, beinahe durchaus gutmütige Leute, benahmen sich ungefähr wie die Invaliden in einem Zeughause oder der Hund beim Heu, bewahrten das Vorhandene, wiesen die Seltenheiten den Besuchern vor, verwendeten die spärliche Dotation zum Ankauf aller gedenkbaren Auflagen der Klassiker und hielten die verbotenen, das heißt alle neuern Bücher, nach Möglichkeit fern. Von bibliothekarischen Systemalarbeiten war gar nicht die Rede.

Das war nun gerade mein Geschmack. Ich las und studierte, was mich selber anzog. Da war nun vor allem die Vervollkommnung im Griechischen, zu dessen Betreibung ich und mein damaliger Kollege Eichenfeld uns vereinigten. Um ungestört zu sein, begaben wir uns ins Manuskriptenkabinett der Bibliothek und lasen, von allen Hilfsmitteln umgeben, die griechischen Autoren. Das ging eine Weile, bis der Erste Kustos der Anstalt, ein widerwärtiger Illiterat, eben ein Hund beim Heu nach meiner obigen Bezeichnung, davon Nachricht bekam und, ohne Lust und Fähigkeit, selbst ein Manuskript zu benützen, doch einen mißgünstigen Neid über eine mögliche Edierung durch einen andern empfindend, uns den Eintritt in das Manuskriptenkabinett verbot.

Zugleich betrieb ich eine andere Sprache, zu der ich den Grund schon früher gelegt hatte und die von wesentlichem Einfluß auf meine künftige Laufbahn werden sollte. Ich war von jeher der Überzeugung, daß man einen Dichter nicht übersetzen könne. Trotz meines schlechten Gedächtnisses hatte ich mir daher außer den beiden alten und der notwendigen französischen auch die englische Sprache angeeignet und, durch Bertuchs Übersetzung des Don Quichote und seine Äußerungen über die spanischen Dichter aufmerksam gemacht, noch in meinen frühesten Zeiten mich auch mit dieser Sprache beschäftigt. Es war mir eine uralte spanische Grammatik in die Hände gefallen, so uralt, daß sie selbst der Sprache Lope de Vegas und Calderons vorausging und ich später die aus ihr gelernten Formen wieder umlernen mußte. Aus Geldmangel konnte ich mir kein Wörterbuch anschaffen, bis mir endlich beim Antiquar ein Sobrino in die Hände fiel, bei dem zwar der ganze Buchstabe A fehlte, der aber dafür um einen Gulden Papiergeld käuflich war. Mit diesem Rüstzeug war nicht viel auszurichten. Da erschien Schlegels Übersetzung einiger Stücke Calderons, von denen mich besonders »Die Andacht zum Kreuze« anzog. Für so vortrefflich ich die Übersetzung Shakespeares von demselben Schriftsteller anerkennen mußte, ebenso mangelhaft und ungenügend erschien mir jene Calderons. Daß ein Dichter, dessen Schwung beinahe die Poesie selbst überflog, sich nicht in so steifen und verrenkten Phrasen bewegt haben könne, war mir deutlich. Die Hofbibliothek bot alle Hilfsmittel dar, ich warf mich daher auf die spanische Sprache, und zwar, um das Brett zu bohren, wo es am dicksten war, unmittelbar auf Calderon. Damit ich aber über die Schwierigkeiten nicht zu leicht hinausginge und genötigt wäre, jedes Wort im Wörterbuche nachzuschlagen, übersetzte ich das gewählte Stück, »Leben ein Traum«, nach Entzifferung jedes

Absatzes, sogleich in deutsche Verse, ja, nach Vorgang des Originals, in Reime.

Wie lang ich mit dieser unsäglichen Arbeit zugebracht habe, weiß ich nicht, nur daß ich nicht über die Hälfte des ersten Aktes hinausgekommen bin. Ohnehin hatte ich bei dieser Übersetzung nur mein Studium der Sprache im Auge.

Da treffe ich mit einem Jugendbekannten zusammen. Wir sprechen über das Theater und die wunderliche Mannigfaltigkeit aus allen Geschmacksrichtungen, die dem Publikum dargeboten werde. Nun bereitet man gar ein Stück aus dem Spanischen vor, sagte er, »Leben ein Traum«. Ich frage nach dem Verfasser der Übersetzung. Er meint, er heiße Wendt oder ähnlich. Nun wußte ich, daß es einen Professor Wendt in Leipzig gebe, dem man eine solche Übersetzung wohl zutrauen konnte. Im Verfolg des Gespräches bemerkte ich, daß ich das Stück wohl kenne und zum Teil selbst übersetzt habe. Der Freund wünscht meine Arbeit zu lesen, was ich denn endlich auch zugebe. Nach ein paar Tagen kommt er, mir zu melden, daß meine Übersetzung nicht nur ihm selbst, sondern auch dem Redakteur der literarisch-kritischen Modenzeitung, dem er sie mitgeteilt, unendlich gefallen habe und letzterer mich ersuchen lasse, ihm wenigstens die ersten beiden Szenen zum Abdruck in seinem Blatte zu überlassen.

Ich war von jeher ein Feind der Öffentlichkeit und habe außer einem Gedicht »Die Musik«, in reimlosen Versen, die, ich weiß nicht durch wessen Vermittlung, in einem Wiener Journale ohne meinen Namen erschienen war, früher nie etwas drucken lassen.

Ich weigerte mich daher, mußte mich aber doch endlich den Gegengründen fügen, daß es schade um meine gehabte Mühe wäre. Jetzt sei die Aufmerksamkeit des Publikums auf dieses Stück gerichtet, und wenn nicht jetzt, könne mein Fragment wohl nie mehr zur Geltung gebracht werden. Ich willigte ein. Längere Zeit verging und meine Übersetzung erschien nicht, was mich herzlich wenig kümmerte.

Endlich wird »Leben ein Traum« mit Beifall aufgeführt, und des nächsten Morgens gibt die Modenzeitung mein Fragment, das unter den höchsten Lobpreisungen zum Angriffspunkt gewählt wird, um über die aufgeführte Übersetzung aufs feindlichste herzufallen. Zugleich hatte ich schon aus dem Theaterzettel ersehen, daß der Verfasser jener Bearbeitung nicht Wendt, sondern West heiße, unter welchem angenommenen Namen der damalige Dramaturg des Hofburgtheaters, Schreyvogel, sich in der Vorzeit literarisch beschäftigte.

Schreyvogel war in unserer Familie, zufolge eines ausgangslosen Liebesverhältnisses mit einer Schwester meiner Mutter, nicht in bestem Andenken. Trotz eines heimlichen Grauens verehrte ich ihn aber schon in meinen Knabenjahren, und eine von ihm zu Anfang des Jahrhunderts herausgegebene vortreffliche Zeitschrift: »Das Sonntagsblatt«, hat einen großen Einfluß auf meine Bildung gehabt, indem sie beitrug, mich vor den Albernheiten zu bewahren, die jene Zeit ebensogut hatte als die jetzige, nur daß damals zwei große Geister wie eine Zentralsonne in der Mitte standen und die faselnden Romantiker doch zu einer Art Konzentrizität in ihren Bahnen zwangen, indes jetzt die leere Mitte jedem die Erlaubnis zu einer Kometenreise ins Leere und Bodenlose gibt.

Mein jenem Fragment beigesetzter Name war Schreyvogel nicht entgangen. Schon ein paar Tage darauf sagte mir der alte Skriptor Leon auf der Hofbibliothek, es habe Schreyvogel sehr wehe getan, daß der Sohn eines Jugendfreundes sich zu einer so niedrigen Intrige gegen ihn hergegeben. Ich erklärte dem alten Leon den Zusammenhang der Sache und meinen eigenen Abscheu vor dem Mißbrauche, den man mit meiner Arbeit getrieben. Da kam denn die Rückantwort, wie es Schreyvogel sehr erfreue, mich unschuldig zu wissen, und wie er lebhaft wünsche, mich kennenzulernen. Ich ließ mir das gesagt sein und ging nicht hin. Eine zweite Aufforderung hatte denselben Erfolg. Da erklärte endlich Leon auf der Bibliothek: Nun lasse er mich nicht mehr, ich müsse auf der Stelle mit ihm zu Schreyvogel. Dagegen war nun nichts einzuwenden, und ich ging mit ihm.

Schreyvogel empfing mich wahrhaft väterlich. Von einer Entschuldigung war nicht mehr die Rede. Er erklärte selbst, daß ihm meine Übersetzung sehr gut gefallen habe, und er fragte, ob ich denn keine Lust zu eigenen dramatischen Arbeiten habe, an der Befähigung sei kaum zu zweifeln. Ich erzählte ihm, daß ich in meinen Knabenjahren ein endloses Trauerspiel geschrieben, von dessen Unbrauchbarkeit ich aber nun selbst überzeugt sei. Seitdem hätte ich es aufgegeben. Wenn ich nicht Tüchtiges leisten könne, dulden lassen wolle ich mich nicht. Er fragte weiter: ob ich nicht in der Zwischenzeit Stoffe durchdacht hätte, ich möchte ihm derlei erzählen. Nun hatte ich gerade damals einen Stoff ganz gegliedert in meinem Kopfe. Damit ging es so her:

Ich hatte in der Geschichte eines französischen Räubers, Jules Mandrin glaub ich, die Art seiner Gefangennehmung gelesen. Von den Häschern verfolgt, flüchtete er in ein herrschaftliches Schloß, wo er mit dem Kammermädchen ein Liebesverhältnis unterhielt, ohne daß diese, ein rechtliches Mädchen, ahnte, welch einem Verworfenen sie Kammer und Herz geöffnet hatte. In ihrem Zimmer wurde er gefangen. Der tragische Keim in diesem Verhältnis oder vielmehr in dieser Erkennung machte einen großen Eindruck auf mich.

Ebenso war mir ein Volksmärchen in die Hände gefallen, wo die letzte Enkelin eines alten Geschlechtes, vermöge ihrer Ähnlichkeit mit der als Gespenst umwandelnden Urmutter zu den schauerlichsten Verwechslungen Anlaß gab, indem ihr Liebhaber einmal das Mädchen für das Gespenst, dann wieder, besonders bei einer beabsichtigten Entführung, das Gespenst für das Mädchen nahm.

Beide Eindrücke lagen längere Zeit nebeneinander in meinem Kopfe, beide in dieser Isolierung unbrauchbar. Im Verfolg des ersteren wäre mir nie eingefallen, einen gemeinen Dieb und Räuber zum Helden eines Dramas zu machen; beim zweiten fehlte der gespensterhaften Spannung der sonstige menschliche Inhalt.

Einmal des Morgens, im Bette liegend, begegnen sich beide Gedanken und ergänzen sich wechselseitig. Der Räuber fand sich durch das Verhängnis über der Urmutter eines Geschlechtes, dem auch er angehören mußte, geadelt; die Gespenstergeschichte bekam einen Inhalt. Eh ich aufstand und mich ankleidete, war der Plan zur »Ahnfrau« fertig.

An die Ausführung zu gehen, hinderte mich teils mein Entschluß, der dramatischen Poesie für immer zu entsagen, teils ein Schamgefühl, einen Stoff zu behandeln, der höchstens für die Vorstadttheater geeignet schien und mich einer Klasse von Dichtern gleichzusetzen, die ich immer verachtet hatte; obwohl ich Poesie genug in mir fühlte, die Geistergeschichte so auszustatten, daß man ein Dummkopf oder ein deutscher Gelehrter sein müsse, um viel dagegen einwenden zu können.

Diesen Stoff nun erzählte ich Schreyvogel, und zwar mit einer solchen Lebhaftigkeit und in einer solchen bis ins einzelne eingehenden Folge, daß er, selbst Feuer und Flamme, ausrief: Das Stück ist fertig. Sie brauchen es nur niederzuschreiben. Meine Einwendungen ließ er nicht gelten, und ich versprach, darüber weiter nachzudenken.

Inzwischen war auch eine bedeutende Veränderung in meinen äußeren Verhältnissen eingetreten. Einmal hatte ich den Unterricht des jungen Grafen vollendet, worüber ich herzlich froh war. Nun ließ mir die Familie ihren mir damals unerklärlichen Groll dadurch fühlen, daß sie mir ein beim Eintritt freilich nur mündlich gegebenes Versprechen nicht halten wollte, mir nämlich meinen kleinen Gehalt bis zum Eintritt in ein besoldetes Staatsamt belassen zu wollen. Erst die Dazwischenkunft eines in der Familie geachteten Geistlichen machte der Schwierigkeit ein Ende. Zugleich hatten einen meiner Oheime seine Geschäfte zu dem damaligen dirigierenden Vizepräsidenten der Finanzhofkammer, Grafen Herberstein, geführt. Herberstein hatte meinen Vater gekannt und geachtet, er erkundigte sich um dessen rückgebliebene Familie, erfuhr unsere Umstände und daß der älteste Sohn ohne Gehalt in der Hofbibliothek diene. Der praktische Mann fuhr auf, fand letzteres, als ohne Aussicht für die Zukunft, unverantwortlich und begehrte mich zu sprechen.

Als ich kam, machte er mir die Hölle heiß, erinnerte mich an die Pflicht, für meine Mutter und Geschwister zu sorgen, und fügte bei, daß, wenn ich mich ihm anvertraue und zu den Finanzen übertreten wollte, die Sorge für mein Fortkommen seine Sache sein werde. Ich war durch die Widerlichkeit des Zweiten Vorstehers der Hofbibliothek sehr verstimmt, die neue Aussicht schien lockend, und ich willigte ein.

Da sollte ich nun ein vollendeter Kammeralist werden. Ich wurde der niederösterreichischen Zollverwaltung zugeteilt, mußte in Expedit, Protokoll, Hauptzoll- und Verzehrungssteueramt alle diese Fächer praktisch durchüben, bis man mir endlich, als Zeichen der höchsten Zufriedenheit, ein eigenes Büro in der Examinatur anvertraute, wo ich Schwärzer und Gefällsübertreter von minderm Belang selbständig untersuchte. Ich weiß nicht, war es die Neuheit der Sache, das gefällige Entgegenkommen aller Vorgesetzten oder das angenehme Gefühl der Freiheit von dem Druck im gräflichen Hause: Ich fand mich ganz gut in alles und es stellte sich sogar eine Art Heiterkeit ein. Die Ahnfrau war inzwischen vergessen, auch hatte ich Schreyvogel seither nicht besucht.

Da, am Ausgange des Sommers, begegne ich ihm auf einem Spaziergang am Glacis. Er ruft mir schon von weitem zu: Wie steht's mit der Ahnfrau? Ich aber antworte ihm ganz trübselig: Es geht nicht!

Schreyvogel, ursprünglich im Besitz eines beträchtlichen Vermögens, das er erst später im Kunsthandel verloren, war in den neunziger Jahren des verflossenen Jahrhunderts durch seine Bekanntschaft mit Männern, die einem traurigen Schicksale verfielen, in den Verdacht einer Anhänglichkeit an die Grundsätze der Französischen Revolution gekommen. Obschon ihm nichts nachgewiesen werden konnte, schien es doch geraten, sich für einige Zeit, mit Genehmigung der Behörden, von Wien zu entfernen. Er ging nach Jena und Weimar, wo er, durch mehrere Jahre verweilend, mit den damaligen Heroen der deutschen Literatur in nähere Verbindung kam.

Als ich ihm nun sagte: Es geht nicht, erwiderte Schreyvogel: Dieselbe Antwort habe ich einst Goethe gegeben, als er mich zur literarischen Tätigkeit aufmunterte; Goethe aber meinte: Man muß nur in die Hand blasen, dann geht's schon! – Und so schieden wir voneinander.

Diese Worte des großen Meisters gingen mir gewaltig im Kopfe herum. Sollte es – bei allem Abstand der Begabung – andern so leicht werden, daß sie nur in die Hand zu blasen brauchten, und ich selber brächte gar nichts zustande! Mein tiefstes Wesen fand sich empört. Meinen Spaziergang allein fortsetzend, dachte ich über die Ahnfrau nach, brachte aber nichts zustande als die acht oder zehn ersten Verse, die der alte Graf zu Anfang des Stückes spricht, und zwar in Trochäen, die mir meine Beschäftigung mit Calderon liebgemacht hatte.

Man hat mich um dieser Versart und wohl auch der sogenannten Schicksalsidee willen als einen Nachahmer von Müllners »Schuld« bezeichnen wollen. Eigentlich war es aber wohl Calderon und namentlich dessen »Andacht zum Kreuze«, was mir unbewußt vorschwebte, nebstdem daß der Trochäus meinem erwachten Musikgefühle wohltat. Allerdings hätte ich ohne Müllners Vorgang wahrscheinlich nicht gewagt, eine neue Versart auf die deutsche Bühne zu bringen.

Als ich nach Hause gekommen war und zu Nacht gegessen hatte, schrieb ich ohne weitere Absicht jene acht oder zehn Verse auf ein Blatt Papier und legte mich zu Bette.

Da entstand nun ein sonderbarer Aufruhr in mir. Fieberhitzen überfielen mich. Ich wälzte mich die ganze Nacht von einer Seite auf die andere. Kaum eingeschlafen, fuhr ich wieder empor. Und bei alledem war kein Gedanke an die Ahnfrau, oder daß ich mich irgend meines Stoffes erinnert hätte.

Des andern Morgens stand ich mit dem Gefühle einer herannahenden schweren Krankheit auf, frühstückte mit meiner Mutter und ging wieder in mein Zimmer. Da fällt mir jenes Blatt Papier mit den gestern hingeschriebenen, seitdem aber rein vergessenen Versen in die Augen. Ich setze mich hin und schreibe weiter und weiter, die Gedanken und Verse kommen von selbst, ich hätte kaum schneller abschreiben können. Des nächsten Tages dieselbe Erscheinung, in drei oder vier Tagen war der erste Akt, beinahe ohne ein durchstrichenes Wort, fertig.

Ich lief damit sogleich zu Schreyvogel, um es ihm vorzulesen. Er war im höchsten Grade befriedigt und drang nur um so mehr in mich, doch ja fortzufahren. Ebenso schnell entstanden der zweite und dritte Akt. Noch erinnere ich mich, daß ich an der großen Szene, wo Jaromir Berta zur Flucht beredet, von fünf Uhr morgens bis fünf Uhr abends geschrieben habe, ohne Ruhepunkt und ohne etwas zu mir zu nehmen. Meine Mutter klopfte zur Zeit des Frühstücks und des Mittagsmahls vergebens an die Tür. Erst abends ging ich hervor, machte einen Spaziergang über die Bastei und aß zu Nacht mein Mittagmahl.

Da fiel plötzlich kaltes Wetter ein, und es war, als ob mir alle Gedanken vergangen wären. Ich schlich traurig zu Schreyvogel und klagte: ich hätte wohl vorausgesagt, daß es nicht ginge. Er meinte aber, es werde schon wieder kommen. Und so geschah es auch. Nach zwei- oder dreitägiger Unterbrechung vollendete ich das Stück mit derselben Raschheit, mit der es begonnen war. In nicht mehr als fünfzehn oder sechzehn Tagen habe ich es geschrieben.

Es wurde nun Schreyvogel übergeben, damit er über die Aufführbarkeit entscheiden möge. Als ich nach ein paar Tagen vorfragte, fand ich ihn beträchtlich abgekühlt. Schreyvogel war ein vortrefflicher Kopf, in gehörigem Abstande allerdings eine Art Lessing. Nur hatte er, außer der logischen Schärfe, mit seinem Vorbilde auch das gemein, daß seine künstlerischen Grundsätze mehr das Ergebnis eines Studiums der Muster als ein Erzeugnis aufquellender eigener Anschauungen waren. Er wußte nun nicht recht, wohin er mein Mondkalb anreihen sollte, und war ängstlich. Nicht als ob er den Gespensterspuk oder die sogenannte Schicksalsidee verworfen hätte, er verlangte vielmehr, daß letztere mehr herausgebildet werden sollte, namentlich der ganz unberührt gebliebene Umstand, daß das jetzt lebende Geschlecht geradezu die Frucht der Sünde der Ahnfrau sei. Als ich mich darein nicht finden wollte, erbot er sich sogar, mein Stück zu überarbeiten, es sollte dann als unser gemeinschaftliches Werk erscheinen. Dagegen protestierte ich, es sollte entweder gar nicht aufgeführt werden oder als mir angehörig.

Schreyvogel hatte bereits mit den Schauspielern gesprochen, denen er die Rollen zugedacht hatte. Madame Schröder wählte bloß vom Hörensagen das Stück zu ihrer Einnahme und für sich die Rolle der Berta und des Gespenstes. Heurteur, der den Jaromir geben sollte, besuchte mich in meiner Wohnung in dem sogenannten »Elend«, wo er denn erstaunt war, den Dichter am Schreibtische in dem Rohrlehnsessel seines Vaters sitzen zu sehen, auf welchem Lehnstuhl, weil das Rohr durchgesessen war, durch ein quer darübergelegtes Brett ein neuer Sitz improvisiert war.

In diesem Getümmel verlor ich ganz den Überblick. Ich machte die verlangten Änderungen, durch welche mein Stück nicht besser wurde, zum Teil auch darum, weil ich sie nur äußerlich anfügte.

Ich habe sogleich nach der Aufführung bemerkt, daß durch diese »tiefere Begründung« mein Stück aus einem Gespenstermärchen mit einer bedeutenden menschlichen Grundlage sich jener Gattung genähert hatte, in der Werner und Müllner damals sich bewegten. Bei den spätern Auflagen wollte ich auch geradezu auf mein ursprüngliches Manuskript zurückgehen. Da ich aber bei der zweiten Redaktion, wie der Dichter soll und muß, zugleich manches in der Diktion und sonstigen Anordnung geändert hatte, welches alles mit Rückblick auf jene Erweiterung der Idee geschah, so hätte es einer dritten Überarbeitung bedurft, was mir viel zu langweilig war. Jenes ursprüngliche Manuskript mit Schreyvogels Randbemerkungen wird sich, also Beweis dessen, unter meinen Papieren finden.

Nun kamen die äußeren Verlegenheiten, die, wenn sie mir nicht von andern abgenommen worden wären, mich geradezu bestimmt hätten, mein Stück zurückzuziehen. Es wurde bei der Zensur eingereicht und verboten. Durch die Konnexionen der Schauspielerin Madame Schröder, die, als zu einer Einnahme berechtigt, ein Wort mitreden durfte, wurde es erlaubt. Es ist aber nach dieser ersten Vorstellung zum zweiten Male verboten worden. Da trat denn der pensionierte Hofschauspieler Lange, der den Grafen Borotin gab und die dritte Vorstellung zu seiner Einnahme geben wollte, in die Schranken, und mit seiner Rührung als tragischer Vater brachte er die Erlaubnis auch für diese Vorstellung zuwege. Zuletzt kam der Eigentümer des Theaters an der Wien, Graf Palffy, mit utilitarischen Gründen und erklärte, wenn man ihm die Stücke, die Geld eintrügen, verbiete, müsse er sein Theater zuschließen. Das wirkte, und Barrabas ward freigegeben.

Ich habe den Ereignissen vorgegriffen und kehre zurück. Die Schauspieler waren von ihren Rollen entzückt. Als ich auf den Proben erschien, wurde ich trotz meines fadenscheinigen Überrocks wie ein junger Halbgott empfangen. Zufällig fanden sich auch, mit Zuhilfenahme der Hofschauspielerin Madame Schröder und des pensionierten Hofschauspielers Lange, die Gastrollen gaben, alle Subjekte vor, um das Stück so aufzuführen, wie es wohl auf keiner deutschen Bühne wiedergegeben worden ist. Es wurde darum auch dem Theater an der Wien der Vorzug vor dem Hofburgtheater für mein erstes Erscheinen vor dem Publikum gegeben.

Das alles geschah ohne mein Zutun, ja beinahe ohne mein Vorwissen. Da endlich kam der Tag der ersten Vorstellung. Meinen Namen auf den Zettel drucken zu lassen, war ich durchaus nicht zu bewegen. »Die Ahnfrau«, Trauerspiel in fünf Aufzügen, ohne Angabe des Verfassers, stand an den Straßenecken angeschlagen. Das gab keine gute Vorbedeutung, und das Theater war schwach besucht, es gab eine schlechte Einnahme, was mir aber Madame Schröder, die Geld wahrlich brauchte, nie nachgetragen, sondern sich so gegen mich benommen hat, als hätte ich ihr Tonnen Goldes eingebracht. Mir waren von der Benefiziantin drei Sperrsitze in der ersten Galerie zugekommen, die ich mit meiner Mutter und meinem jüngsten, damals elf- oder zwölfjährigen Bruder einnahm. Die Vorstellung, obgleich vortrefflich, machte auf mich den widerlichsten Eindruck, es war mir, als ob ich einen bösen Traum verkörpert vor mir hätte. Ich faßte damals den Vorsatz, der Vorstellung keines meiner Stücke mehr beizuwohnen, ein Vorsatz, den ich bis heute gehalten habe. Die Haltung unserer Familie war höchst wunderlich. Ich selbst rezitierte, ohne es zu wissen, das ganze Stück leise mit. Meine Mutter, vom Theater ab und zu mir gewendet, sagte in einem fort: Um Gottes willen, Franz, mäßige dich, du wirst krank, indes zu ihrer anderen Seite mein kleiner Bruder unausgesetzt betete, daß das Stück gut ausfallen möge. Das Widerliche wurde dadurch vermehrt, daß auf der spärlich besetzten Bank hinter uns ein ganz gut aussehender Herr saß, der mich natürlich nicht kannte, und obschon ihn das Stück zu interessieren schien, sich doch nicht enthalten konnte, ein oft wiederholtes »grell, grell!« an meinen Ohren vorbeitönen zu lassen. Es wurde viel geklatscht, aber durchaus nur an Stellen, wo die trefflichen Schauspieler ihre Glanzpunkte hatten. Als ich daher nach geendigter Vorstellung auf die Bühne ging, widersprach ich aufs bestimmteste der Meinung der Schauspieler, daß das Stück sehr gefallen habe.

Bei der Wiederholung am nächsten Abend hatte ich alle Ursache, meine Ansicht für die richtige zu halten, denn das Theater war halb leer. Da meinte aber der Schauspieler Küstner: ich kennte ihr Theater nicht. Bei ihnen in der Vorstadt brauchte es immer ein paar Tage, bis das Gerücht eines Erfolges im Publikum herumkomme. Und so war es auch. Bei der dritten Vorstellung fand sich das Theater wie belagert, und das Stück machte in Wien und in ganz Deutschland die ungeheuerste Wirkung.

Ungeachtet dieses allgemeinen Anteils hat mir »Die Ahnfrau«

nicht mehr eingetragen als 500 fl. Papiergeld von der Theaterdirektion und ebensoviel vom Verleger, was beides ungefähr 400 fl. in Silber gleichkommt. Ich ließ nämlich das Stück, auf Schreyvogels Rat, unmittelbar nach der Aufführung drucken, weil die erschienenen Rezensionen den Inhalt und die Gesinnung aufs unverschämteste entstellten. So gaben es alle Theater in Deutschland nach dem gedruckten Exemplar und machten ungeheure Einnahmen, ohne daß es einem einzigen einfiel, mir ein Honorar zu zahlen. Das in Wien Erhaltene diente übrigens dazu, unserem Hauswesen aufzuhelfen. Wir bezahlten die fällige Wohnungsmiete, und ich behielt für mich nur 50 fl. Papiergeld, um die ich mir die Braunschweiger Ausgabe von Shakespeare in englischer Sprache und die Heynesche Iliade anschaffte.

Mein Hauptgegner in der Journalistik war, weil ich jetzt mit Schreyvogel stand, derselbe Redakteur der Modenzeitung, der mich einst gegen Schreyvogel benützt und damals ungeheuer gelobt hatte. Er veranlaßte sogar, ehe das Stück noch gedruckt war, einen damals beliebten Dichter in Salzburg, Weißenbach, eine verdammende Kritik, bloß nach den empfangenen brieflichen Mitteilungen, mithin ins Blaue zu schreiben, was mir der ehrliche Mann später abgebeten hat. Die Urteile waren, zufolge der unvertilgbaren Nationalität, beinahe so albern, als was man in den heutigen Journalen, Kunstphilosophien und Literaturgeschichten zu lesen bekommt. Da war nun von nichts die Rede als von Schicksal, daß Verbrechen durch Verbrechen gesühnt würden, und so weiter.

Genau genommen nun findet sich die Schicksalsidee gar nicht in der Ahnfrau. Wenn der Richterspruch gegen dieses geistige Wesen lautete, daß sie zu wandeln habe, bis ihr Haus durch Verbrechen ausstürbe, so hätten diese Verbrechen allerdings eine Notwendigkeit; da aber das Ende ihrer Strafe nur bis zum Aussterben ihres Hauses, gleichviel wann und wie, bestimmt ist, so ist der Zeitpunkt und daß es durch Verbrechen geschieht, zufällig. Daß die Personen zufolge einer dunklen Sage eines frühen Verschuldens sich einem Verhängnis verfallen glauben, bildet so wenig ein faktisches Schicksal, als einer darum unschuldig ist, weil er sich für unschuldig ausgibt.

Damit will ich nicht gegen das Schicksal eifern, sondern gegen sein krudes Vorkommen in der Ahnfrau. Die Poesie kann des Hereinspielens eines Übersinnlichen in das Menschliche nie entbehren. Da uns nun die Wissenschaft darüber gar nichts oder wenigstens nichts Vernünftiges zu sagen weiß, die Religion aber leider mehr im »Bewußtsein« als in der Überzeugung lebt, so bleibt uns nichts übrig, als diese Verbindung zweier Welten so zu nehmen, wie sie, einem Grundzuge der menschlichen Natur gemäß, in allen Zeiten und bei allen Völkern vorgekommen ist. Die Alten hatten die grandiose Gestalt des Schicksals; aber auch nur für die Poesie. Es wäre ihnen im wirklichen Leben nicht eingefallen, bei einer Gefahr die Hände in den Schoß zu legen, weil doch das Unvermeidliche nicht zu vermeiden sei, so wie der Richter einem Verbrecher ins Gesicht gelacht haben würde, wenn er sich auf ein Schicksal oder einen erhaltenen Orakelspruch berufen hätte. Diese großartige Gestalt ist allerdings durch die neueren Religionen zerstört worden, aber die Trümmer davon leben unvertilgbar als Vorbedeutung und Vorahnung, als Wirkung von Fluch und Segen, als Gespenster- oder Hexenglauben fort. Als letztern hat ihn Shakespeare im »Macbeth« benützt. Wenn ihr mir sagt, diese Hexen seien der eigene Ehrgeiz des Helden, so antworte ich euch, tut die Augen auf! Was ihr da vor euch seht, das sind Hexen und nicht der Ehrgeiz. So wie das Gespenst Banquos ein wirkliches Gespenst ist, weil ihr es mit euern eigenen Augen seht, indes der Gedankendolch vor dem Morde nur ein Gedankendolch ist, denn nur Macbeth sieht ihn, ihr aber nicht. Meint ihr aber, diese Hexenfiguren bekämen ihren Wert für alle Zeiten dadurch, daß sie den Ehrgeiz Macbeths repräsentieren, so habt ihr vollkommen recht, dann denkt aber auch bei der Ahnfrau an den biblischen Spruch von der Strafe des Verbrechens an den Kindern des Verbrechers bis ins siebente Glied, und ihr habt einen Akt geheimnisvoller Gerechtigkeit vor euch, statt eines Schicksals.

Die Grundirrtümer der menschlichen Natur sind die Wahrheiten der Poesie, und die poetische Idee ist nichts anderes als die Art und Weise, wie sich die philosophische im Medium des Gefühls und der Phantasie bricht, färbt und gestaltet.

Auch hat man bei diesen ekelhaften Streitigkeiten nur immer von Werner, Müllner und der Ahnfrau gesprochen und sich nicht erinnert, daß Schiller in der Braut von Messina das Schicksal in seiner schroffsten Gestalt benützt und es auch theoretisch verteidigt hat. Nun gebe ich gern zu, daß Schiller sich geirrt haben kann, nur tritt diese Möglichkeit bei den Eintagsfliegen der Kritik und Literaturgeschichte im verdoppelten Maße ein. Zugleich sollten die Deutschen in ihrer abgeschmackten Gründlichkeit nie den Unterschied zwischen Poesie und Prosa noch den Umstand vergessen, daß ein Trauerspiel, so traurig es sein mag, doch immer auch ein Spiel bleibt.

Ich bin gegen meine Absicht weitläufig geworden, weil der widerliche Eindruck der damaligen Besprechungen sich mir in der Erinnerung erneuert. Er hat mir die Freude an dem Gelingen meines Werkes verkümmert. Zugleich aber, da immer von Räubern, Gespenstern und Knalleffekten die Rede war, beschloß ich bei einem zweiten Drama, wenn es je zu einem zweiten kommen sollte, den möglichst einfachen Stoff zu wählen, um mir und der Welt zu zeigen, daß ich durch die bloße Macht der Poesie Wirkungen hervorzubringen imstande sei.

Ich fand keinen solchen Stoff, vielleicht nur darum, weil ich keinen suchte. Mein Gemüt war verbittert. Ich merkte wohl, daß ich als der letzte Dichter in eine prosaische Zeit hineingekommen sei. Schiller – bei dessen Leichenfeier im Kärntnertortheater ich, von der Menge mit der Brust gegen eine halbgeöffnete Tür gedrängt, bald selbst das Leben verloren hätte – war tot, Goethe hatte sich der Wissenschaft zugewendet und förderte in einem großartigen Quietismus nur das Gemäßigte und Wirkungslose, indes in mir alle Brandfackeln der Phantasie sprühten. So vergingen Frühling und Sommer in träumerischem Nichtstun. Gegen Anfang des Herbstes machte ich einen Spaziergang längs der Donau in den Prater. Bei den ersten Bäumen begegnet mir ein noch jetzt lebender Doktor Joel, der mich aufhält und mir sagt, wie der Kapellmeister Weigl lebhaft einen Operntext wünsche. Meine Poesie in Verbindung mit Weigls Musik – und so weiter. Er selbst habe einen vortrefflichen Opernstoff gefunden. Obwohl ich nicht die geringste Lust hatte, einen Operntext zu schreiben, fragte ich doch nach diesem Stoffe. Er nannte Sappho. Ich versetzte augenblicklich, das gäbe allenfalls auch ein Trauerspiel. Er dagegen meinte, dazu seien doch zu wenig Begebenheiten. So trennten wir uns, er ging nach der Stadt und ich dem Prater zu.

Der Name Sappho hatte mich frappiert. Da wäre ja der einfache Stoff, den ich suchte. Ich ging weiter und weiter in den Prater, und als ich spät abends nach Hause kam, war der Plan zur Sappho fertig. Ich ließ mir nur noch des anderen Tages in der Hofbibliothek die erhaltenen Fragmente ihrer Gedichte geben, fand das eine der beiden vollständigen, an die Liebesgöttin, ganz für meinen Zweck geeignet, übersetzte es auf der Stelle und ging schon des nächsten Morgens an die Arbeit.

Wir hatten zu dieser Zeit von der Wohnung einer gleichfalls verwitweten, aber ungleich besser gestellten Schwester meiner Mutter im Schottenhofe zwei Zimmer zur Aftermiete bezogen. Daß sie im ersten Stocke, gerade über der Backstube eines unten wohnenden

Bäckers lagen, schien kein Anstand, da der Sohn meiner Tante mehrere Jahre lang in dem Zimmer geschlafen hatte, das für mich bestimmt war. Bald zeigte sich aber ein bedeutender Unterschied in unserem verwandtschaftlichen Nervensystem. Ich konnte nämlich der dumpfen Wärme und des leisen Hantierens der Bäckersknechte wegen in der Nacht kein Auge schließen. Da erbot sich eine zweite, gleichfalls im Schottenhofe wohnende Tante, eine noch jetzt im hohen Alter lebende, vortreffliche Frau, mir ein Zimmer in ihrer Wohnung, das sie nur bei Tage benützte, nachts zum Schlafen zu überlassen. Ich nahm mit Vergnügen an und wanderte nun täglich im Finstern, während alles im Hause schon schlief, nach meinem subsidiarischen Schlafgemache, wo ich mich leise zu Bette legte, um des nächsten Morgens so früh als möglich aufzustehen und bei einem schlechten Tintenzeuge auf grobem Konzeptpapier an meinem Stücke zu arbeiten. Ich legte mir, obwohl der Stoff mich anzog, doch ein tägliches Pensum auf, dem ich um so mehr treu blieb, als unsere wieder dringend gewordenen häuslichen Bedürfnisse einer Nachhilfe dringend bedurften. Auch die Sappho wurde in weniger als drei Wochen vollendet.

Mein Freund und früherer Ratgeber Schreyvogel war während dieser ganzen Zeit auf einer Reise in Deutschland abwesend, wo er taugliche Subjekte für das Hofburgtheater aufsuchte. Als ich ihm bei seiner Zurückkunft das Stück fertig übergab, schien er anfangs nicht sehr erbaut, erwärmte sich aber nach und nach, ohne daß von Änderungen oder Verbesserungen auch nur die Rede war, die ich auch nicht zugegeben hätte. Ja, eines Tages sagte er mir: Sie haben einen großen Begünstiger Ihres Stückes gefunden. Es war dies der Schauspieler Moreau, der auch als Komparseninspizient fungierte und dem das Manuskript zur Herbeischaffung und Abrichtung der erforderlichen Sklaven und Sklavinnen übergeben worden war. Er hatte sich geäußert, das Stück gefalle ihm besser als die »Schuld«, was damals kein kleines Lob war und woran Schreyvogel vorderhand nicht zu glauben schien.

Nun ging es an die Besetzung der Rollen. Madame Schröder, in deren Fach die Sappho gehörte, befand sich infolge eines ihrer immerwährenden Kriege mit der Direktion im Auslande und drohte, nicht wiederzukommen. Man war daher genötigt, auf eine in anderen Fächern vortreffliche Schauspielerin, Madame Löwe, zu denken, die aber dieser Rolle nicht gewachsen war. Herr Korn war Phaon. Für die Rolle der Melitta hatte ich zu allgemeiner Verwunderung die Gattin dieses letzteren bezeichnet, die höchst liebenswürdig in den sogenannten Ingénues, nie in versifizierten

Stücken vor allem aber nicht in der Tragödie gespielt hatte. Endlich kam Madame Schröder zurück, bemächtigte sich der Hauptrolle, war Feuer und Flamme und steckte jedermann mit ihrer Begeisterung an.

Es kam zu den Proben. Damals war es mit diesen Vorübungen im Hofburgtheater sehr schlecht bestellt. Besonders bei Stücken, wo nur drei oder vier Rollen, und diese in den Händen von als vortrefflich anerkannten Schauspielern, vorkamen, verliefen die beiden ersten Proben in Verabredungen über das Rechts oder Links des Auftretens, die Feststellung der Plätze und der Grade der Annäherung oder Entfernung. Die Rollen wurden beinahe nur gemurmelt, um so mehr, als die Schauspieler ihrer noch gar nicht mächtig waren. Bei der dritten und letzten Probe endlich mußten sie doch mehr aus sich herausgehen. Da machte denn Madame Korn als Melitta solche Wunderlichkeiten, war so manieriert und unwahr, daß mich Schauder befielen. Ich saß im finstern Parterre allein auf einem Sperrsitze und dachte, die kleine Person allein reicht hin, um das ganze Stück umzuwerfen. Da, während des vierten und fünften Aktes, wo man mit Vorrichtungen für den Sturz vom leukadischen Felsen längere Zeit hinbrachte, raschelt es plötzlich neben mir. Ein Frauenzimmer hat sich neben mich gesetzt, sie fängt an zu reden, es ist Madame Korn. Sagen Sie mir doch, hebt sie an, haben Sie sich denn die Melitta so gedacht? Aufrichtig gesagt, erwiderte ich: Nein! Aber wie soll ich sie denn sonst spielen? fährt sie fort. – Ich glaubte, Sie würden sie spielen, wie Sie Ihre übrigen Rollen spielen. – Aber mein Mann und die Schröder sagen, im griechischen Trauerspiele müsse alles gehoben sein. – Da haben Ihr Gemahl und die Schröder allerdings recht, aber der Vers, die Umgebung – ich hätte hinzusetzen können: Ihr unvergleichliches Talent – werden schon die nötige Hebung hineinbringen, ohne daß Sie sich deshalb besondere Mühe zu geben brauchen. – Aber, sagt sie weiter, das Stück wird morgen schon gegeben, wie soll ich denn die ganze Rolle umlernen? – Das wußte ich freilich nicht, meinte aber, sie sollte wenigstens soviel als möglich von ihrem natürlichen Tone hineinbringen. – Damit ging sie fort, warf über Nacht die ganze ihr aufgedrungene Ansicht der Rolle von sich und war bei der Aufführung so über alle Beschreibung liebenswürdig, daß sie die Krone des Abends davontrug.

Das Stück machte unglaubliche Sensation. Ich selbst fand mich, meinem Vorsatze getreu, nicht unter den Zusehern, sondern auf der Bühne. Meine Mutter aber, die einen Sperrsitz in der dritten Galerie innehatte, wurde von einigen erkannt und sonach vom

Publikum umringt, die ihr zu ihrem Sohne und seinem Erfolge Glück wünschten, so daß die gute Frau vor Freude weinend nach Hause kam.

Mit der Kritik kam ich diesmal sehr gut zurecht. Damals herrschten noch Lessings, Schillers, Goethes Ansichten in der deutschen Poesie, und daß menschliche Schicksale und Leidenschaften die Aufgabe des Dramas seien, fiel niemand ein zu bezweifeln. Das Antiquarische, Geographische, Historische, Statistische, Spekulative, der ganze Ideenkram, den der Dichter fertig vorfindet und von außen in sein Werk hineinträgt, ward dadurch von selbst zur Staffage und ordnete sich dem Menschlichen unter. Höchstens meinten einige, das Stück sei nicht griechisch genug, was mir sehr recht war, da ich nicht für Griechen, sondern für Deutsche schrieb. Ebenso war es mit einem weiteren Tadel: ich hätte in Sappho mehr das Weib als die Dichterin geschildert. Ich war nämlich immer ein Feind der Künstlerdramen. Künstler sind gewohnt, die Leidenschaft als einen Stoff zu behandeln. Dadurch wird auch die wirkliche Liebe für sie mehr eine Sache der Imagination als der tiefen Empfindung. Ich wollte aber Sappho einer wahren Leidenschaft und nicht einer Verwirrung der Phantasie zum Opfer werden lassen. Von allen Kritikern zeigte sich nur Müllner erbost und ungerecht. Es gehört jetzt zum Ton, über den Verfasser der »Schuld« und des »Yngurd« abschätzig zu sprechen. Demungeachtet aber lebt jetzt kein Dichter, der in dem, was Müllner gut gemacht hatte, ihm an die Seite gesetzt werden könnte, so wie er auch der letzte sachkundige Kritiker in Deutschland war.

Schreyvogel stand mit Müllner in Briefwechsel, er schickte ihm die »Sappho« im Manuskript. Da erhalte ich denn ein Schreiben von Müllner, in dem er in den gesteigertsten Ausdrücken seine Billigung des Stückes ausspricht, nur sollte ich den ersten Akt weglassen, meinte er. Ich schrieb ihm, in dem Tone, wie es dem Jüngern gegen den Ältern zukommt, die Gründe, warum mir dieser erste Akt notwendig scheine. Darüber wurde nun der Mann so erbost, daß er in seinem Mitternachtsblatte eine Kritik erscheinen ließ, die über das Stück von Anfang bis zu Ende den Stab brach. Ich hätte nichts gebraucht, als seinen früheren lobenden Brief drucken zu lassen, um ihn durch sich selbst zu widerlegen. Ich tat es nicht, wie ich denn überhaupt auf Kritiken nie geantwortet habe, nicht aus Ängstlichkeit, sondern aus Verachtung.

Der Ertrag meines Stückes war wieder höchst unbedeutend. Die Theater in Deutschland honorierten damals äußerst bettelhaft, ja, ich erinnere mich, daß eine königliche Hofbühne für die »Sappho«, die in ganz Deutschland mit Enthusiasmus aufgenommen und unzählige Male gegeben wurde, mir drei, sage: drei Dukaten bezahlte, welche ich nur darum nicht zurückwies, weil eine Kompensation mit der Forderung eines dortländigen Dichters an das Wiener Hoftheater dabei ins Mittel trat.

Für den Druck des Stückes erhielt ich Anträge von den meisten deutschen Buchhandlungen; ich gab es aber für ein höchst mäßiges Honorar demselben Wiener Buchhändler, der die »Ahnfrau« gedruckt hatte, größtenteils aus einem vaterländischen Gefühle, weil es mich verdroß, daß ein österreichischer Dichter durchaus eine fremde, wenn auch deutsche Protektion nötig haben sollte. Ich tat unrecht, denn die Verbreitung meiner Arbeiten in Deutschland wurde sehr durch die mißliebige Wiener Firma beschränkt und gehemmt.

Nachhaltiger aber wurde unser ökonomischer Zustand durch die Vorsorge der Staatsbehörden verbessert. Graf Stadion, damaliger Finanzminister, dem die Wiener Hoftheater untergeordnet waren, ließ das Burgtheater mit mir einen Kontrakt auf unbestimmte Zeit abschließen, durch den mir, bis ich im Staatsdienste befördert werden könnte, als Theaterdichter ein Gehalt von jährlich 2000 fl. Papiergeld zugesichert wurde. Selbst Fürst Metternich ließ mich zu sich kommen und empfing mich, wobei Hofrat Gentz als dritter gegenwärtig war, aufs freundlichste. Er belobte mich und mein Stück, fragte mich um meine Aussichten und Wünsche und erbot sich, jeden derselben, so weit sein Einfluß reichte, wie er sich höchst bescheiden ausdrückte, zu unterstützen und zu fördern. Ich erzählte, was bereits Graf Stadion für mich getan und daß ich vollkommen zufrieden sei. Überhaupt herrschte damals die günstigste Stimmung für mich in allen Schichten der Gesellschaft. Hätte ich nie etwas anderes geschrieben, als wobei es sich darum handelt, ob Hans die Grete bekommt oder nicht bekommt, ich wäre der Abgott der Staatsgewalten gewesen, kaum aber ging ich über diese engen Verhältnisse hinaus, so fing die Verfolgung von allen Seiten an.

Graf Stadion, einer der ausgezeichnetsten Männer seiner Zeit und mein einziger Gönner und Beschützer unter allen Verhältnissen, legte aber, ohne es zu wissen und zu wollen, zugleich den Grund zu allen späteren Mißständen. Ich diente damals bei der Finanzhofstelle im Zollbüro. Die Idee, mich unter den Zöllnern zu wissen, wie er sich ausdrückte, war ihm unerträglich. Trotz meiner Weigerung bestand er darauf, mich in das Departement zu versetzen, dem nebst den allgemeinen Kassengegenständen die Hoftheater untergeordnet waren, und zwar sollte ich nur in Theatersachen arbeiten. Da fand ich den neuen Chef, dem nicht allein jede Kunstansicht fremd war, sondern der sogar von dem Technischen nicht das geringste verstand, und dabei von so verschmitztem und niedrigem Charakter, daß, nachdem sich einmal die Unverträglichkeit unserer Ansichten herausgestellt hatte, er einen eigentlichen Haß auf mich warf und jede Gelegenheit ergriff, mir zu schaden, was ihm denn auch nur zu gut gelang.

Das erste war, daß er mich mit Schreyvogel zu verfeinden suchte, den er für einen Kunstenthusiasten, das heißt nach seiner Meinung für einen Halbwahnsinnigen hielt. Als wir uns aber über die Lügen und erdichteten Äußerungen, die er uns übereinander mitteilte, verständigten, warf er mich in eine Klasse mit jenem und tat von allem das Gegenteil, was ich ihm riet. Da ich mich nun jeder Mitwirkung nach Möglichkeit entzog und somit ziemlich unbeschäftigt blieb, so kam ich in den Ruf eines nachlässigen Beamten, indes mein früherer Chef im Zolldepartement in Verzweiflung war, mich, als einen seiner brauchbarsten Arbeiter, zu verlieren.

Ich hatte indes den Plan zu einem neuen Stück gefaßt, demselben, das viele Jahre später unter dem Titel »Der Traum ein Leben« auf die Bühne kam. Es ist einem der kleinen Romane von Voltaire entlehnt, was ich so wenig verbergen wollte, daß ich sogar die Eigennamen des Originals beibehielt. Demungeachtet hat es kein Kritiker bemerkt, man liest eben Voltaire nicht mehr, man begnügt sich, über ihn abzuurteilen, ohne ihn zu kennen. Das Stück sollte, da es phantastischer Art war, im Theater an der Wien aufgeführt werden und der Schauspieler Heurteur, der den Jaromir in der Ahnfrau mit soviel Glück gegeben hatte, die Rolle des Rustan spielen. Der Neger Zanga war für Küstner bestimmt, einen talentvollen, aber nach Art der Vorstadttheater etwas grellen Darsteller. An ihm scheiterte aber das Vorhaben. Da er sich auf seine Mimik viel zugute tat, die, die Wahrheit zu sagen, etwas ans Fratzenhafte grenzte, lag er mir unaufhörlich an, den Zanga keinen Schwarzen sein zu lassen, da der schwarze Anstrich ihn eines Haupthebels, seines Spiels beraubte. Mir stand nun aber Zanga als Schwarzer da, wie er denn auch als solcher in der Erzählung vorkommt. Darüber verlor ich die Lust und ließ das Stück mit dem ersten Akte liegen. Nun begab sich aber das Sonderbare, daß Küstner zu seiner bald darauf erfolgten Einnahme ein Stück brachte, dem gleichfalls ein objektivierter Traum zugrunde lag. Ob das Zufall war oder Küstner, der es überhaupt mit der Ehrlichkeit nicht sehr genau nahm, sich nach vagen Erinnerungen ein solches Stück von einem andern Dichter bestellt hatte, weiß ich nicht. Es machte wenig Eindruck, nahm mir aber doch die Lust, an dem meinigen weiterzuarbeiten, da die Neuheit der Sache einmal verloren war.

So viele mir ungewohnte Aufregungen, zugleich die sich immer mehr aufdringende Überzeugung, daß meine rein künstlerischen Ansichten mit einer in Deutschland sich mehr und mehr Platz machenden Ideologie in geradem Widerspruch ständen, so daß auf eine ungetrübte Wirksamkeit nicht zu rechnen sei, griffen meine von Natur schwache Gesundheit bedeutend an. Unsere verbesserten Umstände machten einen von den Ärzten angeratenen Landaufenthalt nunmehr möglich. Wir wählten Baden bei Wien, um so mehr, als meiner Mutter der Gebrauch der dortigen Bäder verordnet worden war. Hier sollte ich, wieder durch den Zufall, den Stoff zu meiner dritten dramatischen Arbeit finden. Wir waren in Baden angekommen, indes unser Gepäck noch zurück war. Das mir bestimmte Zimmer war vom Sohn der Hauswirtin, einem Studenten, bewohnt worden. Da meine Bücher noch nicht angekommen waren, ergriff ich einen von ihm zurückgelassenen Schweinslederband. Es war Hederichs Mythologisches Lexikon. Darin herumblätternd, fiel ich auf den Artikel Medea. Nun wußte ich, wie natürlich, die Geschichte dieser berüchtigten Zauberin sehr wohl, hatte aber die einzelnen Ereignisse in solcher Nähe auf einmal nie vor mir gehabt. Mit derselben Plötzlichkeit wie bei meinen früheren Stoffen gliederte sich mir auch dieser ungeheure, eigentlich größte, den je ein Dichter behandelt. Das Goldene Vließ war mir als ein sinnliches Zeichen des ungerechten Gutes, als eine Art Nibelungenhort, obgleich an einen Nibelungenhort damals niemand dachte, höchst willkommen. Mit Rücksicht auf dieses Symbol, und da mich vor allem der Charakter der Medea und die Art und Weise interessierte, wie sie zu der für eine neuere Anschauungsweise abscheulichen Katastrophe geführt wird, mußten die Ereignisse in drei Abteilungen auseinanderfallen. Also eine Trilogie, obwohl mir die Vorspiele und Nachspiele von jeher zuwider waren. Demungeachtet fühlte ich mich zur Ausführung unwiderstehlich hingezogen und ich gab nach. Ich hatte darin doppelt unrecht. Einmal ist die Trilogie oder überhaupt die Behandlung eines dramatischen Stoffes in mehreren Teilen für sich eine schlechte Form. Das Drama ist eine Gegenwart, es muß alles, was zur Handlung gehört, in sich enthalten. Die Beziehung eines Teiles auf den anderen gibt dem Ganzen etwas Episches, wodurch es vielleicht an Großartigkeit gewinnt, aber an Wirklichkeit und Prägnanz verliert. Die Trilogie des Äschylus ist eine Aneinanderreihung dramatisch unabhängiger Stücke. In den »Choephoren« treten ganz neue Personen auf, und es entlehnt aus dem »Agamemnon« nichts als den ohnehin jedermann bekannten Gattenmord, wie denn auch Sophokles und Euripides beide Elektren ohne Vorstück geschrieben haben. Die »Eumeniden« sind ein athenisch-patriotisches Stück, eine Verherrlichung des Areopags und der Nationalgottheit Athene, so daß das Schicksal Orests gleichsam in den Hintergrund tritt. Der durchgehende Faden verknüpft, ohne zu bedingen. Anders ist es im »Wallenstein«. Das »Lager« ist völlig überflüssig, und die »Piccolomini« sind nur etwas, weil »Wallensteins Tod« darauf folgt. Diese Form ist die fehlerhafte, unbeschadet der Vortrefflichkeit unseres deutschen Meisterwerkes. Außer diesen formellen Bedenken hätte mich auch die Rücksicht auf die Natur meiner poetischen Begabung zurückhalten sollen. In mir nämlich leben zwei völlig abgesonderte Wesen. Ein Dichter von der übergreifendsten, ja sich überstürzenden Phantasie und ein Verstandesmensch der kältesten und zähesten Art. Nun war nicht zu hoffen, daß, meine schwankende Gesundheit in Anschlag gebracht, ich mich durch einen so langen Zeitverlauf, als diese Ausarbeitung voraussetzte, immer auf dem Standpunkte der Anschauung werde erhalten können, und sobald ich zu Reflexion Zuflucht nehmen mußte, war alles verloren. Dabei waren noch gar nicht hemmende und unglückliche Ereignisse in Anschlag gebracht, die in der Folge wirklich eintraten. Ich gab also nach, und wenn ich nicht gleich zur Arbeit schritt, war es nur der Zustand meiner Gesundheit, der sich von Tag zu Tag verschlimmerte. Magen und Eingeweide versagten ihren Dienst, ein heißer Kopf und kalte Füße deuteten auf Krämpfe und eine Verstimmung der Nerven, gegen die der Arzt keinen Rat mehr wußte. Da besuchte mich eines Tages der damalige Prälat von Lilienfeld, spätere Erzbischof von Erlau, Ladislaus Pyrker. Als er meinen Zustand sah, forderte er mich auf, mit ihm nach Gastein zu gehen, wohin er eben ins Bad abreisen wollte. Ich zog den Arzt zu Rate, er billigte das Unternehmen, und zwei Stunden darauf saß ich mit Pyrker im Wagen, und wir zogen nach Gastein. Dieses Bad hat mir damals wahrscheinlich das Leben gerettet. Ich kam gestärkt und wieder arbeitsfähig zurück.

Es ging nun an die Ausführung des »Goldenen Vließes«. Nie habe ich an etwas mit so viel Lust gearbeitet. Vielleicht war es gerade die Ausdehnung und Schwierigkeit der Aufgabe, die mich anzog. Die ersten beiden Abteilungen sollten so barbarisch und romantisch gehalten werden als möglich, gerade um den Unterschied zwischen Kolchis und Griechenland herauszuheben, auf den alles ankam. Ich erhielt mich glücklich auf der Höhe, die ich mir vorgesetzt, und war über die Hälfte der zweiten Abteilung gelangt, so daß ich hoffen konnte, diese baldigst zu vollenden. Aber oben war es anders beschlossen. Während ich mich in Gastein befand, hatte meine Mutter immerfort gekränkelt. Sie hatte ihr achtundvierzigstes Jahr erreicht und befand sich auf dem gefährlichen Punkt, wo die weibliche Natur einen großen Umschwung erleidet. Trotz des Beistandes eines sehr geschickten Arztes verschlimmerte sich ihre Krankheit von Tag zu Tag, sie konnte endlich das Bett nicht mehr verlassen, ja, es stellte sich periodenweise eine eigentliche Geistesverwirrung ein. In diesem Zustande begehrte sie, daß die österliche Zeit heranrückte, aufzustehen und zur Kommunion zu gehen, obschon sie sonst gerade nicht sehr religiös gestimmt war. Auf mein Befragen erklärte der Arzt, daß von einem Selbstbesuch der Kirche für sie durchaus nicht die Rede sein könne, ja, selbst die Kommunion im Hause schien ihm wegen der damit verbundenen Aufregung bedenklich, um so mehr, als an eine nahe bevorstehende Todesgefahr gar nicht zu denken sei. Sie könnte, meinte er, sich und andern zur Qual in ihrem gegenwärtigen Zustande noch mehrere Jahre leben. Um sie zu beruhigen, versprach ich ihr, nächsten Tages den Priester mit dem Allerheiligsten holen zu lassen, indem ich hoffte, daß bis dahin sich ihre Besinnung wiederhergestellt haben werde. Und so legte ich mich zu Bette. Nach Mitternacht gegen Morgen wurde ich durch ein Klopfen an meine Türe aufgeweckt. Es war die Magd, die neben der Köchin eigens zur Pflege der Kranken aufgenommen worden war. Sie bat mich um Gottes willen, hinüberzukommen, da die gnädige Frau durchaus nicht ins Bett zurückgehen wolle. Ich eilte ins Zimmer meiner Mutter und fand diese halb angekleidet an der Wand zu Häupten ihres Bettes stehend. Ich beschwor sie, sich keiner Verkältung auszusetzen und sich wieder niederzulegen, erhielt aber keine Antwort. Ich faßte sie an, um allenfalls ihrer Schwäche nachzuhelfen, da, bei dem Scheine des von der Magd gehaltenen Lichtes, sehe ich ihre Züge starr und leblos. Ich hielt meine Mutter tot in meinen Armen. Wahrscheinlich war ihr während der Nacht der Gedanke wiedergekommen, in die Kirche zur Kommunion zu gehen. Während sie sich ankleiden wollte, traf sie ein Schlagfluß, wobei ihr Rücken gegen die Mauer lehnte, während ihre Knie sich gegen den vor ihr stehenden Nachttisch stemmten, so daß sie aufrecht im Tode dastand. Das Entsetzen dieses Momentes läßt sich begreifen. Da aber vielleicht noch Hilfe möglich sein konnte, befahl ich den Mägden, die Frau ins Bette zu bringen, und eilte augenblicklich fort nach dem Arzte, der mir auch ebenso schnell folgte.

Als wir kamen, hatten sich die dummen Weibsbilder nicht getraut, die Tote anzufassen, und sie stand noch immer neben ihrem Bette. Wir brachten sie in dieses, wobei aber sogleich der Arzt erklärte, daß hier von einer Hilfe keine Rede mehr sei. Was ich empfand, könnte nur derjenige beurteilen, der das, ich möchte sagen, Idyllische unseres Zusammenlebens gesehen hätte. Seit ich nach dem Versiegen ihrer eigenen Hilfsquellen allein die Bedürfnisse des Hauses bestritt, vereinigte sich für sie in mir der Sohn und der Gatte. Sie hatte keinen Willen als den meinigen, mir fiel aber auch nicht ein, einen Willen zu haben, der nicht der ihrige gewesen wäre. Alles Äußere überließ ich ihr blindlings, wogegen sie sich aber auch alles Einmengens in meine Gedanken, Empfindungen, Arbeiten und Überzeugungen gleicherweise enthielt. Sie hatte nach der Art der weiblichen Zeitgenossen ihrer Jugend wenig sogenannte Bildung, von Lernen besonders war damals bei dem weiblichen Geschlechte wenig die Rede, aber nach dem Künstlerischen ihrer musikalischen Natur fehlte es ihr nicht an Sinn für jedes, und sie konnte in alles eingehen, wenn sie's auch nicht verstand. Aus unserm Zusammenleben konnte ich abnehmen, daß ein eheliches Verhältnis meinem Wesen gar nicht entgegengesetzt war, obwohl ein solches Verhältnis sich nicht gefunden hat. Es liegt etwas Rekonziliantes und Nachgiebiges in mir, das sich nur gar zu gern selbst der Leitung anderer überläßt, aber immerwährende Störungen oder Eingriffe in mein Inneres dulde ich nicht, kann ich nicht ertragen, wenn ich auch wollte. Ich hätte müssen allein sein können in einer Ehe, indem ich vergessen hätte, daß meine Frau ein anders sei, meinen Anteil an dem wechselseitigen Aufgeben des Störenden hätte ich herzlich gern beigetragen. Aber eigentlich zu zweien zu sein, verbot mir das Einsame meines Wesens. Einmal schien ein solches Verhältnis sich gestalten zu wollen, es ward aber gestört, weiß Gott, ohne meine Schuld.

Die, wenigstens für mich, gräßlichen Umstände bei dem Tode meiner Mutter griffen meine Gesundheit aufs feindseligste an. Die Ärzte rieten zu einer augenblicklichen Entfernung von Wien. Die frühe Jahreszeit, es war im Monat März, erlaubte einen Landaufenthalt nicht; also eine Reise; aber wohin? Italien stand mir zwar von jeher lockend da, aber die Reise eines Beamten ins Ausland brauchte damals so viele Vorbereitungen. Es mußte ein Vortrag an den Kaiser oder dessen Stellvertreter erstattet werden, und erst nach erlangter höchster Genehmigung wurde der erforderliche Paß ausgefertigt. Auch waren die Reisegelegenheiten damals nicht so organisiert wie gegenwärtig. Extrapost zu nehmen erlaubten meine Geldmittel nicht, selbst Eilwagen gab es nicht, alle übrigen Transportmittel waren eher gesundheitzerstörend als heilend. Da erscheint mein Vetter und Freund Paumgartten und sagt mir: Ein Graf Deym wollte mit eigenem Wagen und Extrapost nach Italien reisen und suche einen Gefährten auf halbe Kosten.

Es war nämlich in demselben Jahre (1819) der Kaiser von Österreich mit Frau und einem beträchtlichen Gefolge nach Rom und Neapel gereist, auch schon an ersterem Orte angelangt. Graf Deym war kaiserlicher Kämmerer und hielt für seine Pflicht, seinem Herrn in der Fremde aufzuwarten, wohl auch seine Dienste anzubieten. Man beschrieb mir den Mann als wunderlich, aber gutmütig; so war er auch. Die fehlende kaiserliche Genehmigung zu meiner Reise erbot sich der Finanzminister Graf Stadion dadurch zu ersetzen, daß er mir auf eigene Verantwortung die Erlaubnis erteilte; mit dieser sollte ich einen Passierschein der Wiener Polizei erheben, der förmliche Paß würde mir später nachgesendet werden. Der Wiener Polizeidirektor gab mir auf Grundlage der Erlaubnis des Grafen Stadion einen Passierschein für das Inland und einen versiegelten Brief, infolgedessen man mir in jeder Provinzialhauptstadt einen Reisepaß ins Ausland ausfertigen würde. Mein Entschluß war gefaßt, ich begab mich mit Graf Deym auf den Weg. In Graz übergab ich meinen versiegelten Brief der dortigen Polizeidirektion, man erbrach ihn, las ihn und gab mir ihn neu versiegelt wieder, indem man mir sagte, in Laibach würde ich sicher einen Reisepaß bekommen. In Laibach dasselbe Manöver. In Triest begnügte man sich nicht einmal damit, sondern die Polizei war sogar so gefällig, uns zur Mietung eines Handelstrabaccolo zur Reise nach Venedig behilflich zu sein, dessen Gouverneur, wie man sagte, die Macht hätte, mir einen Paß fürs Ausland auszufertigen. Ich war also noch immer in Gefahr, an der Grenze wieder umkehren zu müssen.

Befanden sich die Kommunikationsmittel zu Lande für einen Reisenden, der Eile hatte, damals in einem üblen Zustande, so war es mit den Gelegenheiten zur See noch schlimmer. Man hatte gerade in jenem Jahre ein Dampfboot in Triest eingerichtet, das aber nur ein- oder zweimal die Woche nach Venedig abging und gerade am Tage unserer Ankunft dahin abgegangen war. Wir mußten uns daher in das kleine Handelstrabaccolo einpferchen lassen, das von Käse und Tran stank, um schon am Lande Übelkeiten zu erregen. Ein Beamter der Polizei begleitete uns auf das Fahrzeug, ich weiß nicht, ob aus Gefälligkeit oder zur Überwachung. Ich möchte wohl wissen, was in dem versiegelten Briefe des Wiener Polizeidirektors gestanden hat.

Unsere Überfahrt war teils durch die Unbequemlichkeit unserer Barke, teils durch abwechselnde Windstillen und widrige Winde beinahe unleidlich. Wir brauchten von Triest nach Venedig, ein Zwischenraum, den man mit dem Dampfboote in wenigen Stunden zurücklegt, zwei volle Tage. Zugleich quälten mich die Anfänge der Seekrankheit, ein Leiden, das mir immer um so unerträglicher war, da meiner Körperbeschaffenheit die natürliche Erleichterung als Heilmittel versagt ist.

Ich kam halb krank in Venedig an, was mich aber nicht hinderte, die wundervolle Stadt, diese versteinerte Geschichte, mit all ihrem Zauber in mich aufzunehmen. Auch für den Rest meiner Reise sollte hier gesorgt werden, da der Gouverneur von Venedig, Graf Goes, ein liebenswürdiger, menschenfreundlicher Mann, sich bereit erklärte, mir meinen Paß auszufertigen, was auch geschah. Er lud uns wiederholt zu Tische, ja, er erbot sich sogar, mir die Bekanntschaft von Lord Byron zu verschaffen, der sich damals eben in Venedig befand. Er wollte ihn über den dritten Tag zu sich laden, da die andern Tage mit offiziösen Diners besetzt waren. Unter allen andern Umständen, sagte er, würde Lord Byron die Einladung ausschlagen, aber eben jetzt ist er mir großen Dank schuldig, weil ich ihn in der Entführungsgeschichte mit jener Bäkkersfrau vor der Wut des Pöbels geschützt habe. Er wird kommen, freilich so wenig als möglich sprechen, aber Sie werden ihn wenigstens sehen, und wer weiß, ob Sie ihm nicht denn doch Rede abgewinnen. Nun hatte ich Lord Byron gewissermaßen schon gesehen, im Theater nämlich. Da setzte er sich aber geflissentlich in den Schatten der Logenwand, so daß mein schlechtes, obgleich bewaffnetes Auge von ihm nichts unterscheiden konnte, als daß er beleibter war, als ich mir ihn vorgestellt hatte. Das Anerbieten des Grafen Goes setzte mich in große Verlegenheit. Einerseits hätte ich alles darum gegeben, mit Lord Byron beisammen zu sein, andererseits rückte die Osterwoche heran, und die kirchlichen Feierlichkeiten in Rom ließen sich nicht nachtragen. Da nun zugleich mein Reisegefährte wenig Lust hatte, um Lord Byrons willen die Osterzeremonien zu versäumen, so mußte ich auf die interessante Bekanntschaft Verzicht leisten, und wir reisten desselben Abends ab. Noch erinnere ich mich des zauberischen Eindrucks, als bei Rovigo die Sonne aufging und, indes wir uns auf dem Wege durch Kärnten und Krain mit Schnee und Eis herumgeschlagen, in Venedig aber nichts als zeitlose Steine und Mauern gesehen hatten, mit einem Male der

Frühling mit Blättern und Blüten vor uns stand. Dieser Frühling hinderte aber nicht, daß, als wir nachts die Apenninen passierten, wir eine Kälte ausstanden, wie ich sie im Leben nie mehr empfunden habe. Ja, diese Kälte verschafft mir den ersten und einzigen Rausch meines Lebens. Wir reisten Tag und Nacht, trotz der Warnungen vor Räubern, ja selbst der Widersetzlichkeit der Postillione. In Radicofani aber war es durchaus nicht möglich, weiterzukommen, und wir beschlossen zu übernachten. Auf die Frage des Wirtes, welchen Wein wir trinken wollten, überließen wir ihm die Wahl, und er brachte uns zwei Sorten: Montefiascone und Lacrimae Christi in den bekannten welschen großen Korbflaschen, wo man denn nach Maßgabe des entstandenen leeren Raumes bei der Zeche bezahlt. Wir versuchten die beiden Gattungen, fanden sie beide vortrefflich und tranken am Kaminfeuer bis in die Nacht, ohne daß ich auch nur die geringste Anmahnung einer Befangenheit des Kopfes verspürt hätte. Als ich aber, dem Cameriere nach meinem Schlafzimmer folgend, den kalten Gang betrat, verlor ich augenblicklich die Besinnung, ging aber nichtsdestoweniger mechanisch hinter ihm her, ohne daß er, wie es scheint, nur das geringste von meinem Zustand bemerkte. Des anderen Morgens fand ich mich unausgekleidet auf meinem Bette, das Licht im Leuchter bis zu Ende herabgebrannt, übrigens aber ohne Kopfweh und vollkommen reiserüstig. Wir kamen denn auch am Donnerstag vor Ostern in Rom an, so daß die Feierlichkeiten des Mittwochs bereits versäumt waren. Diese Feierlichkeiten sind jedermann aus tausend Beschreibungen bekannt. Das wunderbare Miserere von Allegri, durch die herrlichsten Stimmen ausgeführt, wobei man mit theatralischer Kunst den Zeitpunkt abwartet, wo die Sixtinische Kapelle mit Michelangelos Meisterwerken sich schon in Dunkelheit zu hüllen anfängt und nun aus dem allein erleuchteten Chor die Töne wie aus dem Himmel herabsteigen, die Fußwaschung, die Pontifikalmesse mit dem Segen des Papstes, dazu der Drang, in den freien Zwischenzeiten die Gemälde und Antiken bis zu näherer Betrachtung wenigstens zu durchkosten, das alles, verbunden mit den Beschwerden der übereilten Reise und den vorhergegangenen erschütternden Ereignissen, machten auf mich einen Eindruck, der allenfalls einen Schlagfluß begreiflich gemacht hätte. In den Antikensälen des Vatikans befiel mich eine Übelkeit, so daß ich den Antrag eines Beamten der Wiener Staatskanzlei annehmen mußte, mich in seiner (natürlich päpstlichen) Equipage nach Hause zu bringen. Demungeachtet konnte ich meinem Eifer keine Grenzen setzen. Von morgens bis abends in den Galerien oder auf antiquarischen Exkursionen, und zwar letztere zu Fuße, da meine angeborene Abneigung zu fahren noch dadurch unterstützt wurde, daß sämtliche Fahrgelegenheiten von den durch die Anwesenheit des österreichischen Hofes in Unzahl herbeigezogenen Fremden in Beschlag gelegt waren. So ging ich denn unermüdet in der schon heiß gewordenen Jahreszeit, und immer allein, da ich mit meinem Reisegefährten schon halb zerfallen war. Er beanspruchte eine Gemeinschaftlichkeit der Exkursionen, wobei er aber landwirtschaftliche und gewerbliche Zwecke im Auge hatte, was sich mit meinem künstlerischen Heißhunger nicht vereinbaren ließ. Den deutschen Künstlern mich zu nähern, hielt mich aber der Widerwille von einer damals unter ihnen herrschenden affektierten Richtung ab, zufolge welcher sie in mittelalterlicher Tracht herumgingen und auch in ihren Werken einer abgeschmackten Nürnbergerei nachhingen, obwohl, wie sich in der Folge zeigte, nicht alle, und unter den Bessern mit spätern lobenswerten Bekehrungen. Den Ausschlag gab eine Wanderung zum Grabmale der Cäcilia Metella in der größten Tageshitze. Ich bekam den Durchfall. Indem ich ihn mit aus Deutschland gewohnten Mitteln bekämpfen wollte und eine Flasche Bordeaux trank, vermehrte sich das Übel. Ich wohnte in der Strada Fratina bei einem der größten Schurken von Rom, einem Advokaten, der einmal sogar den Wagen meines sorglosen Reisegefährten verkaufen wollte, ja, ihn schon wirklich verkauft hatte, so daß nur, weil er auch den Käufer, einen Engländer, betrügen wollte und vor Übergabe des Wagens den abgemachten Preis steigerte, der Betrug an den Tag kam und ich durch die Drohung, die Sache vor den Fürsten Metternich zu bringen, den Kauf rückgängig machte. Ganz das Gegenteil des Hausherrn waren seine Frau und seine Tochter Dudurina (ein Name, den ich fruchtlos versucht habe, auf eine Kalenderheilige zurückzubringen). Sie saßen ganze Tage lang bei mir und unterhielten mich mit Gesprächen, wobei denn freilich ein Hauptthema war, wie viele Deutsche in Rom schon am Durchfall und am römischen Fieber gestorben seien. Das Fieber ließ auch bei mir nicht auf sich warten. Da drangen sie mir endlich ihren Hausarzt auf, einen Don Bucciolotto, eine Karikatur, wie sie bei Goldoni vorkommen, in Perücke, Staatskleid und ellenlangen Manschetten, offenbar denselben, dessen sich, wie ich später gefunden habe, auch Kotzebue bei seinem Aufenthalte in Rom bedient hat. Er verschrieb mir eine Mixtur in einer ziemlich bedeutenden Flasche. Als ich ihn fragte, wieviel Löffel ich davon auf einmal nehmen sollte, antwortete er mit Gebärde: Il tutto. Ich nahm also diesen Trank im eigentlichsten Verstande, das Übel wurde aber nicht besser, so daß mir die Idee, nicht mehr aus Rom herauszukommen, schon ziemlich geläufig wurde. Da fiel mir ein, daß sowohl der anwesende Kaiser von Österreich als Fürst Metternich gewiß deutsche Ärzte bei sich hätten, die meine nordische Natur besser verstehen möchten als mein marktschreierischer Dulcamara. Vom Kaiser wußte ich, daß ihn sein Leibarzt Staatsrat Stifft begleitete, der aber, unbeschadet seiner übrigen Eigenschaften, als praktischer Arzt eines sehr geringen Vertrauens genoß. Es kam also darauf an, den ärztlichen Begleiter des Fürsten Metternich herauszubringen. Zufällig hatte ich erfahren, daß Friedrich Schlegel, den der Fürst in der getäuschten Hoffnung mitgenommen hatte, daß er etwas Literarisches über diese Reise veröffentlichen werde, in meiner Nähe wohnte. Ich hatte den Mann in Wien nie kennengelernt, ja war seiner Bekanntschaft ausgewichen, da mir seine Art und Weise widerlich war. Nun machte ich aus der Not eine Tugend und besuchte ihn, was er sehr gut für einen seiner Zelebrität dargebrachten Zoll aufnehmen konnte. Es war gegen Abend und ich fand ihn und seine Frau in Gesellschaft eines welschen Geistlichen, der ihnen aus einem Gebet- oder sonstigen Erbauungsbuche vorlas, wobei die Frau mit gefalteten Händen zuhörte, der Gatte aber mit gottseligen Augen der Lesung folgte, indes er aus einer vor ihm stehenden Schüssel mit Schinken und einer großen Korbflasche Wein seinen animalischen Teil »erfrischte«. Den Geistlichen vertrieb bald meine weltliche Nähe. In dem darauffolgenden Gespräche ward es mir leicht, herauszubringen, daß Fürst Metternich den berühmten Augenarzt und auch in den übrigen Zweigen der Medizin mit Recht hochgeschätzten Doktor Friedrich Jäger in seinem Gefolge habe. Ich begab mich des andern Tages zu ihm. Er empfing mich mit gewohnter Liebenswürdigkeit, und mit einer einzigen Arzenei milderte und hob er bei kurzem Gebrauche das Übel, an dem die Kunst seines römischen Kollegen gescheitert war. Ich war in der Besserung begriffen, als mich ein Bedienter des Grafen Wurmbrand, Obersthofmeisters der Kaiserin, aufsuchte und aufforderte, mich zu seinem Herrn zu verfügen. Ich ging hin, fand den gutmütigsten und herzlichsten Mann in dem Grafen, und es zeigte sich bald die Ursache meiner Berufung. Mein Vetter Ferdinand Paumgartten, der in Wien zurückgeblieben war und nebst seiner Stelle im Kabinett des Kaisers auch die Dienste eines Sekretärs der Kaiserin besorgt, hatte in der Zwischenzeit meinen von den heimischen Behörden ausgefertigten Reisepaß behoben, und da er meine Wohnung in Rom nicht wußte, das Dokument an seinen Vorgesetzten, den Obersthofmeister der

Kaiserin, gesendet mit der Bitte, mich in Rom aufzusuchen und mir den Paß zustellen zu lassen. Das geschah nun, und wir sprachen über dies und jenes. Der Graf bemerkte mein übles Aussehen, erfuhr die Ursache und meinte, ich sollte mich sobald als möglich von Rom entfernen, besonders da die aria cattiva sich bereits fühlbar mache. Ich war derselben Meinung, mußte aber notgedrungen ausharren, da bei der nächst bevorstehenden Abreise des österreichischen Hofes nach Neapel alle Postpferde für ihn in Bereitschaft gehalten wurden, sämtliche Vetturinis aber bereits abgezogen waren, da die Fremden, welche die Anwesenheit des Hofes nach Rom gezogen hatte, die Empfangsfeierlichkeiten in Neapel nicht versäumen wollten. Als ich ihm das erklärte, versetzte der Graf: »Ich mache Ihnen einen Vorschlag. Ich fahre in einer vierspännigen Kalesche allein im Gefolge des Kaisers und langweile mich. Wollen Sie einen Platz an meiner Seite bis Neapel annehmen, so machen Sie mir eine Freude. Die Verantwortung gegenüber des Hofes nehme ich auf mich.« Der Antrag war lockend, der Graf gefiel mir sehr wohl und ich willigte mit Dank ein. Und so fuhr ich am zweiten Tage in einer prächtigen Equipage von Rom ab und langte unter Glockengeläute und Kanonendonner in Neapel an. Hier angekommen, begleitete ich den Grafen in seine Wohnung im Albergo Reale, wo eine Reihe von Prachtzimmern auf Kosten des Hofes von Neapel für ihn in Bereitschaft standen. Als ich Abschied nehmen wollte, fragte er mich: »Was werden Sie nun anfangen?« »Wohnung suchen«, war meine natürliche Antwort. »Jetzt, bei einbrechender Nacht?« versetzte er. »Glauben Sie nicht, daß die Fremden, die Ihnen in Rom die Pferde weggenommen haben, es in Neapel mit den Wohnungen nicht ebenso gemacht haben werden? Bleiben Sie über Nacht bei mir, morgen haben Sie den ganzen Tag, um nach Bequemlichkeit Quartier zu suchen.« Dagegen ließ sich nun wieder nichts einwenden, und ich blieb. Des andern Tages frühstückten wir zusammen, und da kam denn ein neuer Vorschlag. »Sie sehen«, sagte er, »die Reihe von Zimmern, die man mir bereitet hat und ich nicht einmal benützen kann, da mich mein Dienst den ganzen Tag bei Hofe festhält; bewohnen Sie eines davon, und wenn Sie glauben, daß darin eine Gefälligkeit von meiner Seite liegt, so erweisen Sie mir eine zweite und helfen Sie mir, die Rechnungen der Kaiserin in Ordnung zu halten.« Diese Rechnungen waren das Einfachste von der Welt und bestanden nur darin, die Almosen und Trinkgelder, die der Graf für die Kaiserin bestritt, am Ende der Woche in eine Summe zu bringen, ein Geschäft, das kaum mehr als zehn Minuten in Anspruch nahm, demungeachtet aber den Grafen, der ein schlechter Rechenmeister war, nicht wenig beirrte. Ich bin weit entfernt zu glauben, daß der vortreffliche Mann bei seiner Güte für mich ursprünglich eine Nebenabsicht hatte, später mochte aber eine solche Rücksicht doch mitgewirkt haben. Ein anderer an meiner Stelle, oder vielmehr ich in der meinigen, wenn ich mir die Sache genauer überlegt hätte, würde nicht eingewilligt haben, aber mein natürlicher Widerwille gegen alle häuslichen Weitläufigkeiten und dazu die Erfahrung von dem Schmutz der italienischen Wohnungen und der Spitzbüberei der Hauswirte, verleiteten mich zur Annahme, und doch lag darin, wie sich später zeigen wird, die Quelle von allen Mißgeschicken, die mich seitdem so reichlich betroffen haben. Wir wirtschafteten übrigens sehr gut zusammen, frühstückten gemeinschaftlich und sahen uns den übrigen Teil des Tages nicht mehr, so daß mich nichts an meinen Exkursionen hinderte, die ich teils allein in Neapel und den Galerien, teils in der Umgegend gemeinschaftlich mit einigen Landsleuten machte, die ich schon in Rom getroffen und mit denen ich eine Weiterreise nach Sizilien verabredet hatte. Letztere Reise wurde übrigens dadurch vereitelt, daß wie in Rom die Malaria, so in Neapel die Hitze und der Schirokko mir gewaltig zusetzten. Ein dänischer Arzt, den ich zu Rate zog (die italienischen waren mir verleidet worden), erklärte bei der vorgerückten Jahreszeit die Beschwerlichkeit einer Reise in Sizilien als geradezu verderblich für mich. Ich begleitete daher meine Landsleute mit schwerem Herzen bis zum Schiffe und blieb selbst in Neapel zurück.

Ich habe vorher gesagt, daß Graf Wurmbrand keine Nebenabsicht in bezug auf mich gehabt habe, muß aber dem zum Teil widersprechen, nur war es eine äußerst wohlwollende, nach seiner Meinung auf meinen Nutzen gerichtete Nebenabsicht. Er zeigte nämlich ein immerwährendes Bestreben, mich in die Nähe seiner Gebieterin, der Kaiserin von Österreich, zu bringen. Er sagte mir wiederholt und oft: »Die Kaiserin wird morgen da oder dorthin kommen, gehen Sie eben dahin, ich weiß, daß es ihr angenehm sein wird, mit Ihnen zusammenzukommen.« Nun lag es aber gar nicht in meinen Wünschen, in irgendein Verhältnis zum Hofe zu kommen. Die Kaiserin, eine der vortrefflichsten und gebildetsten Frauen, war zugleich wegen der Strenge ihrer religiösen Überzeugungen bekannt, indes meine eigene Religiosität sich nicht sehr in den kirchlichen Formen bewegte. Jede Annäherung oder irgend ausgesprochene Gunst hätte mir bei meinen künftigen Arbeiten die Rücksicht aufgedrungen, ob ich damit nicht gegen die Ansichten hoher Gönner verstieße. Zugleich hatte sich im Gefolge des Kaisers die Meinung verbreitet, ich würde Sekretär der Kaiserin werden, ja, ich sei es vielleicht schon gar. Nun versah aber dieses Sekretariat, mit Vermehrung seines Einkommens, mein nächster Verwandter und damaliger bester Freund. Ich hätte daher vor allem diesen ausstechen müssen, was mir natürlich so fern als möglich lag. Auf alle Aufforderungen des Grafen Wurmbrand wiederholte ich daher immer: Wenn die Kaiserin mich eines Gespräches würdigen will, braucht sie mir nur Tag und Stunde zu bestimmen, mich aber aufzudringen oder durch eine Hintertüre einer solchen Ehre teilhaftig zu werden, widerspricht meinen Grundsätzen. So habe ich die hohe Frau, als deren einstiger Sekretär ich in den Konservationslexika erscheine, während der ganzen Reise nicht ein einziges Mal auch nur gesehen. Begegnet einmal, aber auch da nicht gesehen. Ich machte nämlich mit meinen Landsleuten und projektierten sizilianischen Reisegefährten eine Exkursion nach dem Vesuv, der dem österreichischen Hofe die Ehre antat, einen seiner beträchtlichen Ausbrüche zum besten zu geben. Nach einem lustigen und luxuriösen Mittagsmahle in Portici, es gehörte nämlich zur Gesellschaft ein junger Fürst Esterhazy und ein Graf Karoly mit ihren Begleitern nebst dem damaligen Hauptmann, jetzigen Feldzeugmeister Wocher, durch welch letztern ich mit den übrigen zusammenhing; also nach Tische, mehr als heiter gestimmt, machten wir uns zu Esel auf den Weg, um bei einbrechender Nacht die Spitze zu erreichen. Mein Saumtier war das trägste von allen, und nur schwer gelang es mir, es durch Stockschläge in Trott zu bringen, wo es denn nun aber auch allen andern vorauslief. In der Nähe der Einsiedlerwohnung kommt uns eine Kavalkade von einigen verschleierten Damen mit Begleitung entgegen. Aus der Livree der Bedienten merke ich, daß es die Kaiserin von Österreich sei. Ich suchte nun vor allem meinen dahinstürmenden Esel zum Stehen oder wenigstens aus der Mitte des Weges zu bringen, welches letztere mir aber nur so gelang, daß er sich neben den Weg mit dem Kopf nach außen stellte, so daß die hohe Frau an unseren beiderseitigen Rücken vorbeireiten mußte und ich nur den Hut abziehen, sie aber nicht sehen konnte.

Auch Fürst Metternich erwies mir die Ehre, mich zu Tische zu laden. Ich erwähne dies nur um eines dabei vorkommenden merkwürdigen Umstandes willen. Der Fürst war liebenswürdig wie immer, nach Tische beim Kaffee aber rezitierte er mit Begeisterung aus dem Gedächtnisse den damals erschienenen und mir noch unbekannten vierten Gesang von Lord Byrons »Childe Harold« in englischer Sprache vom Anfang bis zu Ende, wobei ihm nur seine anwesende Tochter, die seitdem verstorbene Gräfin Joseph Esterhazy, eben auch aus dem Gedächtnis bei einzelnen Anständen soufflierte. Es waren außer der Gräfin Esterhazy nur ihr nunmehr auch verstorbener Gemahl und Doktor Friedrich Jäger zugegen, welch letzterer die Wahrheit meiner Angaben bezeugen kann.

Nach Vereitelung meiner Projekte nach Sizilien schickte ich mich zur Abreise von Neapel an, da, als ich eines Abends in unsere Wohnung im Albergo Reale zurückkehre, finde ich den Platz vor dem Hause mit Menschen bedeckt. Ich frage und erfahre, daß der Obersthofmeister der Kaiserin von Österreich, der seinen Hof auf das englische Admiralschiff im Hafen geleitet hatte, indem er einen durch die Schiffsluken reichenden lackierten Luftschlauch für einen Mastbaum nahm, bei zu starker Annäherung in den untersten Schiffsraum hinabgestürzt und nur durch die Reibung der Wände des Schlauches vor völliger Zerschmetterung bewahrt worden sei. Schwer beschädigt habe man ihn eben in seine Wohnung gebracht. Ich eile hinauf, finde den Grafen unter den Händen der italienischen Wundärzte, wo er mir denn traurig, aber nicht kleinmütig die Hand reicht und, als ehemaliger Militär, von der Sache als einer wenig bedeutenden spricht. Die königlichen Wundärzte waren derselben Meinung. Es sei kein Knochenbruch vorhanden, und in acht bis zehn Tagen werde der Patient das Bett verlassen können. Des andern Morgens rückt der Graf mit einem Anliegen hervor. Der Hof werde in einigen Tagen von Neapel abreisen; krank, in einem fremden Lande, mit zwei Bedienten, von denen keiner ein Wort Italienisch verstehe, zurückzubleiben, sei ihm unerträglich. Ob ich mich entschließen könne, meine eigene Abreise aufzuschieben und die kurze Zeit bei ihm auszuhalten, bis er wieder transportabel sei; er würde mich dann zurückbringen, bis wo er wieder mit dem Hofe zusammentreffe, wo ich dann Herr meiner weitern Bestimmungen sei. Ich hatte den Mann liebgewonnen, war durch sein Wohlwollen zu Dank verpflichtet, es handelte sich nur um acht oder zehn Tage, ich willigte daher ein, obgleich unter einer Bedingung. Mein Urlaub als Beamter der Finanzhofstelle ging zu Ende. Eine Verlängerung ansuchen wollte ich nicht, da ich schon dem Dienstrange nach der nächste zu einer bald bevorstehenden Beförderung war. Ich erklärte daher, daß, wenn Seine Majestät der Kaiser mich zu bleiben autorisiere und daher selbst meinen Urlaub verlängere, ich allerdings bei ihm aushalten wolle. Ich erhielt demnach eine Zuschrift von dem Oberstkämmerer und Reisemarschall Grafen Wrbna, nach deren Inhalt Seine Majestät meinen Antrag, bei dem kranken Grafen Wurmbrand zurückzubleiben, mit höchster Billigung annahm; wegen Verlängerung meines Urlaubes ergehe unter einem das Nötige an die Finanzhofstelle. Kaum war dies aber geschehen und der Hof abgereist, so änderte sich die Lage der Dinge. Gleich nach dem Unglücksfalle war ein Stabsarzt von Mailand verschrieben worden. Er kam an, verwarf die Behandlungsart der italienischen Ärzte, da ein Knochenbruch wirklich vorhanden sei, worin er, wie der Erfolg zeigte, vollkommen recht hatte. Während die Ärzte stritten und der österreichische Militärchirurg unabänderlich sein System befolgte, verstrich die Zeit, statt einer Woche mußte ich drei oder vier Wochen in Neapel bleiben, da der Graf mich durchaus nicht von sich lassen wollte, während welcher Zeit ich mit Ausnahme der Wohnung durchaus auf eigene Kosten lebte. Der Graf meinte nämlich, der Hof werde mir meine Auslagen vergüten; als ich aber in der Folge in Wien davon nur Erwähnung machte, meinte man, ich solle die Quittungen der Gastwirte beibringen, bei denen ich zu Mittag und zu Abend gegessen hatte, so daß ich die Sache mit Ekel fallen ließ. Als Graf Wurmbrand endlich die Rückreise antreten konnte, war, wie früher mein Urlaub, so jetzt mein Reisegeld zu Ende, und ich mußte notgedrungen seinen Antrag annehmen, mich bis nach Wien zurückzubringen. Wir kamen nach Rom, wo der Graf im Quirinal einquartiert wurde, und er, um mich bei sich zu behalten, mich, wie ich später erfuhr, allerdings für den Sekretär der Kaiserin ausgab. Ich erhielt demzufolge ein artiges Appartement von mehreren Gemächern, päpstliche Equipage nebst Bedienten und einen Abbate, der im Kriegsdepartement angestellt war, zur Begleitung. Da ereignete sich denn ein komischer Auftritt. In meine Zimmer angekommen, warf ich die Kleider von mir und wusch Gesicht und Hände aufs nachdrücklichste. Unterdessen war der Staatssekretär Kardinal Consalvi angekommen, um den Obersthofmeister der Kaiserin zu komplimentieren, er erfuhr, daß der Sekretär Ihrer Majestät in dessen Begleitung sei und wollte auch diesem alle Höflichkeit erweisen. Plötzlich öffnen sich die Türen meines Zimmers, päpstliche Bediente reißen die Flügel auf, und Kardinal Consalvi tritt ein. Ich streife die aufgestreckten Hemdärmel herab und eile auf meinen Rock zu, den ich neben der Türe auf einen Stuhl niedergelegt hatte. Kardinal Consalvi bemerkt die Bewegung, ergreift meinen Rock und präsentiert ihn mir, eine Ehre, die wohl wenigen Menschen widerfahren ist. Eine zweite Ehre erfuhr mir infolge meiner angemaßten Würde am Peter-und-Paul-Feste in der Peterskirche. Dem Grafen war für die Pontifikalmesse ein eigenes Oratorium angewiesen worden. Am Tage selbst fühlte er Schmerzen in seinem kaum geheilten Fuße, und er forderte mich daher auf, allein das Oratorium zu benützen. Der alte Papst Pius VII., der von diesem Ausbleiben des Grafen nichts wußte, nahm mich für ihn, blieb im Vorbeigehen beim Oratorium stehen und erteilte mir einen Spezialsegen in aller Form.

Dafür sollte ich aber auch für einen Mangel an kirchlicher Pietät empfindlich gestraft werden. Bei meinem ersten Aufenthalt in Rom hatte mir der österreichische Gesandte Fürst Kaunitz, der mich samt seiner Familie aufs liebenswürdigste empfing, angetragen, mich mit mehreren anderen Landsleuten dem Papste vorzustellen. Ich war immer ein Feind solcher leerer Schaustellungen, besonders aber, wie ich gestehen muß, schreckte mich die damit verbundene Verbindlichkeit des Handkusses zurück. Ich lehnte daher ab und sollte jetzt bestraft werden. Indem ich zum letzten Male die Peterskirche besehen wollte, begegne ich einem Grafen Schaffgotsche, einem innerlich und äußerlich wohlbeschaffenen, liebenswürdigen schlesischen Edelmann. Als Katholik in einem großenteils protestantischen Lande war er dem Papste vorzugsweise interessant, und er hatte daher schon mehrere Male Unterredungen mit ihm gehabt. Jetzt trug er ein großes Paket unter dem Arme. Es waren Rosenkränze, die er gekauft und der Papst ihm zu segnen versprochen hatte. Mir fiel ein, daß ich mehrere meiner weiblichen Bekannten durch solche Rosenkränze sehr erfreuen könnte. Der Laden, wo sie feilstanden, war in der Nähe, ich kaufte daher auch eine ziemliche Anzahl und begab mich mit Graf Schaffgotsche in den Vatikan. Er wurde überall eingelassen, und wir gelangten in die inneren Gänge, wo wir uns aufstellen und unsere Rosenkränze auf unseren seidenen Schnupftüchern am Boden auslegten. Endlich öffnen sich die Türen der päpstlichen Gemächer, Schweizergarden, Monsignori treten heraus, hinter ihnen der Papst, dessen ehrwürdige Gestalt sich in einem weißseidenen Pilgergewande und einem rotseidenen Schifferhute etwas wunderlich ausnahm. Wir knieten nieder, der Papst näherte sich im Vorübergehen dem Grafen Schaffgotsche, segnete seine Rosenkränze und schleifte dann mit dem Fuße vorwärts, den der junge Mann andächtig küßte. Zu mir gekommen, den er freilich nicht kannte, segnete er dennoch meine Rosenkränze und machte dieselbe Fußbewegung, wo mir denn, auf die Gefahr, von den Schweizern zum Fenster hinausgeworfen zu werden, nichts übrigblieb, als meine Ehrfurcht auf gleiche Art zu beweisen. Und so mußte ich, der ich dem Papste nicht hatte die Hände küssen wollen, nunmehr seinen Fuß küssen. Alles rächt sich in dieser Welt.

In Florenz trafen wir mit dem Hofe unmittelbar vor dessen Abreise zusammen, und so ging es in einem Zuge bis nach Wien, wobei ich jedoch meinem ursprünglichen Reiseplan untreu werden mußte und zweimal über Venedig kam, indes ich die Rückreise über Mailand, Verona und die italienischen Seen durch Tirol richten wollte.

Bei meiner Zurückkunft nach Wien zeigte sich sogleich die erste traurige Wirkung meiner Reiseverwicklungen. Im Gefolge des Hofes hatte sich, wie gesagt, die Meinung verbreitet, ich sei Sekretär der Kaiserin geworden; das schrieben sie denn auch ihren Bekannten nach Wien, und es ward dort zum allgemeinen Gerüchte. Ich hatte den Urlaub meiner vorgesetzten Behörde überschritten, die Verlängerung desselben durch Seine Majestät war entweder nicht eingelangt oder diente nur zur Bestätigung jenes Gerüchtes, kurz, eine wirkliche Konzipistenstelle, die in demselben Departement, in dem ich diente, in Erledigung kam, wurde, nicht ohne Mitwirken meines elenden Bürochefs, verbunden mit der Vorliebe des Kanzleidirektors, einem Jüngerdienenden aus dem Büro dieses letzteren verliehen. Man tröstete mich mit einem verzeihlichen Mißverständnis, die nächste Stelle jedoch könne mir nicht entgehen. Aber auch diese wurde einem im allgemeinen kürzer, aber speziell länger bei einer Hofbehörde Dienenden erteilt. Die dritte erhielt der gänzlich unfähige Bruder eines allerdings sehr fähigen Hofrates. Ich war empört und beschloß, die Staatsdienste zu verlassen, glaubte jedoch, meinem Gönner, dem Finanzminister Grafen Stadion, davon die Anzeige machen zu müssen. Dieser erwiderte, wenn ich die Staatsdienste verlassen wolle, so könne ich es ohne seine Einwilligung tun, wenn ich aber diese begehre, so werde er sie mir nie erteilen. Bei den obwaltenden Zensur- und sonstigen Verhältnissen sei es in Österreich für jemanden von meiner Richtung unmöglich, von der Literatur zu leben. Ich solle ausharren, für meine Beförderung werde er sorgen. Da ich mich aber durch die erfahrenen amtlichen Mißhandlungen in jener Gemütsruhe gestört finde, die zur Vollendung eines poetischen Werkes erforderlich sei, so erteile er mir hiermit einen unbeschränkten Urlaub, den ich benützen könne, solange es meine Arbeit nötig mache. Als ich ihn bat, mir diesen Urlaub schriftlich zu erteilen, überkam ihn der Ärger über das Benehmen der ihm untergeordneten Hofkammer gegen seinen Schützling, und er trug mir auf, zum Präsidialsekretär dieser Hofkammer zu gehen und ihm zu sagen, der Finanzminister habe mir Urlaub erteilt, wenn er daran zweifle, möge er kommen und sich anfragen, wo er den mündlichen Bescheid erhalten werde. Ich setzte das getreulich ins Werk, das Präsidium der Hofkammer fragte sich aber nicht an und behandelte mich fortwährend als einen unbefugt Abwesenden. Überhaupt ward ich jetzt das Opfer der Reibung zwischen zwei Behörden. Der Finanzminister Graf Stadion hatte, um sich die lästigen Details vom Halse zu halten, der ihm untergeordneten, mit der Ausführung seiner Maßregeln betrauten Hofkammer völlige Freiheit über ihre inneren Angelegenheiten zugestanden. Sooft nur eine Stelle bei dieser Hofkammer in Erledigung kam, erließ Graf Stadion ein Ministerialschreiben, in dem er mich für dieselbe in Erinnerung brachte. Die Hofkammer aber, um ihre Selbständigkeit zu wahren, verlieh jedesmal die Stelle einem andern. Ja, die Hofräte, die mir am meisten wohlwollten, wurden vermöge dieses Gemeingeistes meine heftigsten Gegner. Erst nach ein paar Jahren, als eine Konzipistenstelle im Finanzministerium selbst erledigt wurde, verlieh mir sie Graf Stadion augenblicklich, und zwar die beste und nächste um seine Person, mit der damit verbundenen Gehaltszulage. Es waren aber inzwischen die Hälfte aller kürzer dienenden Beamten meine Vormänner geworden, und ich wurde für immer in den mindern Bereichen des Dienstes festgehalten.

Überhaupt ist es merkwürdig, daß meine meisten Mißgeschicke mich gerade durch diejenigen trafen, die sich meiner annahmen und mein Wohl fördern wollten. Da war Graf Herberstein, der mich aus einer meinen Neigungen gemäßen Stellung in der Hofbibliothek wegnahm und in die Finanzverwaltung brachte, bald darauf aber durch seinen Tod mich ohne Anhaltspunkt in einem uferlosen Meere zurückließ. Da war Graf Wurmbrand, der redlich in Italien für mein Bestes sorgen wollte, mich aber dadurch in alle späteren Verwicklungen stürzte. Graf Stadion, der großartigste Mann, dem ich je begegnet bin, zwang mir die Theatergeschäfte auf und brachte mich in die Mitte eines Konflikts mit der mir unmittelbar vorgesetzten Hofkammer. Ein vierter, viel später endlich, der mir seine Geneigtheit schriftlich und mündlich zu erkennen gegeben hatte, als ich in einer Stellenbewerbung mit dem Schützling eines andern, noch viel höhern Staatsmannes in Kompetenz trat, bestätigte, amtlich über mich befragt, meine Brauchbarkeit und Verdienstlichkeit aufs wärmste, fügte aber – um dem Schützling des mächtigen Gönners den Weg freizuhalten – hinzu, daß ich auf meiner dermaligen Stelle als Archivsdirektor der Hofkammer unentbehrlich sei. Ich als Archivsdirektor der Hofkammer unentbehrlich! Für einen Dritten mag das einen guten Spaß gegeben haben.

Damals nun suchte ich den mir vom Finanzminister erteilten

Urlaub aufs beste zur Vollendung meines durch die italienische Reise unterbrochenen Goldenen Vließes zu benützen. Aber es zeigte sich ein trauriger Umstand. Durch die Erschütterungen beim Tode meiner Mutter, die gewaltigen Reiseeindrücke in Italien, meine dortige Krankheit, die Widerlichkeiten bei der Rückkehr war alles, was ich für diese Arbeit vorbereitet und vorgedacht, rein weggewischt. Ich hatte alles vergessen. Vor allem den Standpunkt, aber auch alle Einzelheiten deckte völliges Dunkel, letzteres um so mehr, als ich mich nie entschließen konnte, derlei aufzuschreiben. Die Umrisse müssen im voraus klar sein, die Ausfüllung muß sich während der Arbeit erzeugen, nur so verbinden sich Stoff und Form zur völligen Lebendigkeit. Während ich in meiner Erinnerung fruchtlos suchte, stellte sich etwas Wunderliches ein. Ich hatte in der letzten Zeit mit meiner Mutter häufig Kompositionen großer Meister, für das Klavier eingerichtet, vierhändig gespielt. Bei all diesen Symphonien Haydns, Mozarts, Beethovens dachte ich fortwährend auf mein Goldenes Vließ, und die Gedanken-Embryonen verschwammen mit den Tönen in ein ununterscheidbares Ganzes. Auch diesen Umstand hatte ich vergessen oder war wenigstens weit entfernt, darin ein Hilfsmittel zu suchen. Nun hatte ich schon früher die Bekanntschaft der Schriftstellerin Karoline Pichler gemacht und setzte sie auch jetzt fort. Ihre Tochter war eine gute Klavierspielerin, und nach Tische setzten wir uns manchmal ans Instrument und spielten zu vier Händen. Da ereignete sich nun, daß, wie wir auf jene Symphonien gerieten, die ich mit meiner Mutter gespielt hatte, mir alle Gedanken wieder daraus zurückkamen, die ich bei jenem ersten Spielen halb unbewußt hineingelegt hatte. Ich wußte auf einmal wieder, was ich wollte, und wenn ich auch den eigentlich prägnanten Standpunkt der Anschauung nicht mehr rein gewinnen konnte, so hellten sich doch die Absicht und der Gang des Ganzen auf. Ich ging an die Arbeit, vollendete »Die Argonauten« und schritt zur »Medea«.

Meine italienische Reise sollte aber wie eine Pandorenbüchse ein neues Unglück gebären. Ich hatte in Italien mehrere lyrische Gedichte geschrieben, unter andern eines auf die Ruinen des Campo vaccino, im Kolosseum selbst mit Bleistift angefangen und dort auch zum größten Teile vollendet. Bei meiner Begeisterung für das Altertum, vermehrt durch den Eindruck dieser Statuen und Monumente, stellte sich das neue Kirchliche oder vielmehr dem Alten aufgedrungene Pfäffische ziemlich in Schatten. Das Übelste, was man von dem Gedichte sagen kann, ist, daß der Grundgedanke schon unzählige Male da war und nur die topographische Aneinanderreihung sämtlicher, als mit Empfindung begabt angenommener Denkmäler allenfalls eine neue Wendung genannt werden kann. Selbst den überkatholischen Grafen Stolberg hat auf dem Campo vaccino dieselbe Empfindung angewandelt. Mein Wiener Verleger Wallishausser gab einen Almanach Aglaja heraus, für den er mich immer um Beiträge quälte. Ich gab ihm diese italienischen Gedichte, und sie kamen in die Hände Schreyvogels, der sich der guten Sache zuliebe als Zensor hatte aufnehmen lassen, um nämlich so viel zum Drucke zu erlauben, als irgend möglich war. Er nahm keinen Anstand, das Imprimatur zu erteilen, der Almanach wurde gedruckt, gebunden, und es waren bereits vierhundert Exemplare ins Ausland versendet worden. Da ergab sich plötzlich ein literarischer Aufstand. Die damals noch in herbis befindliche kirchliche Partei hatte Ärgernis an meinen Ruinen des Campo vaccino genommen. Das Gedicht wurde förmlich denunziert, und der Sturm ging von allen Seiten.

Der Kaiser nahm vor allem übel, daß – wie denn höchstgestellte Personen, die kleinen Umstände nie genau wissen können – daß also, indem ihm in Rom alle Ehre widerfahren war, jemand, der Rom in seinem Gefolge besucht hatte, sich derlei Äußerungen zuschulden kommen lasse. Auf welche Art ich erst bei der Abreise von Rom ins Gefolge des Kaisers oder vielmehr in den Wagen des Grafen Wurmbrand gekommen bin, habe ich erst vorher auseinandergesetzt. Am eifrigsten war die Staatskanzlei. Fürst Metternich, der den dritten Gesang von Byrons »Childe Harold«, in dem doch ganz andere Dinge vorkamen, auswendig wußte und mit Begeisterung rezitierte, stand geradezu an der Spitze der Verfolgung, wenn nicht vielmehr seine elende Umgebung, die den ausgezeichneten Mann im Jahre 1848 zu so schmählichem Falle vorbereitete. Um sämtliche Teilnehmer nach Möglichkeit zu entschuldigen, muß ich eine Version beibringen, die mir viele Jahre später durch einen Staatsmann des beteiligten fremden Hofes an die Hand gegeben worden ist. Mein Verleger hatte, ohne daß ich es wußte oder mich darum kümmerte, seinen Almanach der Gemahlin des ebenso wegen seiner erleuchteten Kunstansichten als wegen seiner strengen Religiosität bekannten Kronprinzen eines benachbarten Hofes zugeeignet. Dieser nahm von dem Almanach um so mehr Notiz, als mein Verleger wahrscheinlich auf eine goldene Dose oder derlei als Gegengeschenk spekuliert hatte. Er fand sich nun von meinem Gedichte im höchsten Grade geärgert, und, ohne die Folgen seines übereilten Schrittes zu bedenken, ließ er an die höchsten Orte in Wien schreiben, wie die Zensur habe zugeben können, daß ein

Almanach, in dem sich ein solches Gedicht (das meinige) befinde, seiner Gemahlin zugeeignet werde. Eine solche Insinuation einer hochstehenden und noch dazu nahe verwandten Persönlichkeit ließ sich nun freilich nicht ganz ignorieren. Daß die untergeordneten Schurken und Dummköpfe, die fürchten mochten, daß ich ihnen irgend einmal im Wege stehen könnte, alles taten, um die Flamme zu schüren, versteht sich von selbst, oder vielmehr, ich weiß es.

Die Zensur tat alles mögliche, um ihren Fehler wiedergutzumachen. Mein Gedicht wurde aus allen noch in Wien befindlichen Exemplaren herausgerissen, zum großen Schaden des Verlegers, der seine Almanache neu binden lassen mußte. Leider aber verfehlte diese Verfügung ihren Zweck. Wie ich gesagt, waren vierhundert unverstümmelte Exemplare bereits ins Ausland versendet worden. Diese ließen nun die Liebhaber verbotener Schriften, und des Skandals überhaupt, mit großen Kosten sämtlich wieder zurückbringen. Wer sich kein gedrucktes Exemplar verschaffen konnte, schrieb wenigstens aus einem solchen mein Gedicht ab, und nie hat irgendeine meiner Arbeiten eine solche Verbreitung in meinem Vaterlande erhalten als dieses Gedicht, das, wenn man es unbeachtet gelassen hätte, von dem verehrungswürdigen Publikum ohne Geschmack auf der Zunge gefressen worden wäre wie Gras.

Das war aber noch nicht alles. Durch ein vom höchsten Orte ergangenes Handschreiben, in dem ich mit der in Steckbriefen gewöhnlichen Bezeichnung »ein sicherer Grillparzer« höchst unsicher gemacht wurde, erhielt der Präsident der Polizei und Zensurhofstelle den Auftrag, mich persönlich zur Verantwortung aufzufordern. Meine Verantwortung wäre nun ganz kurz gewesen. Das Gedicht hatte das Imprimatur der Zensur erhalten, und so war ich als Schriftsteller vollkommen gedeckt. Dadurch fiel aber das Vergehen auf den Zensor, meinen Freund Schreyvogel, zurück, und das mußte abgehalten werden. Ich schrieb daher in einem Aufsatze, den ich dem Polizeipräsidenten überreichte, alles zusammen, was sich zur Rechtfertigung oder Milderung der Gedanken und Ausdrücke irgend sagen und aufbringen ließ.

Die erste Hitze mochte vergangen sein, die Sache blieb auf sich beruhen, selbst Schreyvogel wurde nicht angefochten. Aber von da an glaubte jeder Lump, sich an mir reiben, mich angreifen und verlästern zu können. Jeder Wunsch und jede Aussicht wurden durch die stehende Formel von oben: »Ja, wenn er die Geschichte mit dem Papst nicht gehabt hätte« (so beliebte man sich auszudrücken) im Keime vereitelt, man hielt mich, wie einst der alte Graf Seilern, für einen halben Jakobiner und Religionsspötter, und es brauchte der traurigen Ereignisse des Jahres 1848, um die Regierung (auf wie lange?) zu überzeugen, daß sie keinen wärmern Anhänger ihrer Sache, als zugleich der Sache meines Vaterlandes, habe als mich, der zugleich als Mensch und Schriftsteller die gesteigerten Ansichten der Poesie und die gemäßigten Anforderungen des Lebens sehr gut voneinander zu unterscheiden wisse.

Die damaligen Widerwärtigkeiten nun hemmten meinen Eifer in Ausführung meines dramatischen Gedichtes durchaus nicht. Ich erinnere mich noch, daß ich die Verse, die Kreusa im zweiten Akte der Medea als ein Lieblingsliedchen Jasons hersagt, im Vorzimmer des Polizeipräsidenten, einer stürmischen Audienz harrend, mit Bleistift niedergeschrieben habe. Da ich aber wohl fühlte, daß die Aufregung des Ingrimms bald der Abspannung des Mißmuts Platz machen werde, so eilte ich soviel als möglich zum Schlusse und weiß noch, daß ich die beiden letzten Akte der Medea jeden in zwei Tagen geschrieben habe. Als ich zu Ende war, fühlte ich mich völlig erschöpft, und ohne das Stück zu überarbeiten und ohne daß außer den Korrekturen im Verlauf des ersten Niederschreibens etwas geändert worden wäre, trug ich es im halb unleserlichen Konzept zu Schreyvogel hin. Dieser beobachtete, nachdem er es gelesen hatte, ein langes Stillschweigen, meinte aber endlich, das wunderliche Ding müsse denn doch ein wenig liegen. Ich, mit meiner gewöhnlichen Unbekümmertheit um das äußerliche Schicksal meiner Arbeiten, suchte mir durch Zerstreuung aller Art, aber auch durch Beschäftigung mit den Alten und mit Kants Philosophie, die mir erst seit kurzem bekannt geworden war, die lästigen Gedanken über Gegenwart und Zukunft aus dem Kopfe zu schlagen. Da kommt auf einmal Schreyvogel zu mir, umarmt mich und meint, das Goldene Vließ müsse unmittelbar in die Szene gesetzt werden. Was diese Änderung in seiner Ansicht bewirkt hat, weiß ich nicht. Hatte er anfangs das schlecht geschriebene Manuskript nicht gut lesen können, hatte er erst bei wiederholter Durchlesung sich meine Absicht bei der allerdings barocken, aber von vornherein gewollten Vermengung des sogenannten Romantischen mit dem Klassischen deutlich gemacht? Ich kann es nicht sagen, denn wir haben uns später nie darüber besprochen. Allerdings mochte es aber den ausgezeichneten Mann, dem ich so vieles verdankte, verdrossen haben, daß ich ihm meine Stücke als fertige und abgeschlossene zur Aufführung übergab, ohne sie vorher seiner Kritik zu unterziehen. Ich hätte nun allerdings ein Tor sein müssen, wenn mir die Bemerkungen eines solchen Freundes über das einzelne gleichgültig gewesen wären, ich wußte aber aus Erfahrung, daß seine desiderata auf das Innere und das Wesen der Stücke gingen, und das wollte ich mir rein erhalten, auf die Gefahr, einen Fehlgriff getan zu haben. Aus demselben Unabhängigkeitsgefühle bin ich allen literarischen Koterien ferngeblieben. Nie hat ein Journalist oder eine Zelebrität von mir einen Brief erhalten, mit Ausnahme von zweien, als Antwort auf vorhergegangene von ihrer Seite. Ich stand immer allein da, wurde daher auch anfangs von allen Seiten angegriffen und später ignoriert, was ich mit hochmütiger Schadenfreude hinnahm, obgleich es mir später die Lust an der Hervorbringung verkümmerte. Ich trage hier nur noch nach, daß ich bei der oben erwähnten Vermengung des Romantischen mit dem Klassischen nicht eine läppische Nachäfferei Shakespeares oder eines sonstigen Dichters der Mittelzeit im Sinn hatte, sondern die möglichste Unterscheidung von Kolchis und Griechenland, welcher Unterschied die Grundlage der Tragik in diesem Stücke ausmacht, weshalb auch der freie Vers und der Jambus, gleichsam als verschiedene Sprachen hier und dort in Anwendung kommen.

Dieses Monstrum sollte nun zur Aufführung gebracht werden. Mit Übergehung des elenden Theaterhofrates wendete ich mich mit meinen Wünschen unmittelbar an Grafen Stadion, der mir bereitwillig entgegenkam, ja dessen Geneigtheit durch die mir kürzlich widerfahrenen Unbilden nur verstärkt schien. Die Rolle der Medea gehörte der Schröder. Daß ich aber während der Arbeit auf sie gedacht oder, wie man sich auszudrücken pflegt, die Rolle für sie geschrieben, zeigt sich schon dadurch als lächerlich, weil ich mich in diesem Falle gehütet haben würde, in den beiden Vorstükken die junge und schöne Medea vorzuführen, indes die Schröder sich dem fünfzigsten Jahre näherte und nie hübsch gewesen war. Für die Rolle der Amme brauchte ich eine Persönlichkeit in Organ und sonstigem Beiwesen noch um einige Tinten dunkler als die gewaltige Kolchierin. Graf Stadion bewilligte mir eine Altsängerin der Oper, Madame Vogel, die auch recht gut spielte. Die helle Kreusa paßte für Madame Löwe, die, obschon in gleichem Alter mit der Schröder, doch noch Reste einer unverwüstlichen Schönheit bewahrte. Ich habe überhaupt immer viel auf das Verhältnis der Figuren und die Bildlichkeit der Darstellung gehalten; das Talent setzte ich als Schuldigkeit voraus, aber das physisch Zusammenstimmende und Kontrastierende lag mir sehr am Herzen. Ut pictura poesis. Hierbei kam mein in der Jugend geübtes Talent zum Zeichnen sowie für die Versifikation mein musikalisches Ohr zustatten. Ich habe mich nie mit der Metrik abgegeben.

Auch die übrigen Rollen waren gut besetzt, und das Stück ging mit würdiger Ausstattung in die Szene. Die Wirkung war, vielleicht mit Recht, eine ziemlich unbestimmte. Das Schlußstück erhielt sich durch die außerordentliche Darstellung der Schröder, die beiden Vorstücke verschwanden bald. Die übrigen deutschen Theater gaben überhaupt nur die dritte Abteilung, weil sich überall eine Schauspielerin fand, die sich der Medea für gewachsen hielt. Diese Medea ist das letzte meiner Stücke, welches einen Weg auf die nichtösterreichischen Bühnen unseres deutschen Vaterlandes gefunden hat. Was man den Geist der Zeit zu nennen beliebte, um welchen ich mich wenig kümmerte und dessen angebliche Fortschritte mir lächerlich waren, vor allem aber, daß ein Hauptbestandteil der Kunst, die Phantasie, aus den Zusehern, Schauspielern und Schriftstellern sich immer mehr zu verlieren anfing, ein Abgang, den man durch doktrinäre, spekulative und demagogische Beimischungen zu ersetzen suchte – diese Verhältnisse haben die Wirkungen meiner späteren Stücke auf die österreichischen Lande beschränkt.

Ich habe immer viel auf das Urteil des Publikums gehalten. Über die Konzeption seines Stückes muß der dramatische Dichter mit sich selbst zu Rate gehen, ob er aber mit der Aufführung die allgemeine Menschennatur getroffen, darüber kann ihn nur das Publikum, als Repräsentant dieser Menschennatur, belehren. Das Publikum ist kein Richter, sondern eine Jury, es spricht sein Verdikt als Gefallen oder Mißfallen aus. Nicht Gesetzkunde, sondern Unbefangenheit und Natürlichkeit machen seinen Rechtsanspruch aus. Von dieser Natürlichkeit, die im nördlichen Deutschland durch falsche Bildung und Nachbeterei sehr in den Hintergrund getreten ist, hat sich in Österreich ein großer Rest erhalten, verbunden mit einer Empfänglichkeit, die bei gehöriger Leitung durch den Dichter bis zum Verständnis in unglaublichem Grade gehoben werden kann. Das Gefallen eines solchen Publikums beweist wenig, denn es will vor allem unterhalten sein, sein Mißfallen aber ist im höchsten Grade belehrend. Diesmal begnügte es sich mit einem succès d'estime.

Diese Achtung oder wohl gar Vorliebe für den Dichter zeigte sich aber sehr wenig praktisch. Meine drei Trauerspiele, da sie zwei Theaterabende ausfüllten, sollten mir als zwei Stücke honoriert werden. Da erklärte nun Graf Stadion schon vor der Aufführung, mir die eine der beiden Hälften auf die gewöhnliche Art honorieren zu lassen, für die zweite wolle er ein Theatergesetz Kaiser Josephs, das nie widerrufen worden sei, von neuem in Anwendung bringen, ein Gesetz, zufolgedessen bei neuen Stücken der Verfasser die Wahl zwischen dem Honorar oder dem Ertrag der zweiten Einnahme haben sollte. Durch letzteres hoffte er dem Publikum, dem ich durch meine Ahnfrau und Sappho so viel Vergnügen verschafft hatte, Gelegenheit zu geben, mir seine kunstsinnige und patriotische Anhänglichkeit, allenfalls durch Überzahlung der Logen und Sperrsitze, auf eine tätige Art zu beweisen. So geschah es, der Tag erschien, aber von den siebzig oder achtzig abonnierten Logen des Hofburgtheaters waren nur drei genommen, die Hälfte der Sperrsitze leer, der übrige Schauplatz gefüllt, da aber die Beamten der Theaterdirektion für die Einnahme eines Fremden sich zu keiner gar so genauen Kontrolle verbunden glaubten, war der Ertrag des Abends so gering, daß er kaum die Hälfte des gewöhnlichen Honorars erreichte. Ich erwähne dies nur, um das Wiener Publikum, das ich kurz vorher gelobt und das mich beinahe der Undankbarkeit anklagte, wenn ich ihnen nicht alljährlich ein Stück brachte, darauf aufmerksam zu machen, daß sie mich jedesmal in Stich gelassen haben, wo ich von ihrer Anhänglichkeit mehr als leeres Händeklatschen in Anspruch nahm.

Der wenig durchgreifende Erfolg des Goldenen Vließes, insofern er mit meinen eigenen Bedenklichkeiten zusammenfiel, hat mir übrigens in meinem Innern großen Schaden getan. Ich fühlte wohl, daß ich meine Kräfte überschätzt hatte, und die harmlose Zuversicht, mit der ich an meine bisherigen Werke ging, fing an, sich zu verlieren. Ich beschloß daher, bei meinen künftigen Arbeiten mir das Ziel näher zu setzen, was mich vorderhand um so mehr störte, als mir bereits ein Stoff im Kopfe herumging, der zwar an sich nicht so weitgreifend, doch wenigstens ungeheure Vorarbeiten nötig machte. Doch davon später.

Der Grund des mir erteilten Urlaubes war nunmehr erloschen, und ich kehrte in die Geschäfte zurück. Um mir die Nähe der feindlich gesinnten Hofkammer zu ersparen, nahm mich Graf Stadion, obgleich in meiner bisherigen Eigenschaft als Praktikant, in eines seiner eigenen Büros bei dem ihm unmittelbar untergeordneten Finanzministerium. Ich muß hier einen Umstand aus meinem Aufenthalt in Neapel nachtragen. Während meiner dortigen Anwesenheit kam der Hofrat im Finanzministerium, Baron Kübeck, auf ein paar Tage dahin, um dem Kaiser einen wichtigen Gegenstand vorzutragen. Graf Wurmbrand erzählte mir das, wie auch, daß Baron Kübeck von mir gesprochen habe, ich möchte ihn doch besuchen. Ich tat das des nächsten Tages, erhielt aber im Vorzimmer den Bescheid, daß Baron Kübeck beschäftigt sei und niemand vorgelassen werden könne. Ich fand das natürlich, ging daher und kam nicht wieder. Ein paar Tage darauf, als jener schon wieder abgereist war, sagte mir Graf Wurmbrand: Sie hätten doch ein zweitesmal hingehen sollen, denn Baron Kübeck brauchte einen Hilfsarbeiter für die weitläufigen Ausfertigungen, und er hatte auf Sie gezählt. Und das sagte mir der gute Mann, der von Geschäften gar keine Vorstellung hatte, erst nach der Abreise des hochgestellten Staatsmannes. Er nahm mir dadurch die Gelegenheit, in die Nähe desselben zu kommen, und wer den Weg und die gegenwärtige Stellung des Baron Kübeck kennt, weiß, von welcher Bedeutung eine solche Nähe gewesen wäre.

Wer mich so viel von amtlichen Aussichten oder Honoraren reden hört, dürfte wohl zu dem Schlusse kommen, daß es mir an jenem hohen Sinne gefehlt habe, der den Künstler nur die Kunst im Auge halten und alles andere geringschätzen läßt. Vielleicht hat er recht; ich will mich aber auch nicht besser schildern, als ich bin, sondern wie ich bin. Da ich aber einmal die Last des Staatsdienstes auf mich genommen hatte, wollte ich doch aus der Reihe der Handarbeit herauskommen und durch eine bessere Stellung mir die Möglichkeit verschaffen, in ein anderes Fach überzutreten, das meinen Neigungen mehr zusagte als der Dienst bei den Finanzen. Zugleich hat die immerwährende Zurücksetzung und jene »insolence of office«, mit der erbärmliche Menschen nur gar zu gern ihre Amtsautorität gegen mich geltend machten, mein Gemüt verbittert. Als nun noch dazu die Abnahme meiner Geltung in der deutschen Literatur kam, bemächtigte sich meiner ein Gefühl der Verlassenheit, das bei einer hypochondrischen Anlage endlich auch jener Stimmung gefährlich wird, die gerade zur Hervorbringung poetischer Arbeiten vor allem erforderlich ist. Was aber Geld und Geldeswert betrifft, so ist das eine Vorausnahme der Zukunft. Zur Zeit hat es mich wenig gekümmert. Jetzt aber, im vorgerückten Alter, mit körperlichen Gebrechen behaftet, fühle ich oft nur zu sehr den Abgang jener Bequemlichkeiten und Erleichterungen, die beim weiteren Vorschreiten endlich sogar zu Notwendigkeiten werden. Hätte ich mich verheiratet, wie ich vielleicht gesollt, ich müßte geradezu mit Nahrungssorgen kämpfen.

In meiner neuen amtlichen Bestimmung kam ich unter unmittelbare Leitung des Bürochefs Baron Pillersdorf, der im Jahre 1848 so viel von sich reden gemacht hat. Weit entfernt sei es von mir, daß ich die Rolle billige, die er in diesem letztern Jahre gespielt, ich teile vielmehr die allgemeine Verwerfung. Noch aber ist in mir das Gefühl der Bewunderung lebendig, das ich trotz meiner Abneigung gegen amtliche Dinge für Baron Pillersdorf damals fühlte, als ich mit ihm in geschäftliche Berührung kam. Dieser Scharfsinn, diese Ruhe, diese Gabe der Entwicklung und Darstellung, ja diese Festigkeit des Charakters – solange die Sache sich hinter dem Schreibtisch abmachen ließ – sind mir in der Folge nicht wieder vorgekommen, und ich fühlte wohl, daß es ein Geschäftsgenie gebe, das sich in der Reihe der menschlichen Befähigungen jeder anderen Genialität würdig an die Seite setzen könne. Er, in Verbindung mit Baron Kübeck, hat Licht und Ordnung in das Chaos der österreichischen Finanzen gebracht. Unter seiner Leitung zeigte der Staatshaushalt im Jahre 1830 zum ersten Male seit Jahrzehnten einen Überschuß der Einnahmen gegen die Ausgaben. In demselben Jahre war das Patent schon gedruckt, durch welches der Zinsfuß der Staatsschuld von fünf auf vier Prozent herabgesetzt wurde, und wenn die Julirevolution in Frankreich um ein paar Monate später eintrat, so war die finanzielle Operation für alle künftigen Zeiten vollbracht. Eben im Jahre 1830 widersetzte er sich den Rüstungen, die das Land in eine neue Schuldenlast gestürzt haben und die, als man nach einigen Jahren die Kosten nicht mehr aufbringen konnte und sich zu Reduktionen genötigt sah, bei den späteren Katastrophen den Staat ohne Geld und ohne Soldaten gelassen habe. Er widersetzte sich dieser Maßregel, obwohl er wußte, daß er damit das Todesurteil seines Einflusses aussprach. Er wurde auch unmittelbar von der Leitung der Finanzen entfernt und als Vizepräsident zu einer andern Hofstelle versetzt, wo er mit der Revision fremder Konzepte und der Ausbesserung orthographischer Fehler die achtzehn schönsten Jahre seines Lebens zubrachte. Diese Versetzung war mit Unwürdigkeiten begleitet, die verdienten, aufgezeichnet zu werden, aber nicht hierhergehören. Ob diese Ereignisse in ihm nicht einen Keim von Rachsucht, anderseits aber eine Abspannung erzeugt haben, die sich im Jahre 1848 als Wechsel von Schwäche und erkünstelter Energie darstellten, will ich nicht entscheiden.

Ich stand nie in besonderer Gunst bei Baron Pillersdorf. Nachdem er fruchtlos versucht hatte, mich in die höheren Geschäfte einzuweihen, behandelte er mich mit Achtung, aber Gleichgültigkeit, demungeachtet drängt es mich, einer Zeit, die alles vergißt, ins Gedächtnis zurückzurufen, daß der Mann, über den jetzt jeder Tropf abspricht, seinerzeit der Ausgezeichnetste unter den Ausgezeichneten war und dem Lande unendliche Dienste geleistet hat. Hier fällt mir ein Zug des Grafen Stadion ein, den ich nicht übergehen will. Graf Stadion, als Diplomat von Jugend auf, hatte, wie er selbst aufrichtig gestand, nur geringe finanzielle Kenntnisse. Seine Gegner, die ihm immer Verlegenheiten zu bereiten suchten, wollten schon früher dem Baron Pillersdorf eine andere Bestimmung geben. Nun war dem Grafen Baron Pillersdorf persönlich zuwider. Demungeachtet erklärte er jetzt, daß, wenn man ihm diesen ausgezeichneten Hilfsarbeiter entziehe, er sein Amt niederlegen müsse, das er ohne ihn fortzuführen außerstande sei. Das ist groß, dünkt mich. Es hat aber keine Beziehung auf mich, aber ich schreibe meine Erinnerungen, und da gehört meine Zeit ebensogut hinein als ich. Oder vielmehr, ich will mich amüsieren, und es freut mich, Personen Gerechtigkeit widerfahren zu lassen, die mir wohlgewollt haben, der Übelwollenden war ohnehin die größere Anzahl.

Wenn Baron Pillersdorfs Versuche, mir Interesse an den Geschäften beizubringen, fruchtlos waren, so lag die Ursache zum Teile darin, daß mich ein neuer dramatischer Stoff eingenommen hatte. Das Schicksal Napoleons war damals neu und in jedermanns Gedächtnis. Ich hatte mit beinahe ausschließlicher Begierde alles gelesen, was über den außerordentlichen Mann von ihm selbst und von anderen geschrieben worden war. Es tat mir leid, daß das weite Auseinanderliegen der entscheidenden Momente nicht allein für jetzt, sondern wohl auch für die Zukunft eine poetische Behandlung dieser Ereignisse unmöglich mache. Indem ich von diesen Eindrücken voll meine sonstigen historischen Erinnerungen durchmusterte, fiel mir eine obgleich entfernte Ähnlichkeit mit dem Böhmenkönig Ottokar II. in die Augen. Beide, wenn auch in ungeheuerm Abstande, tatkräftige Männer, Eroberer, ohne eigentliche Bösartigkeit durch die Umstände zur Härte, wohl gar Tyrannei fortgetrieben, nach vieljährigem Glück dasselbe traurige Ende, zuletzt der Umstand, daß den Wendepunkt von beider Schicksal die Trennung ihrer ersten Ehe und eine zweite Heirat gebildet hatte. Wenn nun zugleich aus dem Untergange Ottokars die Gründung der habsburgischen Dynastie in Österreich hervorging, so war das für einen österreichischen Dichter eine unbezahlbare Gottesgabe und setzte dem Ganzen die Krone auf. Es war also nicht Napoleons Schicksal, das ich in Ottokar schildern wollte, aber schon eine entfernte Ähnlichkeit begeisterte mich. Zugleich bemerkte ich an meinem Stoff das Eigentümliche, daß ich beinahe alle Ereignisse, die ich brauchte, in der Geschichte oder Sage bereitliegend vorfand. Um nun nicht ohne Not eigene Erfindungen einzumischen, fing ich eine ungeheure Leserei von allem an, was ich über die damalige österreichische und böhmische Geschichte irgend auftreiben konnte. Ja, selbst mit der mittelhochdeutschen Sprache – die damals noch nicht unter die Modeartikel gehörte und zu deren Verständnis alle Hilfsmittel fehlten – mußte ich mich befassen, da eine meiner Hauptquellen die gleichzeitige Reimchronik Ottokars von Horneck war. Ich war damals noch fleißig und notierte und exzerpierte in ganzen Massen.

Ich befand mich also auf dem Boden der historischen Tragödie, ehe noch Ludwig Tieck und seine Nachbeter darüber ihre Albernheiten ausgekramt haben. In der Tat Albernheiten. Der Dichter wählt historische Stoffe, weil er darin den Keim zu seinen eigenen Entwicklungen findet, vor allem aber um seinen Ereignissen und Personen eine Konsistenz, einen Schwerpunkt der Realität zu geben, damit auch der Anteil aus dem Reich des Traumes in das der Wirklichkeit übergehe. Wer würde auch einen erdichteten Eroberer tragen können, der ein erdichtetes Land mit erdichteten Heldentaten eroberte. Namentlich was über das gewöhnlich Glaubliche hinausgeht, muß einen solchen Anhaltspunkt haben, wenn es nicht lächerlich werden soll. Alexander der Große oder Napoleon als erdichtete Personen würden der Spott aller Vernünftigen sein. Das eigentlich Historische aber, nämlich das wirklich Wahre, nicht bloß der Ereignisse, sondern auch der Motive und Entwicklungen, gehört so wenig hierher, daß, wenn heute Urkunden aufgefunden würden, die Wallensteins völlige Schuld oder völlige Unschuld bewiesen, Schillers Meisterwerk nicht aufhören würde, das zu sein, was es ist und unabhängig von der historischen Wahrheit bleiben wird für alle Zeiten. Shakespeare fand das, was man damals »history« nannte, vor und hat es eben auch kultiviert. In allen seinen historischen Stücken ist aber seine eigene Zutat das Interessante: die komischen Personen in Heinrich IV. nebst dem unnachahmlichen Hotspur, die herzzerreißenden Szenen in König Johann usw., zugleich aber muß man aussprechen, daß, wenn er nicht seine auf Novellen und fabelhafte Sagen gegründeten Stücke geschrieben hätte, von seinen historischen wenig die Rede sein würde. Übrigens, was ist denn Geschichte? Über welchen Charakter irgendeiner historischen Person ist man denn einig? Der Geschichtsschreiber weiß wenig, der Dichter aber muß alles wissen.

Dies scheint in Widerspruch mit dem Obigen zu stehen, wo ich einen Wert darauf gelegt habe, daß alle Ereignisse im Ottokar entweder durch die Geschichte oder wenigstens durch die Sage beglaubigt seien. Ich habe es aber auch nur als eine Kuriosität angeführt, obgleich anderseits das den Schluß bildende und in seinen Wirkungen bis in die Gegenwart reichende Faktum, die Gründung der habsburgischen Dynastie in Österreich, der Wahrhaftigkeit der Ereignisse ein patriotisches Interesse verlieh.

Der Stoff hatte sich gegliedert, die Begebenheiten waren eingereiht, die Komposition mußte ich eine vorzügliche nennen, demungeachtet ging ich nur schwer an die Ausführung; ich hatte es nämlich mit einer Form zu tun, die mir durchaus nicht empfehlenswert schien: dem historischen Drama. Ich hatte in meinen bisherigen Arbeiten immer die Ereignisse so nahe aneinandergedrängt als möglich, jetzt sollten entfernt liegende miteinander verbunden werden. Man hat viel über die drei Einheiten gespottet. Die Einheit der Handlung gibt jeder Vernünftige zu. Die Einheit des Ortes hängt mit der Einrichtung der alten Theater zusammen und wird nur bedeutend, wenn sie mit der dritten Einheit zusammenfällt. Diese dritte, die Einheit der Zeit, hingegen ist höchst wichtig. Die Form des Dramas ist die Gegenwart, welche es bekanntlich nicht gibt, sondern nur durch die ununterbrochene Folge des nacheinander Vorgehenden gebildet wird. Die Nichtunterbrechung ist daher das wesentliche Merkmal derselben. Zugleich ist die Zeit nicht nur die äußere Form der Handlung, sie gehört auch unter die Motive: Empfindungen und Leidenschaften werden stärker oder schwächer durch die Zeit. Wenn ich den Zuseher zwinge, die Stelle des Dichters zu vertreten und durch Reflexionen und Rückerinnerungen die weit entfernten Momente aneinanderzuknüpfen, so verliert sich jene Unmittelbarkeit der Wirkung, welche die Stärke derselben bedingt und das Charakteristische des gegenwärtig Wirkenden ist. Der Eitelkeit des gegenwärtigen literarischen Publikums, welches mehr angeregt als befriedigt sein will, schmeichelt zwar dieses Mitgeschäftigsein, dieses Deuten und Supplieren, in die aufnehmende Empfindung kommt aber dadurch etwas Willkürliches, das dem Gefühle der Notwendigkeit entgegengesetzt ist, welche die innere Form des Dramas ausmacht, wie die Gegenwart die äußere. Das Drama nähert sich dem Epos.

Was den Inhalt betrifft, so macht die Masse der Begebenheiten es unmöglich, jeder einzelnen ihr Recht widerfahren zu lassen; die Motive müssen verstärkt, die Charaktere dem Übertriebenen nähergebracht werden, bekanntlich aber sind das Bunte und Grelle eben nicht Zeichen eines guten Geschmacks.

Zu meinem Troste konnte ich mir übrigens sagen, daß mein Stoff wenigstens jenes Erfordernis habe, das eine historische Tragödie allein zulässig macht, daß nämlich die historisch oder sagenhaft beglaubigten Begebenheiten imstande wären, eine gleiche Gemütswirkung hervorzubringen, als ob sie eigens zu diesem Zwecke erfunden wären.

Diese meine Bedenken und diesen meinen Trost werden freilich diejenigen lächerlich finden, für welche die Geschichte der sich selbst realisierende Begriff ist. Ich muß mir ihr Lachen gefallen lassen, oder vielmehr bin ich so frei, ihnen dieses Lachen im verstärkten Maße zurückzugeben.

Meinem Zögern wurde durch ein immer heftiger werdendes Halsübel ein Ende gemacht, das, ohne daß ich jedoch ärztliche Hilfe angewendet hätte, mich doch zwang, während eines ganzen Wintermonats mein Zimmer zu hüten. Oder vielmehr, nachdem die Abgeschiedenheit und Langeweile mich zum Beginn der Arbeit veranlaßt hatte, nahm ich mir vor, bis zum Abschluß mein Zimmer nicht zu verlassen, ging mittags in das gegenüberliegende Gasthaus »Zum Jägerhorn« essen, kehrte aber unmittelbar in meine vier Wände zurück, die ich mit meinen Gestalten bevölkerte. Ich darf des Anteils nicht vergessen, den ein »Mars Moravicus« in folio, den ich mir als Quelle für den Ottokar beigelegt, auf das Zustandekommen jenes Durchbruchs allerdings genommen hat. Auf dem Titelblatte dieses Mährischen Mars war nämlich der Kriegsgott in voller Rüstung so abgebildet, wie ich mir die äußere Erscheinung Ottokars gedacht hatte. Diese Figur reizte mich an, meine Gestalten nach auswärts zu werfen, und auch während der Arbeit kehrte ich jedesmal zu ihr zurück, sooft sich meine Bilder zu schwächen schienen. Ebenso hatte, als ich an den »Argonauten« schrieb, die turmartige Wendeltreppe in dem Hofe eines uralten Nachbarhauses, in den eines der Fenster unserer damaligen Wohnung ging, meiner Phantasie zu einem willkommenen Stützpunkt gedient.

Ich machte nun meiner freiwilligen Gefangenschaft ein Ende, und mein erster Gang war zur Theaterdirektion, der ich mein Stück überreichte, und zwar im Konzept, da, indem ich den Stoff so lange in mir getragen, das Niederschreiben beinahe ohne Korrektur vonstatten ging. Diesmal war Schreyvogel gleich von vorneher einverstanden. Wir ließen das Stück abschreiben und gaben es zur Zensur, von der wir keine Anstände besorgten, da, wenn das regierende Haus eigens einen Schmeichler bezahlt hätte, dieser der Handlung keine günstigere Wendung geben konnte, als die dramatische Notwendigkeit von selber aufgedrungen hatte.

Jetzt erhielten auch meine amtlichen Verhältnisse eine günstige Wendung. Der sogenannte Ministerialkonzipist des Finanzministeriums, nämlich der Konzeptsbeamte, der in der unmittelbaren Nähe des Finanzministers im eigenen Büro desselben fungierte, wurde befördert, und Graf Stadion verlieh mir augenblicklich diese Stelle, mit der außer dem gewöhnlichen Gehalte auch noch eine besondere Gratifikation von einigen hundert Gulden des Jahrs verbunden war. Diese Beförderung erfreute mich um so mehr, als ich nun auch dem Hoftheater meinen Kontrakt als bestallter dramatischer Dichter zurückgeben konnte und von nun an freie Hand über meine Arbeiten hatte. Meine neuen Geschäfte waren höchst geringfügig und erhielten erst einige Bedeutung in Verhinderungs- oder Krankheitsfällen des Ministerialsekretärs, weil man dann die eingelangten Geschäftsstücke dem Minister persönlich vorzulegen und von jedem den Inhalt in kurzem anzugeben hatte, infolgedessen er die wichtigern zur eigenen Lesung bei sich behielt, die andern aber zur Verteilung an die Departements zurückstellte. Auch dieser Teil der Geschäftsführung wurde nur dadurch beschwerlich, daß sich Graf Stadion, noch von seiner diplomatischen Laufbahn her, an eine sonderbare Verkehrung der Tageszeiten gewöhnt hatte. Er legte sich erst gegen Morgen zu Bette und stand auf, wenn die anderen Leute sich zum Mittagsmahl setzten. Da galt es denn, ihm nach Mitternacht, wenn er aus Gesellschaften nach Hause kam, über Akten und Geschäfte Rechenschaft zu geben, was in halber Schlaftrunkenheit nicht immer fließend vonstatten ging. Glücklicherweise war der Ministerialsekretär auf seine Sonnennähe so eifersüchtig, daß er so selten als möglich krank wurde und eine andere Abwesenheit sich nicht leicht zuschulden kommen ließ. Bei Reisen des Ministers aber, worunter besonders der Sommeraufenthalt auf seinen Gütern gehörte, fiel die ganze Last auf den Konzipisten, der ihn alsdann zu begleiten hatte, eine Last, die durch die peinliche Mittelstellung zwischen angenehmem Gesellschafter und untergeordnetem Beamten bedeutend erschwert wurde. Außer diesen Ausnahmefällen bestand das Geschäft des Ministerialkonzipisten nur in der Protokollierung der eingegangenen Stücke und ihrer Verteilung an die Departements. Mein Vorgänger hatte auch über diesen Teil seiner Amtsführung ein mysteriöses Dunkel zu verbreiten gewußt. Er lief zehnmal des Tages ab und zu. Man sah ihn nie ohne ein versperrtes Aktenportefeuille unterm Arme. Ein beredtes Stillschweigen deutete an, daß er weiß Gott was für Geheimnisse wisse. Nun gab es allerdings im Finanzministerium höchst wichtige und geheime Dinge, derlei kamen aber unmittelbar unter eigener Adresse und zu eigener Eröffnung an den Minister selbst, der klug genug war, sie erst nach der Bearbeitung und Ausführung, wenn sie aufgehört hatten, geheim zu sein, an das Protokoll zur Einschaltung abzugeben. Da ich nun über diesen Umstand auf Befragen kein Hehl hatte, meine unbedeutenden Geschäfte so einfach und schnell als möglich abtat, so verschwand bald der Nimbus meines Amtes, und alle, die meinen Vorgänger angestaunt und ob seiner Geschäftslast bedauert hatten, sagten von mir, ich hätte nichts zu tun, worin sie der Wahrheit so ziemlich nahekamen.

Des Hauptvorteils meiner Stellung, der Nähe des Ministers, sollte ich bald durch eigene Schuld verlustig gehen. Die Zeit meines eigentlichen Dienstes, der Sommer, kam, und ich mußte den Grafen auf seine Güter begleiten. Human, wie er war, zog er den jeweiligen amtlichen Begleiter auch in seinen Familienkreis, und er hatte kein Hehl, wie es ihn erfreue, seiner Familie, statt meines bornierten Vorgängers, einen Dichter und Mann von Geist zuführen zu können.

In Wien bestehen über meine geselligen Talente die entgegengesetztesten Ansichten. Die einen finden mich höchst liebenswürdig, die andern unerträglich. Ob die ersten recht haben, weiß ich nicht, die letztern können unzweifelhafte Erfahrungen für sich anführen. Den Erklärungsgrund bildet, daß für mich der Schrecken aller Schrecken die Langeweile ist. Die vorzugsweise Beschäftigung mit Büchern, mit guten nämlich, erzeugt eine Gewohnheit, interessiert zu sein, die sich endlich zum Bedürfnis steigert. Selbst mit geistlosen Menschen kann ich umgehen, wenn irgendein Charakterzug, ja eine unschuldige Verkehrtheit hervortritt, die einen Anknüpfungspunkt darbietet. Heiter zu sein, ja, selbst Spaß zu machen, fällt mir unter solchen Umständen nicht schwer, nur darf es nicht zu lange dauern oder sich zu oft wiederholen; wenn die Situation ausgekostet ist, hat der Reiz ein Ende. Unerläßliche Bedingung ist jedoch, daß ich mich unbefangen und ungehindert gehenlassen kann; treten Rücksichten ein, die diese Freiheit der Bewegung hemmen, dann wird mir der Zustand unleidlich. Gegenüber von unbedeutenden, gleichgültigen oder wohl gar übelwollenden Personen weiß ich mir sehr gut zu helfen und zwischen der Ortsveränderung und der eigentlichen Grobheit liegen eine Menge Mittelstufen, deren ich mich in solchen Fällen mit Glück bedient habe. Sind es aber gute, wohlwollende, etwa gar Personen, denen ich zu Dank verpflichtet bin, so gerate ich in einen Zustand der Abspannung, der sich nur durch die Willkürlichkeit der äußeren Bewegung vom Schlafe unterscheidet. Dadurch, daß ich mich dieses Mangels an Herrschaft über meine Stimmung nicht vor andern, sondern vor mir selbst schäme, gerate ich immer tiefer hinein, ein geistiges Dunkel umgibt mich, und ich weiß kaum mehr, was ich tue oder sage.

Die Familie des Grafen bestand aus seiner Gemahlin, einer, wie man sagte, aristokratisch stolzen, aber höchst gutmütigen, nur auch ebenso bornierten Frau; aus zwei herangewachsenen Töchtern, die

Geist haben mochten, sich aber immer in den Redeschranken wohlerzogener Komtessen hielten; einer Schwester oder Schwägerin, die etwas Spöttisches hatte, ohne durch ihr Wesen dazu berechtigt oder aus jener Sphäre heraus zu sein, die selbst zum Gegenstande des Spottes macht; aus zwei Söhnen, von denen der eine später für kurze Zeit eine bedeutende Rolle gespielt hat, die aber damals ziemlich wilde Knaben von 14 bis 15 Jahren waren. Dazu kam ein Hofmeister, der in die Familienverhältnisse genug eingeweiht war, um in das leerste Gewäsch ein Wort mithineinwerfen zu können, der aber im Bewußtsein der Atmosphäre sich wohl hütete, irgend etwas allgemein Interessantes zur Sprache zu bringen, obwohl er ein zwar etwas verworrener, aber wirklich bedeutender Mensch war. Wenn sich nun noch Besuche von adeligen Familien aus der Nachbarschaft oder von Diplomaten zweiten Ranges aus der ehemaligen Sphäre des Grafen einstellten, so gab das ein Gemenge und Getreibe, dem meine Kopfnerven durchaus nicht gewachsen waren. Als die Leersten und Geistlosesten zeigten sich die Diplomaten, und ich mußte in der Folge oft seufzen, wenn ich dieselben Namen in den politischen Verhandlungen früherer Zeit als Mitwirkende und Teilnehmer las. Sie unterhielten den Grafen mit einer ungesalzenen Chronique scandaleuse aus ihrem Umgangskreise, man sah ihnen aber wohl an, daß sie auch bei ihrem gegenwärtigen Wirte nur Stoff zu Zwischenträgereien für die Unterhaltung der eben jetzt Verspotteten suchten. Der Graf wußte das so gut als ich, es kümmerte ihn aber nicht.

Er war überhaupt einer der charaktervollsten Männer seiner Zeit und übte über sich selbst eine unglaubliche Gewalt aus. Für das Gesellschaftliche war ihm freilich die Langeweile der Hofzirkel und der diplomatischen Salons eine gute Vorübung gewesen, demungeachtet aber blieb es bewunderungswürdig, wie er jeder Lage eine Seite abzugewinnen wußte, um sich zu unterhalten oder zu zerstreuen oder wenigstens die Zeit vorwärtszuschieben. Dieselbe Gewalt, die er über sich ausübte, forderte er aber auch, mit Recht, von jedem eigentlichen Manne, und ich bin überzeugt, daß er mir mein knabenhaftes Herumtaumeln sehr übelnahm, obgleich er nie davon ein Zeichen gab. Gerade diese Güte aber war es, die mir jedes energische Herausreißen unmöglich machte.

Wie nun auch immer, das Verhältnis gestaltete sich mir als unleidlich, und als des nächsten Sommers die Zeit des Landaufenthaltes herankam, benützte ich eine leichte Unpäßlichkeit, um mich der Begleitung zu entheben, eine Gelegenheit, welche ein untergeordneter Beamter, der dem Grafen nicht unangenehm war, mit

Begierde ergriff. Der vortreffliche Mann hat mich über alles das wahrscheinlich mehr entschuldigt als ich mich selbst. Wie weit es aber doch etwa auf seine Gesinnung einwirkte, konnte nicht deutlich werden, da er bald darauf starb.

Ich habe hier scheinbar einen langen Zwischenraum seit Überreichung meines Ottokars übersprungen, der aber eigentlich keiner ist, denn zwei Jahre waren verflossen und ich stand mit meinem Stücke noch auf demselben Punkte. Es war bei der Zensur eingereicht worden, dort aber verschwunden. Es wußte niemand, wo es hingekommen sei. Anfangs hieß es, es sei der Staatskanzlei mitgeteilt worden und befinde ich in den Händen des Hofrates Gentz. Ich ging denn zu Gentz.

Noch erinnere ich mich des widerlichen Eindrucks, den die Wohnung des Mannes auf mich machte. Der Fußboden des Wartesalons war mit gefütterten Teppichen belegt, so daß man bei jedem Schritte wie in einem Sumpf einsank und eine Art Seekrankheit bekam. Auf allen Tischen und Kommoden standen Glasglocken mit eingemachten Früchten zum augenblicklichen Naschen für den sybaritischen Hausherrn, im Schlafzimmer endlich lag er selbst auf einem schneeweißen Bette im grauseidenen Schlafrocke. Ringsum Inventionen und Bequemlichkeiten. Da waren bewegliche Arme, die Tinte und Feder beim Bedarf näher brachten, ein Schreibpult, das sich von selbst hin und her schob; ich glaube, daß selbst der Nachttopf allenfalls durch den Druck einer Feder sich zum Gebrauch darreichte. Gentz empfing mich kalt, aber höflich. Er hatte mein Stück allerdings empfangen und gelesen, aber bereits wieder abgegeben. Ich ging. Neuer Kreislauf, neue Ungewißheit, zuletzt Verschwinden aller weitern Spur.

In welche Lage mich das setzte, kann jedermann denken. Es fiel mir nicht einmal ein, einen neuen Stoff zu wählen, denn wenn dieser loyal-patriotische Anstände fand, was war irgend sonst durchzubringen?

Da kam endlich Hilfe von einer Seite, wo man's am wenigsten erwartet hätte. Die jetzige Kaiserin-Mutter, damals regierende Kaiserin, befand sich unwohl. Der Dichter Matthäus Collin, einer der Lehrer des Herzogs von Reichstadt, kam zu ihr, wahrscheinlich um Bericht über die Fortschritte seines Zöglings abzustatten. Da ersuchte ihn die gebildete Frau, ihr Bücher zur Lektüre vorzuschlagen. Er nennt ihr einige Werke, die sie aber bereits kennt. Gehen Sie doch zur Theaterdirektion, sagt sie ihm, und fragen Sie an, ob nicht irgendein interessantes Manuskript vorliege, bei der künftigen Aufführung werde ich es mit doppeltem Anteile sehn. Collin geht zur Theaterdirektion und erfährt, daß nichts als unbedeutende Bluetten da seien, die erst durch die Aufführung einen Wert bekommen. »König Ottokars Glück und Ende« könnte allenfalls Ihre Majestät interessieren, es liege aber seit zwei Jahren bei der Zensur und man könne es trotz aller Bemühungen nicht zurückerhalten. Collin nimmt seinen Weg auch zur Zensurhofstelle, und als man dort den Zweck der Nachfrage erfährt, ist das Stück augenblicklich gefunden.

Collin liest es der Kaiserin vor, die nicht genug erstaunen kann, daß man das Stück verbieten wolle. In dem Augenblicke tritt ihr Gemahl ins Zimmer. Die Kaiserin teilt ihm ihre Verwunderung mit und wie sie in dem Stück nichts als Gutes und Löbliches gefunden. Wenn sich das so verhält, sagt der Kaiser, so mag Collin zur Zensur gehen und ihnen sagen, daß sie die Aufführung erlauben sollen. Collin, ein im höchsten Grade ehrenwerter Mann, hat den Vorgang vor niemand verhehlt, und so habe auch ich ihn erfahren. Und so bedurfte es eines Zufalls, um eine Arbeit, die mir, alles andere abgerechnet, eine mehr als jahrelange Sammlermühe gekostet, nicht aus der Reihe der Dinge verschwinden zu lassen.

Man ging nun an die Aufführung. Anschütz gab den Ottokar sehr gut. Die Schröder übernahm die kleine Rolle der Margarete. Es fanden sich für alle andern passende Schauspieler. Noch erinnere ich mich der Wunderlichkeit, daß Heurteur, der Darsteller des Rudolf von Habsburg, der alles bildlich nahm und wegen Unpäßlichkeit der Leseprobe nicht beiwohnen konnte, als er mir ein paar Tage darauf auf dem Glacis begegnete, anhielt, um mich über seine Auffassung der Rolle zu Rate zu ziehen. »Nun, und wie wollen Sie den Rudolf spielen?« fragte ich. »Halb Kaiser Franz und halb heiliger Florian«, war seine Antwort. »Sehr gut«, versetzte ich. Wir gingen auseinander, und Heurteur gab seine Rolle höchst befriedigend.

Als der Tag der Aufführung kam, gab es ein Gedränge, desgleichen man im Hofburgtheater weder früher noch später erlebt hat. Leider konnte ich die Ehre des Zulaufs nicht bloß mir anrechnen, es war vielmehr das Gerücht, daß das Stück von der Zensur verboten gewesen sei, was dem Publikum die Aussicht auf einen allfälligen Skandal eröffnete. Als nun alles höchst loyal und unverfänglich ablief, selbst die Versuche, längst vergangene Ereignisse an neue und an gegenwärtig lebende Personen anzuknüpfen, nicht recht gelingen wollten, sah man sich in einem Teil seiner Erwartungen getäuscht. Zugleich war die Form des Historischen damals glücklicherweise noch nicht geläufig, man hatte sich noch nicht Rechenschaft gegeben, daß man derlei nicht wie ein Miniaturbild nahe vor das Auge, sondern wie ein Deckengemälde in einige Entfernung bringen müsse. Die wegen Mangel des Raums auf die Spitze getriebenen Situationen schienen übertrieben, man vermißte die stetige Folge des Natürlichen. Das Publikum war nämlich selbst noch natürlich, es hatte noch nicht jene Höhe erklommen, auf der ihm nichts gefällt, als was ihm mißfällt, der Zustimmung aber den Anschein einer höheren Bildung gibt. Es wurde ungeheuer viel geklatscht, oder vielmehr, da das Gedränge das Klatschen unmöglich machte, gejubelt und gestampft, aber ich merkte wohl, daß der Eindruck nicht lebendig ins Innere gedrungen war. Der Beifall erhielt sich bei allen Wiederholungen, demungeachtet war es, als ob das Stück durchgefallen wäre, wenigstens wichen mir alle Freunde und Bekannten aus, als ob sie ein Gespräch über das neueste theatralische Ereignis gefürchtet hätten. Am übelsten waren die Bewunderer meiner Sappho zu sprechen, sie wendeten auf das eine Stück an, was von dem andern galt, als ob sie von der Verschiedenheit der Stoffe gar keine Vorstellung hätten, und ich entfernte mich aus den wenigen Häusern, die ich bisher besucht hatte, um nur nicht sachunkundige Einwendungen in einem fort berichtigen zu müssen.

Was bei den übrigen heimlich rumorte, sprachen in höchster Entrüstung die in Wien lebenden Böhmen aus. Die tschechische Nation ist gewohnt, den König Ottokar als den Glanzpunkt ihrer Geschichte zu betrachten. Darin haben sie ganz recht, wenn sie ihm aber durchaus löbliche Eigenschaften zuteilen, so widerlegt sie schon der Umstand, daß seine neuen Untertanen sich gegen ihn gewendet und seine alten ihn verlassen haben. Im ganzen dürfte meine Auffassung auch historisch ziemlich richtig gewesen sein. Wenn ich ihm etwas Zufahrendes und, wie es oben genannt, Wachstubenmäßiges gegeben hatte, so war es, weil mir der Kaiser Napoleon vorschwebte; man kann aber nicht sagen, daß Ottokar nicht so gewesen ist, weil niemand weiß, wie er wirklich war. Die Aufzeichnungen über ihn sind höchst dürftig. Indem ich vorzugsweise österreichischen Quellen folgte, geriet freilich – was übrigens schon die dramatische Notwendigkeit forderte – die Hauptfigur etwas ins Dunkle, aber vor ein paar Jahren hatte man ein Stück Ottokar von Kotzebue aufgeführt, in dem der Held zu einer Art Kinderschreck gemacht war, ohne daß jemand dabei ein Arges gehabt hätte.

Die Stimmung der Böhmen erzeugte sich übrigens nicht ohne Aufhetzerei, und die Fäden gingen so ziemlich auf einen Staatskanzleirat böhmischer Abkunft zusammen, der wohl auch seinen Anteil an den ursprünglichen Zensur-Hindernissen beigesteuert hatte. Man hatte ihm nämlich im Ministerium des Äußeren das Fach der Zensur zugeteilt, weil, wie man glaubte, seine Unfähigkeit dort den geringsten Schaden anzurichten vermöge. Um ihn und die Art, wie damals das Zensoramt ausgeübt wurde, zu zeichnen, will ich einen guten Spaß anführen, obwohl er mich selbst nichts angeht. Baron Hormayr, dem es nicht an Verstand und Witz, wohl aber an Rechtschaffenheit und eigentlichem Fleiß fehlte, hatte für sein eigenes historisches Taschenbuch einen Aufsatz »Philippine Welser« geschrieben. Als derselbe dem obgedachten staatskanzleirätlichen Zensor in die Hände kam, erklärte er, darüber nicht aburteilen zu können. Da es sich um eine Mesalliance in dem kaiserlichen Hause handle, müsse vor allem der Chef des Hauses, der Kaiser selbst, befragt werden. »Das ist allerdings richtig«, versetzte Hormayr, »wenn Sie den Erzherzog Ferdinand *hindern* wollen, die Philippine Welser zu heiraten. Sollte aber die Heirat schon vor dreihundert Jahren wirklich vor sich gegangen sein, so sehe ich nicht ein, was der Chef des Hauses noch dazu oder davon wegtun könnte.«

Die nationale Aufregung, die von den böhmischen Studenten in Wien ausging, setzte sich aber auch nach Prag fort. Ich erhielt von dort anonyme Drohbriefe, von denen ich noch einen aufbewahre, wo schon auf der Adresse die Grobheiten beginnen, indes im Innern mit der Hölle als Strafe für meine teuflischen Verleumdungen gedroht wird. Es ging so weit, daß, als ich im nächsten Herbst eine Reise nach Deutschland beabsichtigte und dabei Prag als eine der interessantesten Städte nicht übergehen wollte, meine Freunde mir ernstlich abrieten, weil sie von der gereizten Stimmung eine Gefahr für mich befürchteten. Ich ging trotz Stimmung und Warnung über Prag und habe während eines dreitägigen Aufenthaltes wohl schiefe Gesichter gesehen, aber sonst nichts Unangenehmes erfahren.

So lächerlich mir einerseits diese Übertreibungen eines im Grunde löblichen Nationalgefühles waren, so weh tat es mir andrerseits, gerade des Löblichen der Grundlage wegen, ohne Absicht Anlaß gegeben zu haben, daß ein ehrenwerter, in denselben Staatsverband gehöriger Volksstamm sich meine harmlose Arbeit zu einer Verunglimpfung und Beleidigung formuliere. Ich wußte in der Tat nicht mehr, was ich tun sollte. Wo ich hintrat, stieß ich an; und wo ich Dank erwartet hatte, machte man mich für fremde Absurditäten verantwortlich. Es ist ein Unglück für Österreich, in seinen Länderkomplex zwei der eitelsten Nationen dieser Erde einzuschließen, die Böhmen und die Ungarn. Damals schlummerte diese Eitelkeit noch und war in dem Streben nach einer allgemeinen Bildung eingehüllt, als aber in der Folge die deutsche Literatur die Nationalitäten hervorhob, wobei sie aber nicht die Deutschen zur Wahrung ihres Nationalcharakters ermuntern, sondern ihnen einen ganz neuen Charakter anbilden, sie aus einem ruhigen, verständigen, bescheidenen und pflichttreuen Volke zu Feuerfressern und Weltverschlingern machen wollte, da übersetzten Tschechen und Magyaren die deutsche Albernheit unmittelbar ins Böhmische und Ungarische, dünkten sich originell in der Nachahmung und erzeugten jene Ideenverwirrung, die im Jahre 1848 sich so blutig Bahn gebrochen hat. Sie vergaßen dabei, alles andere abgerechnet, daß ein Volksstamm kein Volk, so wie ein Idiom oder Dialekt keine Sprache ist, und wer nicht allein stehen kann, sich anschließen muß.

Da ich bei der damals in Deutschland herrschenden Erbitterung gegen Österreich nicht hoffen konnte, für meinen durchaus österreichisch gehaltenen Ottokar einen Platz auf den übrigen deutschen Bühnen zu finden, und zugleich in der Heimat Rückfälle der Zensur fürchtete, so hatte ich zugleich mit der Aufführung mein Stück in Druck erscheinen lassen, wo sich denn das Merkwürdige begab, daß mein Verleger an einem Tage, dem der Aufführung nämlich, neunhundert Exemplare verkaufte, ein Absatz, der sich freilich in der Folge ins natürliche Verhältnis zurücklenkte.

Als von einem gedruckten Stücke, für das man daher kein Honorar zu bezahlen brauchte, bereitete auch ein zweites Wiener Theater, das an der Wien, die Aufführung vor. Wie diese beschaffen war, kann man daraus abnehmen, daß der mit der Rolle des Ottokar betraute Schauspieler, der jetzt in Berlin engagierte Herr Rott, am Tage nach der ersten Darstellung im Burgtheater, einen meiner Bekannten über den gestrigen Erfolg, vor allem aber über die Art fragte, wie Anschütz den Ottokar gehalten habe. Als ihm dieser sagte: »streng, heftig, stark«, erwiderte Rott, der das Stück noch gar nicht kannte: »Ich werde ihn mild geben.«

Ich muß noch eine Anekdote als hierhergehörig anführen, und zwar eine Zensuranekdote. Ein paar Jahre später fuhr ich mit dem Hietzinger Gesellschaftswagen von Hietzing nach Wien. Ich kam neben einen Hofrat der Zensurhofstelle zu sitzen, der mir schon früher als Polizeidirektor in Venedig während meines dortigen Aufenthaltes alle Freundlichkeiten erwiesen hatte und mir bis auf diesen Augenblick immer zugetan geblieben ist. Er begann das

Gespräch mit der damals in Wien stereotypen Frage, warum ich denn gar so wenig schriebe. Ich erwiderte ihm: Er als Beamter der Zensur müsse den Grund wohl am besten wissen. »Ja«, versetzte er, »so seid ihr Herren! Ihr denkt euch immer die Zensur als gegen euch verschworen. Als ihr ›Ottokar‹ zwei Jahre liegenblieb, glaubten Sie wahrscheinlich, ein erbitterter Feind verhindere die Aufführung. Wissen Sie, wer es zurückgehalten hat? Ich, der ich, weiß Gott, Ihr Feind nicht bin.« – »Aber, Herr Hofrat«, versetzte ich, »was haben Sie denn an dem Stücke Gefährliches gefunden?« – »Gar nichts«, sagte er, »aber ich dachte mir: man kann doch nicht wissen –!« Und das sprach der Mann im Tone der wohlwollendsten Gutmütigkeit, so daß man wohl sah, der mit den Angelegenheiten der Literatur betraute Beamte habe nicht die geringste Vorstellung von literarischem Eigentum sowie daß die Arbeit des Dichters wenigstens ebensoviel Anspruch auf Geltung und Vergeltung habe als die des Beamten oder des Handwerkers.

Daß unter diesen Umständen in dem damaligen Österreich für einen Dichter kein Platz sei, wurde mir immer deutlicher. Ich versank immer mehr in eine hypochondrische Stimmung, in der mich weder ein früher vorbereiteter Stoff zur Ausführung reizte noch ein neuer hinzukam, welches letztere von da an der Grundtypus meiner poetischen Produktionskraft geblieben ist. Auf alte Stoffe zurückzukommen, hat aber immer etwas Gefährliches. Selbst die Fortschritte in der Bildung, die man in der Zwischenzeit gemacht hat, werden zu Hindernissen. Man fühlt sich genötigt, am Plane zu ändern, was manchmal auf die Geschlossenheit der Form, manchmal sogar auf die Einheit der Anschauung von nachteiliger Wirkung ist.

Mir war damals zumute, als ob ich nie mehr etwas schreiben würde. Dazu traten noch in Verwirrung gekommene Herzensangelegenheiten. Ich beschloß, dem Zustande durch eine Reise ein Ende zu machen.

Was die Herzensangelegenheiten betrifft, so werde ich weder jetzt noch später ihrer im einzelnen Erwähnung machen, obwohl sie eine große, obwohl leider nicht förderliche Rolle in meinem Entwicklungsgange gespielt haben. Ich bin Herr meiner Geheimnisse, aber nicht der der anderen. Wie jeder wohlbeschaffene Mensch fühlte ich mich von der schöneren Hälfte der Menschheit angezogen, war mit mir aber viel zu wenig zufrieden, um zu glauben, tiefe Eindrücke in kurzer Zeit hervorbringen zu können. War es aber die vage Vorstellung von Poesie und Dichter, oder selbst das Schwerflüssige meines Wesens, das, wenn es nicht abstößt, gerade aus Widerspruchsgeist anzieht, ich fand mich tief verwikkelt, während ich noch glaubte, in der ersten Annäherung zu sein. Das gab nun Glück und Unglück in nächster Nähe, obwohl letzteres in verstärktem Maße, da mein eigentliches Streben doch immer dahin ging, mich in jenem ungetrübten Zustande zu erhalten, der meiner eigentlichen Göttin, der Kunst, die Annäherung nicht erschwerte oder wohl gar unmöglich machte.

Eine Reise ist ein vortreffliches Heilmittel für verworrene Zustände. Dieses Mal sollte das Ziel der meinigen Deutschland sein. Die deutschen Größen hatten zwar so ziemlich Abschied genommen, noch aber lebte einer, Goethe, den zu sprechen oder auch nur zu sehen mich im voraus glücklich machte. Ich war nie, wie damals der Modeton ging, ein blinder Anbeter Goethes, so wenig als irgendeines andern einzelnen Dichters. Da, wo sie alle zusammentrafen, schien mir die Poesie zu liegen, die einzelnen Abweichungen gaben ihnen teils den Reiz der Individualität, teils waren sie nicht frei von dem allgemeinen Los der Menschheit: zu irren nämlich. Besonders Goethe hatte sich seit Schillers Tode von der Poesie ab und den Wissenschaften zugewendet. Indem er seine Wärme in zu viele Richtungen verteilte, wurde sie schwächer in jeder, seine neuesten poetischen Hervorbringungen waren lau und kühl, und wenn er sich, der Haltung wegen, dem Antiken zuwendete, manieriert. Die Empfindungsmattigkeit, die er der damaligen Zeit mitteilte, hat vielleicht vor allem zum Verfall der Poesie beigetragen, indem sie der darauffolgenden Roheit des jungen Deutschlands, der Volkspoesie und des mittelhochdeutschen Unsinns Tür und Tor öffnete; das Publikum war froh, nur wieder etwas Substantielles zwischen die Zähne zu bekommen. Nichtsdestoweniger ist er einer der größten Dichter aller Zeiten und der Vater unserer Poesie. Klopstock hatte den Anstoß gegeben, Lessing den Weg gezeigt, Goethe ist ihn gegangen. Vielleicht ist Schiller ein größeres Besitztum der deutschen Nation, denn ein Volk braucht starke, fortreißende Eindrücke, aber Goethe scheint der größere Dichter zu sein. Er füllt sein eigenes Blatt in der Entwicklung des menschlichen Geistes, indes Schiller zwischen Racine und Shakespeare in der Mitte steht. So wenig ich nun mit der neuesten Wirksamkeit Goethes einverstanden war und bei seinem damaligen ablehnenden Quietismus hoffen konnte, daß er den Dichter der »Ahnfrau« und des »Goldenen Vließes« nur irgendeiner Beachtung würdigen werde, so war mir doch, als ob schon sein Anblick hinreichend wäre, mir neuen Mut in die Seele zu gießen. Dormit puer, non mortuus est.

Außer dieser echt katholischen Reliquienandacht zog mich auch noch der nur halb klare Gedanke nach Deutschland, mich umzusehen, ob da vielleicht ein Ort sei, wo man ungestörter der Poesie nachhängen könne als in dem damaligen Wien.

Ich begab mich daher auf den Weg, und zwar allein, wie ich immer geliebt habe. In Prag genoß ich die verkörperten historischen Erinnerungen der herrlichen Stadt, und vorbereitete Stoffe aus der böhmischen Geschichte gingen auffordernd durch meinen Sinn. Von da über Teplitz nach Dresden, und zwar mit dem Landkutscher, da es damals mit Reisegelegenheiten schlecht bestellt war. Den Weg verkürzte mir übrigens ein ältlicher Mann mit seiner jungen Frau, der unerschöpflich in dem Lobe von Prag war. »Haben Sie die Gemäldesammlung gesehen?« fragte er. Ich wußte gar nicht, daß es eine solche in Prag gab. »Das sind Bilder«, sagte er, »besonders eines darunter von Raphael oder Gabriel, wie er heißt.«

In Gießhübel hörte ich zuerst von einem dem Anscheine nach vornehmen Manne den sächsischen Dialekt sprechen, und ich glaubte vergehen zu müssen. Die österreichische Mundart ist plump, die sächsische aber abgeschmackt. Einen noch viel wunderlicheren Eindruck machte es auf mich, als ich in der Gegend von Meißen eine ziemlich hübsche Kellnerin mit einigen Fuhrleuten die gröbsten Zoten in dem reinsten Deutsch vorbringen hörte. In Dresden zog mich die Bildergalerie so an, daß ich ihr fast meine ganze achttägige Zeit widmete und erst am letzten Tage nach Tarant hinausfuhr, um doch etwas von der schönen Natur zu genießen. Winkler (Theodor Hell) nahm mich sehr gut auf. Sonst kannte ich niemand als Tieck, der mich in Wien besucht hatte, und Böttiger, mit dem ich zur Zeit der Sappho einmal Briefe gewechselt, wo denn mein Antwortschreiben sich in den anerkennendsten Ausdrücken erging, weil ich bei meinem schlechten Gedächtnisse und geringen Bekanntschaft mit der deutschen Literatur ihn mit Bertuch in eine Person zusammenwarf, welch letzterer bei mir durch seine Übersetzung des Don Quichote und seine Andeutungen über die spanische Literatur in gutem Andenken stand. Höchst komisch war es, als ich ihn besuchte und statt seiner eine junge Frauensperson, vielleicht seine Tochter, antraf, die eben des Vaters kleine antiquarische Sammlung reinigte. Sie hielt nämlich eben eine kleine, höchst obszöne Erzfigur mit einem für die Schamhaftigkeit viel zu kurzem Mantel in der Hand, an der sie unbefangen fortputzte, während sie mit mir sprach. Auch zu Tieck ging ich, der mich für den Abend auf die Vorlesung eines Shakespeareschen Stückes einlud. Tieck las vortrefflich, aber höchst ermüdend, da er zwischen den

Akten keine Absätze machte und auch die redenden Personen weder durch die Namen noch, mit Ausnahme der komischen Figuren, durch Abwechslung der Stimme bezeichnete. Die Hälfte seiner höchst gemischten Zuhörer nickte daher auf den Sitzen ein und wurde nur durch die Zeichen des Beifalls geweckt, in welche sie lebhaft miteinstimmten. Mich selbst strengte die Vorlesung so an, daß ich darauf bei sinkender Nacht eine Stunde im Freien herumgehen mußte, um meine Geister für den Schlaf in Ruhe zu setzen. An einem der folgenden Abende ließ er mir die Wahl des zu lesenden Stückes. Um den Umfang seines deklamatorischen Talentes kennenzulernen, wählte ich ein antikes. Er las den Ödip auf Kolonos von Sophokles. Da war aber das Merkwürdigste, daß er bei Lesung des Titels das zweite »o« in Kolonos kurz aussprach, also nicht wußte, daß es im Griechischen mit langem »o« geschrieben wird. Das Merkwürdigste aber, daß er nun auch durch das ganze Stück gegen Versmaß und Rhythmus immer Kolonos mit kurzem »o« las, als ob er den Text verbessert und nicht einen Bock geschossen hätte. Trotz seiner mannigfachen Gaben habe ich doch Tieck nie leiden mögen. Im Komisch-Parodischen ist er mitunter vortrefflich, und wenn nicht das Formlose seiner Anlage wäre, er hätte ein guter Lustspieldichter werden können. Alles übrige ist gesucht und gemacht. Er und Jean Paul gehören unter die frühesten Verderber unserer Literatur.

Soll ich hier auch meine Meinung von Jean Paul niederschreiben, da sich später wohl keine Gelegenheit findet? Jean Paul hatte, im Gegensatz zu Tieck, eine wirkliche und wahre Empfindung; er ging ihr aber als einem Genußmittel nach und verfiel dadurch in Empfindelei. Da nun zugleich seine Phantasie nicht gleichen Schritt hielt, so geriet er, sooft die Empfindung vorherrschte, in Nebelgestalten, und wenn er objektiv sein wollte, auf Gemeinheiten. Nur in seinen Stilleben gelang es ihm, beide zu vereinigen, und da ist er auch vortrefflich.

Wem es hart scheinen sollte, so begabte Schriftsteller als Kunstverderber bezeichnet zu sehen, der mag nur wissen, daß die jeweiligen Verderber der Kunst immer begabte Schriftsteller sind, da nur solche zur Billigung oder Nachahmung verlocken. Unbegabte verlacht man, und sie verderben niemanden als sich selbst.

Von Dresden ging es nach Berlin. Ich kannte von den dortigen Literatoren niemanden, wohl aber ein paar Justizkommissäre, vortreffliche Leute, die kurz vorher in Wien gewesen waren. Einer von ihnen war Vormund der Sängerin Sonntag, und ich machte die Bekanntschaft dieser halben Landsmännin eben erst in Berlin.

Überhaupt bildete damals das Königsstädter Theater die Hauptunterhaltung. Das Königliche Schauspielhaus wurde, wenn ich mich recht erinnere, zur Zeit (im Jahre 1827 oder 1828) eben erst gebaut, und in dem prächtigen alten Opernhause waren die Milder und die Seidler schon bedeutend in der Abnahme. Ich war im Königsstädter Theater zugegen, als die Sonntag nach ihrer ersten Pariser Reise zum ersten Male wieder auftrat. Das germanische Publikum empfing sie mit Pfeifen und Pochen. »Fort mit der Französin!« wurde von allen Seiten gerufen. La petite morveuse war aber durch nichts aus ihrer Fassung zu bringen, sie spielte und sang, als ob all der Lärm sie nichts anginge, und am nächsten Abend war sie schon wieder der unbestrittene Liebling des Publikums. Das reizende Geschöpf von damals ist sie noch.

In die literarischen Bekanntschaften wurde ich durch einen mir bis dahin gleichfalls unbekannten Literator eingeführt, dessen erste Erscheinung aber mit einem höchst störenden kleinen Unglücksfalle begleitet war. Ich war eben am Rasieren, als mir der Kellner im »König von Portugal«, wo ich wohnte, einen Offizier anmeldete, der mich zu sprechen wünschte. Ich deckte daher schnell ein offenes Schnupftuch über das Rasiergerät und empfing den Fremden, der, in voller Uniform und mit Orden geschmückt, niemand anderer als Baron Lamotte Fouqué war. Wenn man gegenwärtig den Namen Fouqué nennt, so verziehen sich die Gesichter zu spöttischem Lächeln, damals aber war er in so hoher Geltung, daß ein großer Teil der Nation ihn dem Altmeister Goethe an die Seite setzte. Ich besitze noch ein gestochenes Porträt von ihm, das durch seine Inschriften und Embleme nicht weit von einer Apotheose entfernt ist. Überhaupt überfällt einen Deutschen, der das sechzigste Jahr überschritten hat, ein wunderliches Gefühl, wenn er die unzähligen Geschmackswendungen, den immerwährenden Wechsel von philosophischen und sonstigen Überzeugungen sich zurückruft, die er in dieser Zeit erlebt, Überzeugungen, die von einer Überschwenglichkeit begleitet waren, die ihnen eine ewige Dauer zu versprechen schien, indes sie doch nach kaum mehr als zehn Jahre in nichts zerflossen waren. Goethe, Schiller und Lessing sind zwar die einzigen aus unserer ganzen Literatur geblieben bis diesen Tag, niemandem aber fällt ein zu glauben, daß der Wert dieser Heroen nicht bloß in ihrem Talent, sondern auch in ihren leitenden Grundsätzen lag. Man ändert, bessert, schreitet vor, und immer glaubt man wieder, das Rechte gefunden zu haben. Da überschleicht einen solchen Beobachter denn wohl gar der Zweifel, ob aus einer so wetterwendischen, in ihren Ansichten so unklaren, in ihren Überzeugungen so schwankenden Nation je etwas Vernünftiges werden könne? Das war der Grund, warum ich im Jahre 1848 – doch davon zu seiner Zeit.

Gegenwärtig befinde ich mich in Berlin, Fouqué sitzt an meiner Seite, genießt eines nicht ganz unverdienten Ruhmes und ist demungeachtet so natürlich, lieb und gut als nur immer möglich. Ich mußte ihm versprechen, mit ihm seinen kranken Freund Franz Horn zu besuchen, und er erbot sich, mich in die literarische Mittwochsgesellschaft einzuführen. Als er ungefähr nach einer Stunde wieder ging, trat das Unglück ein. Ich wollte mein Rasiergerät wieder aufnehmen, über das ich ein Schnupftuch gebreitet hatte, vergaß, daß das Messer geöffnet war, und griff durch das Tuch in die Schneide, so daß ich mir das oberste Glied von dem Zeigefinger der rechten Hand vollkommen spaltete. Das Blut wurde schwer genug mit Wasser gestillt, man riet mir, ich glaube, Feuerschwamm auf die Wunde zu legen, die auch heilte, aber die getrennten Teile standen in zwei Hälften auseinander. Ich mußte chirurgische Hilfe ansprechen. Der Finger wurde von neuem zum Bluten gebracht und vereinigte sich endlich auch bei der Genesung. Die Narbe davon ist noch jetzt sichtbar. Dieser Umstand verbitterte mir ein wenig meinen Berliner Aufenthalt und war zum Teil Ursache, daß ich meine Reise nicht bis nach Hamburg fortsetzte, wie anfangs meine Absicht war. Ich fuhr nichtsdestoweniger fort, mir Berlin nach allen seinen Seiten anzueignen. Fouqué führte mich zu Franz Horn, der im Bette lag und aus dem Kranksein eine Art Geschäft zu machen schien. Über alles, was er dachte und sagte, war eine Mattigkeit verbreitet, die ich später auch in seinem Kommentar zu Shakespeare wiederfand. Er war der erste dieser Kommentatoren, die sich von Tieck bis Gervinus alle Mühe gegeben haben, diesen verständlichsten aller Dichter unverständlich zu machen. Wenn ich Shakespeare verständlich nenne, so meine ich nicht, daß man ihn demonstrieren könne. Demonstrieren kann man überhaupt keinen Natur- und daher auch keinen vollkommen natürlichen Kunstgegenstand. Aber denselben Hamlet, den Goethe sich fruchtlos Mühe gegeben hat, zu deduzieren, versteht der Schneider in der vierten Galerie, das heißt, er findet es natürlich, daß die Menschen sich so und nicht anders benehmen, und faßt das Ganze in *eine* erhöhte Empfindung auf. Eine Dichtung mitleben heißt aber sie verstehen. Wir mindern Poeten müssen uns an die Konsequenzen der Natur halten; die großen Dichter sind aber nur darum groß, weil sie auch die Inkongruenzen der Natur zur Geltung und Wirklichkeit zu bringen imstande sind.

Ich glaube, es war auch Fouqué, der mich in die literarische Mittwochsgesellschaft einführte. Die Versammlung war nicht zahlreich, da der schönen Jahreszeit wegen die meisten sich von Berlin abwesend befanden. Ich lernte da Varnhagen und Chamisso kennen, der mir bis auf seine langen Haare sehr wohl gefiel. Varnhagen ging mit mir nach Hause. Als wir an seiner Wohnung vorüberkamen, meinte er, er wolle seiner Frau – jener später bekannten Rahel, von der ich aber damals nichts wußte – meine Bekanntschaft verschaffen. Ich hatte mich den ganzen Tag herumgetrieben und fühlte mich müde bis zum Sterben, war daher herzlich froh, als man uns an der Haustüre sagte, die Frau Legationsrätin sei nicht daheim. Als wir aber die Treppe herunterstiegen, kam uns die Frau entgegen, und ich fügte mich in mein Schicksal. Nun fing aber die alternde, vielleicht nie hübsche, von Krankheit zusammengekrümmte, etwas einer Fee, um nicht zu sagen Hexe, ähnliche Frau zu sprechen an, und ich war bezaubert. Meine Müdigkeit verflog oder machte vielmehr einer Art Trunkenheit Platz. Sie sprach und sprach bis gegen Mitternacht, und ich weiß nicht mehr, haben sie mich fortgetrieben oder ging ich von selbst fort. Ich habe nie in meinem Leben interessanter und besser reden gehört. Leider war es gegen das Ende meines Aufenthaltes, und ich konnte daher den Besuch nicht wiederholen.

Schon in den ersten Tagen nach meiner Ankunft besuchte mich ein Herr Stiglitz. Ich weiß nicht, war es derselbe Dichter, der später durch den Selbstmord seiner Frau eine so traurige Zelebrität erlangt hat, oder ein anderer gleichen Namens. Meine bis heute währende literarische Unschuld hat öfter zu Verstößen und Verwechslungen Anlaß gegeben. Dieser schien ein bevorzugter Schüler Hegels zu sein. Nach den ersten Höflichkeiten fragte er mich, ob ich den großen Philosophen nicht besuchen würde. Ich antwortete ihm, daß ich mich nicht getraue, da ich von der Wirksamkeit und dem System desselben nicht das geringste wisse. Nun vertraute er mir, daß er mit Vorwissen Hegels komme, der meine Bekanntschaft zu machen wünsche. Ich ging daher hin und wiederholte dem Meister, was ich dem Schüler gesagt hatte: Der Grund, warum ich ihn nicht früher besucht, wäre, weil man bei uns erst bis zum alten Kant gekommen und mir daher sein, Hegels, System ganz unbekannt sei. »Um so besser«, versetzte, höchst wunderlich, der Philosoph. Es schien, als ob er besonders an meinem Goldenen Vließ Interesse genommen habe, obwohl wir uns kaum darüber und überhaupt über Kunstgegenstände nur im allgemeinen besprachen. Ich fand Hegel so angenehm, verständig und rekonziliant, als ich in der Folge sein System abstrus und absprechend gefunden habe. Er lud mich für den folgenden Tag zum Tee, wo ich seine schlicht-natürliche Frau kennenlernte und auch die niedliche Sonntag fand, so daß der Abend unter heiterm Gespräch und Musik verging, ohne daß man durch irgend etwas an den Katheder gemahnt wurde. Ebenda erfolgte eine zweite Einladung, ich weiß nicht mehr, zu Mittag oder Abend, indem mich zugleich Hegel um Erlaubnis bat, einen meiner Landsleute beiziehen zu dürfen. Ich erwiderte, daß, wem er die Ehre seiner Gesellschaft gönne, mir gleichfalls willkommen sein werde. Es zeigte sich am bestimmten Tage, daß damit Herr Saphir aus Wien gemeint war, der gerade damals sein Unwesen in Berlin trieb, sich aber dem Philosophen gegenüber sehr schweigselig und untergeordnet benahm. Man sagte mir, Hegel begünstige ihn, teils aus Lust an seinen wirklich oft guten Späßen, teils aber auch, um bei Gelegenheit durch ihn seine Gegner lächerlich zu machen. Es war das einzige Mal, daß ich mit Herrn Saphir unter einem Dache gewesen bin.

Für mein leibliches Wohl, doch nicht ohne Geistigkeit, sorgten vier oder fünf Justizkommissäre, von denen ich zwei, wie ich schon früher sagte, in Wien kennengelernt, mit den übrigen aber in Berlin durch jene ersten bekannt geworden war. Sie luden mich in der Reihe zu Gast, wo ich denn bemerken konnte, daß, wenn man auch tagtäglich in Berlin frugaler lebe als in Wien, bei Gastmählern dagegen Wien offenbar die Segel streichen müsse. Da einer von ihnen Mitdirektor des Königsstädter Theaters, ein zweiter aber Vormund der Sonntag war, so fehlte auch die Liebliche höchst selten. Der Eifrigste unter ihnen war der Justizkommissär Marchand, der samt seiner vortrefflichen Frau mich mit Vorsorge überhäufte. Wo irgendeine lokale Merkwürdigkeit war, führte er mich hin, unter andern in die Weinhandlung zu Lutter und Wegner, wo sonst der phantastische Hoffmann seine Abende zubrachte. Hoffmann selbst - auch eine mit Unrecht vergessene Zelebrität - war damals vor kurzem gestorben, und seine Zechbrüder saßen stumm und vereinzelt. Endlich kam auch ihr Matador, der Schauspieler Ludwig Devrient. Als man mich ihm vorstellte, benahm er sich wie ein im Geiste Abwesender, und auf meine spätere Frage, wo er wohne, sah er mich an, als über die Zumutung erstaunt, daß er selber wisse, wo er selber wohne. Erst nach ein paar Gläsern Wein kam er aus seinem Stumpfsinne zurück. Ich sah übrigens damals Devrient nicht spielen, weil, wie gesagt, das Schauspielhaus eben im Bau begriffen war. Ein paar Jahre darauf kam er nach Wien, und auch da habe ich ihn nur in weniger bedeutenden Rollen gesehen, da bei bedeutenderen das Theater allzu überfüllt war. Ich erinnere mich daher keines seinem großen Rufe entsprechenden Eindrucks. Nur eine philosophische Erscheinung muß ich als merkwürdig anführen. Er gab den Franz Moor im Theater an der Wien, und ich befand mich in einer der ersten Seitenlogen. Er und alle andern gaben mir bei meinem höchst schwachen Gesichte nur ziemlich nebelhafte Bilder. Da, bei der Szene, wo der Vater ohnmächtig hinsinkt und der Sohn, weil er ihn tot glaubt, das Gesicht mit teuflischer Freude emporhebt, fuhr ich zurück, weil ich glaubte, Devrient springe in die Loge hinein, so bis ins einzelne sah ich plötzlich jeden seiner Züge, und die Deutlichkeit des Sehens verkehrte sich in das Gefühl der Annäherung.

Auch ein zweitesmal erinnere ich mich einer ähnlichen Erscheinung. Mich interessierte eine sehr schöne Frau, die in Wien auf dem sogenannten Stock-am-Eisen-Platze im dritten Stocke wohnte. Eines Tages, als ich im Vorübergehen mich am Ende des Stephansplatzes, daher noch in ziemlicher Entfernung befand, erblickte ich an einem Fenster des mir wichtigen Hauses und dritten Stockwerks etwas Weißes, das ebensogut ein Mann als eine Frau oder wohl gar ein Stück aufgehängter Wäsche sein konnte. Im nächsten Augenblicke aber sah ich die Züge der Frau mit einer solchen Porträtähnlichkeit, daß ich sie unmittelbar auf Elfenbein oder Leinwand hätte bringen können. Das hat in mir die Vermutung hervorgebracht, daß meine Kurzsichtigkeit nicht von einer Beschaffenheit der Linse, sondern von einer Schwäche des Augennervs herrühre, die sich durch Aufregung und Zuströmen des Blutes für Momente verliert. Diese Schwäche meines Auges, dem schwache Gläser nicht helfen und das scharfe nicht verträgt, hat beigetragen, mich vom Besuche des Theaters immer mehr und mehr, und endlich ganz zu entwöhnen. Seit mehr als zehn Jahren besuche ich keines mehr.

Auch an Gelegenheit, mit Höhergestellten in Beziehung zu kommen, fehlte es nicht. Man wollte mich in die Teezirkel eines Ministers, Stägemann, glaub ich, hieß er, einführen, was ich aber ablehnte, weil ich weder den Tee noch die Minister liebe. Dem Fürsten Wittgenstein, damaligen Oberaufseher der Theater, meine Aufwartung zu machen, wurde ich so oft aufgemuntert, daß ich fast glaube, es lag die Absicht vor, mich mit dem Berliner Theater in eine Verbindung zu bringen. Ich ging aber nicht hin, da die Schaubühne im allgemeinen eine Schöne ist, der ich sehr gerne den Hof machen, die ich aber durchaus nicht heiraten will. Auch, so sehr mir Berlin gefiel, hätte es mir Wien nicht ersetzen können. Abgerechnet die Schönheit der Natur rings um die österreichische Kaiserstadt, ist, wie in Wien zu wenig Bildung, in Berlin zu viel. Nun hat aber die deutsche Bildung das Eigentümliche, daß sie sich gar zu gern von dem gesunden Urteile und der natürlichen Empfindung entfernt. Auch war mir die Einstimmigkeit der literarischen Meinung zuwider. Oft habe ich mich in Wien gefreut, wenn mir jemand sagte, er finde Goethe langweilig und Shakespeare roh; nicht als ob ich ihm recht gegeben hätte, sondern es war mir angenehm, daß ich bei meiner Frage nicht die Antwort schon voraus wußte. Nun herrscht zwar in Frankreich oder herrschte noch vor kurzem dieselbe Einstimmigkeit; dort geht sie aber aus dem Charakter der Nation wie eine Art Naturnotwendigkeit hervor, in Deutschland dagegen werden die Meinungen von Koterien der Nation gegen ihre Natur – wie schon der ewige Wechsel zeigt – gewalttätig aufgedrungen.

Da ich schon dabei bin, so interessiert mich, mich selber zu fragen, worin denn der Grund dieser literarischen Feigheit der deutschen Nation oder vielmehr des deutschen Publikums, das heißt des sogenannten gebildeten Teiles dieser in so vieler Hinsicht ausgezeichneten Nation, allenfalls liegen mag. Mir scheint die Ursache in dem vielleicht durch das Klima bedingten Mangel eines starken Naturells, in der Sprödigkeit, um nicht zu sagen Stumpfheit der Auffassungsorgane und der ihnen entsprechenden Begehrungen zu liegen, zufolge dessen das Wirkliche nur einen schwachen Eindruck auf sie macht. Oder wenn dieser Eindruck auch stark im Ganzen wäre, so fehlt die Unterscheidung der Bestandteile, der unendlichen Mannigfaltigkeit, die in jedem einzelnen liegt. Dadurch werden sie zu Allgemeinheiten und Abstraktionen hingezogen, die, da sie im Geiste keine hinlängliche Rechtfertigung finden, im Wirklichen aber keinen Maßstab und kein Gegenbild haben, man ihnen geben und nehmen kann, wie man will. Sobald man scheinbar ihren Verstand überzeugt hat, folgt das Naturell ohne Widerstand; dem scheint zu widersprechen, daß in der Iffland-Kotzebueschen Zeit gerade die Darlegung der Einzelheiten des bürgerlichen Lebens Glück machte. Aber solche gedrückte Organisationen erfreuen sich auch, wenn man ihnen Unterschiede bemerklich macht, die ihrer eigenen Auffassung entgangen wären, nur fehlt dann das geistige Band, die Erhebung der Seele, die erst den eigentlichen Kunstgenuß ausmacht. Diese Lenkbarkeit, gegenüber welcher das »Es gefällt mir oder es gefällt mir nicht« keinen Grund ausmacht, ist, was ich die Feigheit des deutschen Publikums genannt habe. Ein feiges Publikum aber erzeugt endlich notwendig eine unverschämte Literatur.

Als ich am Tage meiner Abreise von Berlin von meiner Landsmännin, der Sängerin Seidler, Abschied nahm, fand ich dort einen sächsischen Grafen, der sich in den Kopf setzte, der schon etwas alternden, aber noch immer hübschen Frau den Hof zu machen. Er gab ihr glänzende Geschenke, die sie dankbar annahm, ohne daß er darum irgend weiterkam. Als er hörte, daß ich nach Leipzig gehe, erbot er sich mir zum Reisegesellschafter, was ich bereitwillig annahm. Des andern Tages machten wir uns auf den Weg, und zwar über Potsdam und Sanssouci, das ich mir eigens für diese Gelegenheit aufgespart hatte. Wir verfolgten dort alle Erinnerungen an Friedrich den Großen, der mir immer widerlich war, ohne deshalb weniger groß zu sein. Besonders im Vergleich mit Napoleon darum, weil seine Größe gerade im Unglück am leuchtendsten hervortrat, indes sie bei Napoleon sich jedesmal, und nur zu sehr, verdunkelte.

Von da machten wir uns auf den Weg nach Leipzig. Solange mein Geld währte, bestritt ich die Postpferde und die sonstigen Auslagen. Auf der Hälfte der Reise aber meinte ich, daß nun die Reihe an meinen Gefährten gekommen sei. Da fand sich nun aber zum beiderseitigen Schrecken, daß er ohne Groschen Geld war. Als ich nämlich in Berlin von der Seidler Abschied nahm, sagte ich, ich müsse zum Bankier gehen, um Geld zu beheben. Nachdem ich aber meine Barschaft überzählt hatte, fand ich, daß sie für die halben Reisekosten hinreiche, und beschloß, erst in Leipzig von meinem Kreditbrief Gebrauch zu machen. Mein Graf, der sein Geld in Berlin vertan hatte, zweifelte nach meiner Äußerung bei der Seidler nicht, daß ich damit versehen sei, und beschloß echt edelmännisch, mein Schuldner bis Leipzig zu bleiben. Nun war Not an Mann, und mein Reisegefährte mußte seinen, wie es sich zeigte, höchst baufälligen Kredit anstrengen. Er fand aber doch, als in seinem Vaterlande und einer der besten Familien Sachsens angehörig, einmal einen Postmeister, der ihm Pferde auf künftige Zahlung gab, ein andermal jemanden, der ihm ein paar Taler borgte, und so kamen wir wie ein paar Lumpe in Leipzig an.

Dort war Messe und die Stadt überfüllt. Mein Graf verschaffte mir aber ein Stübchen im Hotel de Bavière, dessen Eigentümer er mich unter Nennung meines Namens als einen Dichter aus Wien empfahl. Der Wirt aber kannte keinen Wiener Dichter als den Spaßmacher Castelli. Er nahm mich daher für diesen und behandelte mich als solchen mit vieler Aufmerksamkeit. Ich ließ mir das nach dem Vespanischen Wahlspruch sehr gern gefallen und befand mich sehr wohl dabei.

In Leipzig lernte ich den Professor Wendt, der mir durch die Verwechslung seines Namens mit dem ähnlich klingenden West die Bekanntschaft Schreyvogels verschafft hatte, und den Justizrat Blümner, einen kenntnisreichen und sogar kunstverständigen Mann, kennen. Mit ihnen und meinem kreditarmen, aber gar nicht ungebildeten Reisegefährten brachte ich drei Tage recht angenehm zu.

Je näher die Zeit meiner Abreise heranrückte, um so schwerer wurde mir das Herz. Es ging nun nach Weimar. Einerseits freute ich mich darauf, anderseits aber sank meine ohnehin nicht große Meinung von mir selbst Grad für Grad in mir selbst zusammen. Übrigens mußte es sein, und ich fuhr in der Landkutsche ab. In Weißenfels, wo der damals als Dichter und Kunstrichter geschätzte und gefürchtete Adolf Müllner wohnte, hielten wir Mittag. Ich fuhr weiter, ohne ihn zu besuchen, obwohl mich sogar der Kellner im Wirtshause dazu aufforderte, mit dem Beisatze, daß der Herr Doktor sehr gern Fremde bei sich empfange. Der Mann hatte sich gar zu niederträchtig gegen mich benommen. Müllners Bosheit hinderte nicht, daß er doch so ziemlich der letzte sachkundige Kritiker in ästhetischen Dingen war. Es ist nämlich seitdem der Begriff von Kunst verlorengegangen, den Müllner wenigstens festhielt.

Endlich kam ich nach Weimar und kehrte in dem damals in ganz Deutschland bekannten Gasthofe »Zum Elefanten«, gleichsam dem Vorzimmer zu Weimars lebender Walhalla, ein. Von da sandte ich den Kellner mit meiner Karte zu Goethe und ließ anfragen, ob ich ihm aufwarten dürfe. Der Kellner brachte die Antwort zurück: Der Herr Geheimrat habe Gäste bei sich und könne mich daher jetzt nicht sehen. Er erwarte mich für den Abend zum Tee.

Ich aß im Gasthause, durch meine Karte war mein Name bekannt geworden, und der Geruch desselben verbreitete sich in der Stadt, so daß es an Bekanntschaften nicht fehlte.

Gegen Abend ging ich zu Goethe. Ich fand im Salon eine ziemlich große Gesellschaft, die des noch nicht sichtbar gewordenen Herrn Geheimrats wartete. Da sich darunter – und das waren eben die Gäste, die Goethe mittags bei sich hatte – ein Hofrat Jakob oder Jakobs mit seiner ebenso jungen als schönen und ebenso schönen als gebildeten Tochter befand, derselben, die sich später unter dem Namen Talvj einen literarischen Ruf gemacht hat, so verlor sich bald meine Bangigkeit und ich vergaß im Gespräche mit dem liebenswürdigen Mädchen beinahe, daß ich bei Goethe war. Endlich öffnete sich eine Seitentüre, und er selbst trat ein. Schwarzgekleidet, den Ordensstern auf der Brust, gerader, beinahe steifer

Haltung, trat er unter uns wie ein Audienz gebender Monarch. Er sprach mit diesem und jenem ein paar Worte und kam endlich auch zu mir, der ich an der entgegengesetzten Seite des Zimmers stand. Er fragte mich, ob bei uns die italienische Literatur sehr betrieben werde. Ich sagte ihm, der Wahrheit gemäß, die italienische Sprache sei allerdings sehr verbreitet, da alle Angestellten sie vorschriftsmäßig erlernen müßten. Die italienische Literatur dagegen werde völlig vernachlässigt, und man wende sich aus Modeton vielmehr der englischen zu, welche, bei aller Vortrefflichkeit, doch eine Beimischung von Derbheit habe, die für den gegenwärtigen Zustand der deutschen Kultur, vornehmlich der poetischen, mir nichts weniger als förderlich erscheine. Ob ihm diese meine Äußerung gefallen habe oder nicht, kann ich nicht wissen, glaube aber fast letzteres, da gerade damals die Zeit seines Briefwechsels mit Lord Byron war. Er entfernte sich von mir, sprach mit andern, kam wieder zu mir zurück, redete, ich weiß nicht mehr, von was, entfernte sich endlich, und wir waren entlassen.

Ich gestehe, daß ich mit einer höchst unangenehmen Empfindung in mein Gasthaus zurückkehrte. Nicht als wäre meine Eitelkeit beleidigt gewesen. Goethe hatte mich im Gegenteile freundlicher und aufmerksamer behandelt, als ich voraussetzte. Aber das Ideal meiner Jugend, den Dichter des Faust, Clavigo und Egmont, als steifen Minister zu sehen, der seinen Gästen den Tee gesegnete, ließ mich aus all meinen Himmeln herabfallen. Wenn er mir Grobheiten gesagt und mich zur Türe hinausgeworfen hätte, wäre es mir fast lieber gewesen. Ich bereute fast, nach Weimar gegangen zu sein.

Demnach beschloß ich, den nächstfolgenden Tag zur Besichtigung der Merkwürdigkeiten Weimars zu verwenden, und bestellte im Gasthaus die Pferde für übermorgen. Des nächsten Vormittags kamen Besuche aller Art, darunter der freundliche und ehrenhafte Kanzler Müller, vor allem aber mein Landsmann, der seit mehreren Jahren in Weimar angestellte Kapellmeister Hummel. Er hatte Wien verlassen, eh ich durch meine poetischen Arbeiten die Aufmerksamkeit auf mich gezogen, wir kannten uns daher von früher gar nicht. Nun war aber die Freude fast rührend, mit welcher der sonst im Umgang trockene Mann mich begrüßte und sich aneignete. Einerseits brachte ich ihm wohl die Erinnerung an seine schwer verlassene Vaterstadt zurück, dann mochte es ihm wohltun, in Weimar, wo er nur abschätzige Urteile über die geistige Begabung Österreichs zu hören bekam, einen Landsmann literarisch geehrt und geachtet zu finden. Endlich bekam er Gelegenheit, mit einem Wiener Wienerisch zu sprechen, welche Mundart er mitten unter Anderssprechenden rein und unverfälscht erhalten hatte. Ich weiß nicht, war es der Abstich oder habe ich in meinem Leben nicht so schlecht Deutsch sprechen gehört. Während wir den Besuch einzelner Merkwürdigkeiten Weimars verabredeten und Kanzler Müller, der meine Herabstimmung bemerkt haben mochte, mir versicherte, die Steifheit Goethes sei nichts als eigene Verlegenheit, sooft er mit einem Fremden das erstemal zusammentreffe, trat der Kellner ein und brachte eine Karte mit der Einladung zum Mittagmahl bei Goethe für den nächstfolgenden Tag. Ich mußte daher meinen Aufenthalt verlängern und bestellte die bereits für morgen besprochenen Pferde ab. Der Vormittag verging mit Besichtigung der literarisch berühmt gewordenen Örtlichkeiten der Stadt. Am meisten interessierte mich Schillers Haus, vor allem der Umstand, daß in des Dichters Arbeitszimmer, einem eigentlichen Dachstübchen im zweiten Stockwerke, ein Greis, der noch zu Schillers Zeit als Souffleur beim Theater gestanden haben soll, einen kleinen Knaben, seinen Enkel, im Lesen unterrichtete. Die offene und geistig angeregte Miene des Kleinen gab der Illusion Raum, als ob aus der Studierstube Schillers dereinst ein neuer Schiller hervorgehen könnte, was freilich nicht eingetroffen ist.

Die Ordnung der Tage verwirrt sich mir. Ich glaube, es war an diesem ersten, daß ich bei Hummel zu Mittage aß, und zwar ganz allein mit seiner Familie. Ich fand da seine Gattin, die einst so hübsche Sängerin Mamsell Röckel, die mir in Pagenkleidern und prallen seidenen Trikots noch immer vor der Erinnerung schwebte. Jetzt war sie eine tüchtige, ehrenwerte Hausfrau, die mit ihrem Gatten an Freundlichkeiten wetteiferte. Ich fühlte mich zur ganzen Familie mit Liebe hingezogen, so wie ich Hummel, trotz etwas Handwerksmäßigem in seiner Gesinnung, doch als den letzten unverfälschten Schüler Mozarts achtete und verehrte.

Abends ging ich mit Kanzler Müller ins Theater, wo man ein unbedeutendes Stück gab, in dem aber Graff spielte, der der erste Wallenstein Schillers gewesen war. Ich fand ihn durch nichts ausgezeichnet, und als man mir erzählte, daß nach jener ersten Vorstellung Schiller aufs Theater geeilt sei, Graff umarmte und ausgerufen habe, jetzt erst verstehe er seinen eigenen Wallenstein, dachte ich mir, um wieviel größer wäre der Dichter geworden, wenn er je ein Publikum und echte Schauspieler gekannt hätte. Übrigens bleibt merkwürdig, wie der im Grunde wenig objektive Schiller sich in der Darstellung so ganz und gar objektivieren läßt. Er wurde bildlich, während er nur beredt zu sein glaubte. Ein Beweis mehr für sein unvergleichliches Talent. Bei Goethe ist gerade das Gegenteil. Während er vorzugsweise objektiv genannt wird und es großenteils auch ist, verlieren seine Gestalten in der Darstellung. Seine Bildlichkeit ist nur für die Imagination, in der Wirklichkeit verliert sich der zarte poetische Anhauch mit einer Art Notwendigkeit. Das sind übrigens spätere Reflexionen, die gar nicht hierhergehören.

Endlich kam der verhängnisvolle Tag mit seiner Mittagsstunde, und ich ging zu Goethe. Die außer mir geladenen Gäste waren schon versammelt, und zwar ausschließlich Herren, da die liebenswürdige Talvj schon am Morgen nach jenem Tee-Abende mit ihrem Vater abgereist und Goethes Schwiegertochter, die mir mit ihrer frühgeschiedenen Tochter später so wert geworden ist, damals von Weimar abwesend war. Als ich im Zimmer vorschritt, kam mir Goethe entgegen und war so liebenswürdig und warm, als er neulich steif und kalt gewesen war. Das Innerste meines Wesens begann sich zu bewegen. Als er aber zu Tische ging und der Mann, der mir die Verkörperung der deutschen Poesie, der mir in der Entfernung und dem unermeßlichen Abstande beinahe zu einer mythischen Person geworden war, meine Hand ergriff, um mich ins Speisezimmer zu führen, da kam einmal wieder der Knabe in mir zum Vorschein, und ich brach in Tränen aus. Goethe gab sich alle Mühe, um meine Albernheit zu maskieren. Ich saß bei Tisch an seiner Seite, und er war so heiter und gesprächig, als man ihn, nach späterer Versicherung der Gäste, seit langem nicht gesehen hatte. Das von ihm belebte Gespräch ward allgemein. Goethe wandte sich aber auch oft einzeln zu mir. Was er aber sprach, außer einem guten Spaß über Müllners Mitternachtsblatt, weiß ich nicht mehr. Ich habe leider über diese Reise nichts aufgeschrieben. Oder vielmehr ich fing an, ein Tagebuch zu halten. Als mir aber durch meine Verwundung in Berlin das Schreiben anfangs unmöglich, später schwer wurde, entstand eine große Lücke. Das verleidete mir zum Teil die Fortsetzung, zum Teil währte die Schwierigkeit des Schreibens selbst noch in Weimar fort. Ich beschloß daher, unmittelbar nach der Rückkunft in Wien, bei noch frischer Erinnerung, das Fehlende nachzutragen. Als sich aber dort, wie man sehen wird, sogleich eine andere Beschäftigung aufdrang, kam die Sache in Vergessenheit, und ich habe von diesem, ich hätte bald gesagt: wichtigsten Moment meines Lebens, nichts als die allgemeinen Eindrücke im Gedächtnis behalten. Von den Tisch-Ereignissen ist mir nur noch als charakteristisch erinnerlich, daß ich im Eifer des Gespräches, nach löblicher Gewohnheit, in dem neben mir liegenden Stücke Brot krümmelte und dadurch unschöne Brosamen erzeugte.

Da tippte denn Goethe mit dem Finger auf jedes einzelne und legte sie auf ein regelmäßiges Häufchen zusammen. Spät erst bemerkte ich es und unterließ denn meine Handarbeit.

Beim Abschied forderte mich Goethe auf, des nächsten Vormittags zu kommen, um mich zeichnen zu lassen. Er hatte nämlich die Gewohnheit, alle jene von seinen Besuchern, die ihn interessierten, von einem eigens dazu bestellten Zeichner in schwarzer Kreide porträtieren zu lassen. Diese Bildnisse wurden in einen Rahmen, der zu dem Zwecke im Besuchszimmer hing, eingefügt und allwöchentlich der Reihe nach gewechselt. Mir wurde auch diese Ehre zuteil.

Als ich mich des anderen Vormittags einstellte, war der Maler noch nicht gekommen. Man wies mich daher zu Goethe, der in seinem Hausgärtchen auf und nieder ging. Nun wurde mir die Ursache seiner steifen Körperhaltung gegenüber von Fremden klar. Das Alter war nicht spurlos an ihm vorübergegangen. Wie er so im Gärtchen hinschritt, bemerkte man wohl ein gedrücktes Vorneigen des Oberleibs mit Kopf und Nacken. Das wollte er nun vor Fremden verbergen, und daher jenes gezwungene Emporrichten, das eine unangenehme Wirkung machte. Sein Anblick in dieser natürlichen Stellung, mit einem langen Hausrock bekleidet, ein kleines Schirm-Käppchen auf den weißen Haaren, hatte etwas unendlich Rührendes. Er sah halb wie ein König aus und halb wie ein Vater. Wir sprachen im Auf- und Niedergehen. Er erwähnte meiner Sappho, die er zu billigen schien, worin er freilich gewissermaßen sich selbst lobte, denn ich hatte so ziemlich mit seinem Kalbe gepflügt. Als ich meine vereinzelte Stellung in Wien beklagte, sagte er, was wir seitdem gedruckt von ihm gelesen haben: daß der Mensch nur in Gesellschaft Gleicher oder Ähnlicher wirken könne. Wenn er und Schiller das geworden wären, als was die Welt sie anerkennt, verdankten sie es großenteils dieser fördernden und sich ergänzenden Wechselwirkung. Inzwischen kam der Maler. Wir gingen ins Haus, und ich wurde gezeichnet. Goethe war in sein Zimmer gegangen, von wo er von Zeit zu Zeit herauskam und sich von den Fortschritten des Bildes überzeugte, mit dem er nach der Vollendung zufrieden war. Nach Verabschiedung des Malers ließ Goethe durch seinen Sohn mehrere Schaustücke von seinen Schätzen herbeibringen. Da war sein Briefwechsel mit Lord Byron; alles, was sich auf seine Bekanntschaft mit der Kaiserin und dem Kaiser von Österreich in Karlsbad bezog; endlich das kaiserlich-österreichische Privilegium gegen den Nachdruck für seine Gesammelten Werke. Auf letzteres schien er große Stücke zu halten, entweder weil ihm die konservative Haltung Österreichs gefiel oder, im Abstich die sonstigen literarischen Vorgänge in diesem Lande, als Kuriosum. Diese Schätze waren, halb orientalisch, jedes Zusammengehörige einzeln in ein seidenes Tuch eingeschlagen, und Goethe benahm sich ihnen gegenüber mit einer Art Ehrfurcht. Endlich wurde ich aufs liebevollste entlassen.

Im Laufe des Tages forderte mich Kanzler Müller auf, gegen Abend Goethe zu besuchen. Ich würde ihn allein treffen und mein Besuch ihm durchaus nicht unangenehm sein. Erst später fiel mir auf, daß Müller das nicht ohne Goethes Vorwissen gesagt haben konnte.

Nun begab sich meine zweite weimarische Dummheit. Ich fürchtete mich, mit Goethe einen ganzen Abend allein zu sein, und ging, nach manchem Wanken und Schwanken, nicht hin.

Diese Furcht bestand aus mehreren Elementen. Einmal schien mir in dem ganzen Bereich meines Wissens nichts, was würdig gewesen wäre, Goethe gegenüber vorgebracht zu werden. Dann habe ich meine eigenen Arbeiten erst später im Vergleich mit den Zeitgenossen schätzen gelernt, im Abstande von dem Frühergewesenen, namentlich hier in der Vaterstadt der deutschen Poesie, kamen sie mir höchst roh und unbedeutend vor. Endlich habe ich schon gesagt, daß ich Wien mit dem Gefühle eines gänzlichen Versiegens meines poetischen Talentes verlassen hatte, welches Gefühl sich in Weimar bis zur eigentlichen Niedergedrücktheit vermehrte. Goethe aber Klagelieder vorzusingen und von ihm durch nichts verbürgte Tröstungen entgegenzunehmen, schien mir doch gar zu erbärmlich.

In diesem Unsinn war übrigens doch auch ein Körnchen Sinn. Goethes damalige Abneigung gegen alles Heftige und Gewaltsame war mir bekannt. Nun war ich aber der Meinung, daß Ruhe und Gemessenheit nur demjenigen anstehe, der imstande ist, einen so ungeheuern Gehalt hineinzulegen, als Goethe in der Iphigenie und im Tasso getan hat. Zugleich meinte ich, daß jeder die Eigenschaften ins Spiel bringen müsse, in denen er seine Stärke hat. Das waren nun bei mir damals warme Empfindung und starke Phantasie. Die Gründe einer solchen Abweichung von seinen Ansichten ihm selbst gegenüber zu verteidigen, fühlte ich mich, auf meinem damaligen Standpunkte der unbefangenen Anschauung, viel zu schwach; seine Darlegung aber mit einer geheuchelten Billigung oder einem lügenhaften Stillschweigen hinzunehmen, dazu hatte ich vor ihm viel zu viel Ehrfurcht.

Wie nun immer, ich ging nicht hin, und das hat Goethe verstimmt. Mit Recht mochte es ihm auffallen, daß ich die dargebotene Gelegenheit, mich über meine Arbeiten und mich selbst aufzuklären, so gleichgültig versäumte. Oder er kam der Wahrheit näher und meinte, daß »Die Ahnfrau« und die Vorliebe für ähnliche, ihm widerliche Ausbrüche bei mir noch nicht erloschen sei. Oder er durchsah meine ganze Stimmung und urteilte, daß Unmännlichkeit des Charakters auch ein bedeutendes Talent zugrunde richten müsse. Er war von da an viel kälter gegen mich.

Was aber jene Unmännlichkeit betrifft, so gestehe ich und habe schon gestanden meine Schwäche, sooft ich mich einer verworrenen Masse von kleinen Beziehungen, vor allem aber dem Wohlwollen, der Ehrfurcht und der Dankbarkeit gegenüber befinde. Sooft ich mir das Widerstrebende scharf begrenzen konnte sowie im Ablehnen des Schlechten und im Beharren auf der Überzeugung habe ich früher und später eine Festigkeit bewiesen, die man freilich auch Hartnäckigkeit nennen könnte.

Im allgemeinen aber kann man wohl aussprechen: Nur aus der Verbindung eines Charakters mit einem Talente geht das hervor, was man Genie nennt.

An einem dieser Tage wurde ich auch zum Großherzog beschieden, den ich im sogenannten römischen Hause in all seiner Schlichtheit und Natürlichkeit antraf. Er unterhielt sich über eine Stunde mit mir, und meine Schilderung der österreichischen Zustände schien ihn zu interessieren. Nicht er, aber die meisten übrigen ließen einen Wunsch durchblicken, mich für das Weimarer Theater zu gewinnen, ein Wunsch, der nicht zugleich auch der meinige war.

Als ich am vierten Tage meines Aufenthaltes von Goethe Abschied nahm, war er freundlich, aber abgekühlt. Er wunderte sich, daß ich schon so früh Weimar verlasse, und fügte hinzu, daß, wenn ich später von mir Nachricht geben wolle, es sie sämtlich erfreuen werde. Also »sie« in vielfacher Zahl, nicht ihn. Er ist mir auch in der Folge nicht gerecht geworden, insofern ich mich nämlich denn doch, trotz allem Abstande, für den Besten halte, der nach ihm und Schiller gekommen ist. Daß das alles meine Liebe und Ehrfurcht für ihn nicht vermindert hat, brauche ich wohl nicht zu sagen.

Am Tage meiner Abreise gab mir das sämtliche Weimar einen Abschiedsschmaus im Schützenhause, zu dem Goethe auch seinen Sohn hinausgeschickt hatte. Es ging sehr lebhaft her, und auf mein Wohl und eine glückliche Reise wurde vehement getrunken. Ich war damals eine deutsche Zelebrität. Das Interessanteste war mir mein Landsmann Hummel, der sich zum Schluß ans Klavier setzte und phantasierte, wobei er die Melodie des sächsischen Posthorns zum Thema nahm. Ich habe ihn weder früher noch später so hinreißend spielen gehört.

Endlich saß ich im Wagen und fuhr über Jena nach Kahle. In Jena wurden Pferde gewechselt. Da aber eben Ferienzeit war, sah ich nur einige Studenten in ihrer damals noch höchst wunderlichen Tracht. Vor Kahle wäre ich bald in die Saale gefallen. Ich war bis hereinbrechenden Abend im Wagen eingeschlafen, und der Postillion ahmte mein Beispiel nach. Plötzlich erweckte mich ein lautes Geschrei. Es kam von einem Manne, der in die Zügel der Pferde griff, die bereits mit den Vorderfüßen auf dem Abhange standen, der hoch und steil in den Fluß hinuntergeht.

Man hatte mir die Verbindung mit Süddeutschland von Kahle aus leicht dargestellt. Ich hatte aber alle Mühe, dort oder in der Nähe mit einer ungeheuren Diligence zusammenzutreffen, in der ich auf gräßlichen Wegen als einziger Passagier in der Nacht den Thüringer Wald passierte. Auch in Koburg mußte ich einen Tag verweilen, wo ich mich gräßlich langweilte, ohne bei meiner geringen literarischen Topographie zu wissen, daß sich der Dichter Rükkert dort aufhielt, der mir am Ende vielleicht noch übel genommen hat, daß ich ihn nicht besuchte. Endlich traf ich mit einem leidlichen Eilwagen zusammen, der mich bis nach München brachte.

München war damals im Entstehen. Von all den jetzigen Prachtgebäuden war erst die Glyptothek fertig, und zwar auch erst von außen. Von den Deckengemälden im Innern war erst der Göttersaal im Angriff. Ich hatte den Genuß, mit Cornelius auf den Gerüsten herumzusteigen und in ihm den einzigen Maler kennenzulernen, bei dem das deutliche Bewußtsein der Idee der Gediegenheit der Verwirklichung nicht im Wege stand.

In ein nahes Verhältnis kam ich mit dem damaligen Minister Schenk, einem liebenswürdigen und poetisch begabten Manne. In seinem Hause, in dem er damals eine nicht mehr ganz jugendliche, aber höchst anziehende Verwandte beherbergte, habe ich sehr glückliche Stunden verlebt. König Ludwig hat weder damals noch später von mir Notiz genommen.

Der Aufenthalt in München und die Reiseeindrücke überhaupt hatten meinem Stumpfsinn ein Ende gemacht, und in Wien angekommen, beschloß ich sogleich, an ein neues dramatisches Werk zu gehen, das ich statt eines langweiligen Verkehrs durch Briefe Goethe zueignen wollte.

Es sollte überhaupt eine ganz neue Epoche in meinem literarischen Treiben eintreten. Ich hatte mir eine ziemliche Anzahl Stoffe aufgezeichnet, die alle durchdacht und alle bis auf die Einzelheiten, obgleich nur im Kopfe, dramatisch gegliedert waren. Diese wollte ich nun einen nach dem andern vornehmen, jedes Jahr ein Stück schreiben und dem hypochondrischen Grübeln für immer den Abschied geben.

Daß ich vor allen denjenigen Stoff wählte, der mir die wenigsten Zensur-Schwierigkeiten darzubieten schien, war, nach den gemachten Erfahrungen, natürlich. Es war die Sage von Palatin Bancbanus, dem treuen Diener seines Herrn, obwohl der Stoff mich vielleicht weniger anzog als die übrigen. Ich war auf ihn folgenderweise gekommen:

Als die damals regierende Kaiserin zur Königin von Ungarn gekrönt werden sollte, kam ihr Obersthofmeister Graf Dietrichstein zu mir und forderte mich im Namen der Kaiserin auf, ein Stück zu schreiben, das bei ihrer Krönung in Preßburg gespielt werden könnte. Mir war nicht unlieb, durch einen solchen Anlaß von außen aus meinem Schwanken von einem Stoff zum andern und überhaupt zur Tätigkeit gebracht zu werden. Ich nahm daher die ungarischen Geschichtsschreiber Bonfinius und Istvanfius vor und hatte auch bald eine passende Fabel gefunden. Es war die Geschichte jenes Aufruhrs, der gegen den König Stephan und seine bayerische Gemahlin Gisela, teils wegen der Bemühungen dieser letzteren für das Christentum, teils aus alter Abneigung gegen die Deutschen, entstand. Alles Licht wäre auf die Königin Gisela gefallen, die bei der Stillung des Aufruhrs, wobei sie sich auch die Liebe des Volkes erwarb, eine ähnliche Rolle gespielt hätte wie im »Treuen Diener« der Palatin Bancbanus.

Als ich jedoch die Sache näher betrachtete, fanden sich bedeutende Schwierigkeiten. Einmal schien es wunderlich, zur Feier eines Krönungsfestes die Geschichte eines Aufruhrs zu wählen. Dann wären in meinem Stücke zwei Kalenderheilige vorgekommen: der heilige König Stephan und sein Sohn Emeram; eine Profanation, welche die Zensur nie zugegeben hätte. Ich erklärte daher dem Grafen Dietrichstein auf seine Anfrage: ich hätte keinen passenden Stoff gefunden. Man ließ demnach für die Gelegenheit von einem höchst subordinierten Schriftsteller ein anderes Stück schreiben, dessen loyale Anspielungen sehr beklatscht wurden.

Bei Durchgehung der ungarischen Chronisten geriet ich auf den Palatin Bancbanus, dessen Geschichte ich darum eine Sage genannt habe, weil dasselbe Ereignis in zwei Epochen mit geringen Verschiedenheiten zweimal vorkommt und daher wahrscheinlich nichts als eine Einkleidung für die Abneigung der Ungarn gegen die Deutschen ist.

Man hat dem Stücke vorgeworfen, daß es eine Apologie der knechtischen Unterwürfigkeit sei; ich hatte dabei den Heroismus der Pflichttreue im Sinn, der ein Heroismus ist so gut als jeder andere. Im französischen Revolutionskrieg ist die Aufopferung der Vendeer so erhebend als die Begeisterung der Republikaner. Bancbanus hat dem Könige sein Wort gegeben, die Ruhe im Lande aufrecht zu erhalten, und er hält sein Wort, trotz allem, was den Menschen in ihm wankend machen und erschüttern sollte. Seine Gesinnungen können übrigens nicht für die des Verfassers gelten, da Bancbanus bei allen seinen Charaktervorzügen zugleich als ein ziemlich bornierter alter Mann geschildert ist.

Das Stück erfuhr gar keine Hindernisse von Seite der Zensur und wurde, ohne daß fast ein Wort gestrichen worden wäre, mit ungeheuerm Beifall aufgeführt. Am Schluß des dritten Aufzuges begehrte das Publikum den Verfasser. Als dieser nicht erschien, währte das Klatschen und Rufen beinahe bis zur Respektwidrigkeit gegen den anwesenden Hof, den ganzen Zwischenakt hindurch. Nach dem vierten Aufzug ließ mich der Oberstkämmerer und als solcher oberster Leiter des Theaters, Graf Czernin, rufen, um mir im Auftrage Seiner Majestät zu sagen, daß dem Kaiser mein Stück sehr gefalle und daß, wenn das Publikum mich am Schluß wieder zu sehen begehre, ich mich demselben zeigen sollte. So geschah es. Der Beifall wollte nicht enden, ich erschien auf der Bühne und stattete durch eine stumme Verbeugung meinen Dank ab. Meine Freude über den Erfolg war nur mäßig, da das Stück bei mir kein inneres Bedürfnis befriedigte.

Des nächsten Vormittags wurde ich zum Präsidenten der Polizeihofstelle, Graf Sedlnitzky, berufen. Mir schwante nichts Gutes, und ich ging. Der Graf empfing mich sehr freundlich, aber in einiger Verlegenheit. Er sagte mir, er habe den Auftrag von Seiner Majestät, mir zu eröffnen, daß Höchstdemselben mein Stück sehr wohl gefallen habe. Ich versetzte, daß ich dasselbe schon gestern durch den Grafen Czernin erfahren hätte. Graf Sedlnitzky fuhr fort: das Stück habe Seiner Majestät so sehr gefallen, daß sie alleiniger Besitzer desselben zu sein wünschten. Ich fragte, wie das zu verstehen sei? Die Antwort war: ich sollte mein ursprüngliches Manuskript abgeben, dem Theater würden die Souffleurbücher und einzelnen Rollen abgefordert und das Ganze in der Privatbibliothek des Kaisers aufgestellt werden, der alleiniger Besitzer des Stückes zu sein wünsche, weil es ihm gar so gut gefallen habe. Man werde mir jeden Vorteil ersetzen, der mir aus der Aufführung auf anderen Bühnen oder aus der Drucklegung zufließen könnte, es wäre vielmehr die Meinung, daß ich in meinen Forderungen nicht allzu ängstlich sein sollte; seine Majestät seien sogar zu Opfern bereit.

Auf meine Entgegnung, man werde mich doch nicht für so erbärmlich halten, daß ich eine meiner Arbeiten für Geld vom Erdboden verschwinden lassen wollte, erwiderte man mir: Die Frage »Ob?« wünschten Seine Majestät ganz außer der Verhandlung gelassen, es handle sich nur um das »Wie?« – Ich führe das alles wörtlich genau an.

Da man mir mein Stück im Notfalle auch ohne Einwilligung wegnehmen konnte, dachte ich auf Auskunftsmittel. Ich sagte daher der Wahrheit gemäß, daß ich gar nicht mehr Herr über mein Stück sei. Ich selbst hätte mein Manuskript abschreiben lassen, beim Theater sei es wiederholt kopiert worden. Jedermann wisse, daß die mit der Kopiatur betrauten Souffleure der Theater einen heimlichen Handel mit widerrechtlich genommenen Abschriften trieben. Der Kaiser könne sein Geld ausgeben, ohne daß das Stück, und zwar ohne meine Schuld, der Öffentlichkeit entzogen werde. Ich sah, mit welcher Freude der Präsident diese meine Äußerung aufnahm, wie denn überhaupt in dem ganzen Vorgange ebensogut ein Tadel gegen die Zensur, die mein Stück erlaubt, als gegen mich selbst, der es geschrieben hatte, verborgen lag. Er forderte mich auf, diese meine Bemerkungen schriftlich aufzusetzen und ihm zur weiteren Beförderung zu überreichen.

Das geschah. Ich setzte meine innern und jene äußern Gründe auseinander und übergab die Schrift dem Präsidenten. Als ich nach einiger Zeit wiederholt des Erfolges wegen nachfragen wollte, wurde ich nicht mehr vorgelassen, indes man mich vorher mit Zuvorkommenheit empfangen hatte. Die Sache war eingeschlafen. Das Stück wurde noch ein paarmal gegeben und dann zurückgelegt. Als ich es für den Druck einreichte, erhielt ich das Imprimatur, ohne daß ein Wort gestrichen worden wäre.

Was dem Kaiser an diesem bis zum Übermaß loyalen Stücke mißfallen oder wer ihm, nachdem er es selbst mit Beifall angesehen, etwas darüber ins Ohr gesetzt hatte, ist mir bis auf diesen Augenblick ein Geheimnis geblieben. Personen, die, ohne zur nächsten Umgebung des Kaisers zu gehören, doch mit dieser Umgebung genau bekannt waren, haben nichts darüber erfahren können. Nur soviel weiß ich, daß der Polizeipräsident selber völlig im dunkeln war, woher auch seine Verlegenheit entstand. Wieviel in dem ganzen Vorgang Aufmunterung zu künftiger poetischer Produktion lag, überlasse ich jedem zu beurteilen.

Bei meiner Zurückkunft aus Deutschland hatte ich mir vorgenommen, meine erste poetische Arbeit Goethe zuzueignen, und deshalb unterlassen, ihm, nach seiner Erlaubnis, zu schreiben. Als es nun an den Druck des »Treuen Dieners« ging, fand ich das Stück viel zu roh und gewalttätig, als daß ich glauben konnte, daß es auf ihn einen guten Eindruck machen werde. Ich unterließ daher die Dedikation, und da ich auch vorher unterlassen hatte, ihm zu schreiben, so mochte Goethe wohl denken, mein Besuch in Weimar sei nur eine Sache der Mode und der Neugier gewesen, und ich fühlte nicht jene Liebe und tiefe Verehrung für ihn, die ich bewahren werde bis ans Ende meiner Tage. Er hat in der Folge dieser und jener in Schriften und Gesprächen erwähnt; meiner nie. Es scheint, er warf mich mit dem übrigen Gesindel zusammen.

Um diese Zeit – ich weiß nicht mehr die Folge der Jahre – trat auch eine Änderung in meiner amtlichen Bestimmung ein. Ich führe sie nur an, um die Art und Weise zu bezeichnen, wie ich immer in meinem Vaterlande behandelt wurde. Ich war in meiner Anstellung als Ministerial-Konzipist auf die Person des Finanzministers angewiesen und bezog in dieser Eigenschaft eine jährliche Gehaltszulage. Nach dem Tode des Grafen Stadion kam ein neuer Finanzminister, ein gutartiger, rechtschaffener, aber höchst bornierter Mann, eigentlich nur ein Namensträger für den Vizepräsidenten Baron Pillersdorf, der die Geschäfte leitete. Dieser herzensgute Mann, der gegen jedermann wohlwollend war, hatte eine eigene Abneigung gegen mich gefaßt. Ich weiß nicht, war die Ursache, daß ich in früherer Zeit unfreiwilliger Zeuge der geringschätzigen Art sein mußte, mit der ihn sein damaliger Vorgesetzter Graf Stadion behandelte, oder war es der Nachklang einer Polizeigeschichte, die ich früher übergangen habe, jetzt aber doch als charakteristisch für die damalige Zeit anführen muß.

In Wien bestand seit mehreren Jahren eine lustige Gesellschaft, die sich und ihren Versammlungsort die Ludlams-Höhle nannte. Anfangs, höchst zufällig durch das Zustandekommen einzelner Literatoren in einem Gasthofe gegründet, fanden sich bald ohne Wahl Gesellschafter aller Art ein, so daß das Ganze den Charakter von niedriger, ja obszöner Spaßmacherei bekam. Die Bessern darunter änderten ihr Lokal, schlossen die räudigen Schafe aus und verfaßten sogenannte Statuten, die nichts als die Abhaltung der Unanständigkeit bezweckten. Die neue Gesellschaft fand großen Anklang, und bald gehörten alle bessern Maler, Musiker und Literatoren der Residenz ihr an. Die Leute besaßen auch, teils durch natürliche Anlage, teils durch lange Gewohnheit, eine Virtuosität im nicht unanständigen Spaß, daß es etwas Ähnliches, wenigstens in Deutschland, wahrscheinlich nie gegeben hat. Vorlesungen, improvisierte Parodien, am nämlichen Abend im Theater neu aufgeführte Stücke, Gesang, Musik, unschuldiger Spott ließen die Stunden im Flug vorübergehen. Durchreisende Künstler und Literatoren suchten und fanden Zutritt und haben noch lange später gestanden, gleich vergnügte Abende niemals und nirgends zugebracht zu haben. Mein Altersgenosse Baron Zedlitz, der damals noch im Gegensatz seiner jetzigen diplomatischen Richtung stand, hatte sich gleichfalls aufnehmen lassen, und nun drang alles so sehr in mich, ein Gleiches zu tun, daß die Weigerung beinahe zur Unhöflichkeit geworden wäre. Ich ging einmal hin, mir die Sache anzusehen, wurde durch Akklamation zum Mitgliede aufgenommen und brachte von da an einige vergnügte Abende dort zu. Vorgelesen habe ich in der Gesellschaft nichts als jene Vision, die ich bei der Genesung des Kaisers Franz von einer schweren Krankheit schrieb und die, im höchst loyalen Sinne, eine unglaubliche Wirkung in der ganzen Monarchie hervorgebracht hat. Übrigens währte meine Mitgliedschaft nicht länger als sechs oder acht Wochen, ja, ich glaube, daß mein und Zedlitzens Beitritt die Katastrophe herbeigeführt oder doch beschleunigt hat.

Es war damals ein Polizeidirektor in Wien, den ich wohl einen Schurken nennen darf, da er wenig später, wegen Geldunterschlagung, sich selbst den Tod gegeben hat. Er hatte damals eine Beförderung im Sinn, und da er den Widerwillen, um nicht zu sagen die Furcht des Kaisers vor allem Geheimen kannte, so beschloß er, um sich ein Verdienst zu machen, die Ludlams-Höhle als geheime Gesellschaft zu behandeln und als solche aufzuheben. Schon der Lärm, den die Mitglieder an ihren Versammlungsabenden machten, schloß jeden Verdacht des Geheimen aus. Ja, man hatte ihnen sogar Geldbeträge, die sie von dem Überschuß der eingegangenen Strafgelder für wohltätige Anstalten alljährlich abführten, als von dieser Gesellschaft herrührend, amtlich quittiert.

Trotz dem allen wurde das Versammlungslokal in einem Gasthause bei tiefer Nacht von Polizeibeamten überfallen, die Türen gesprengt, die vorhandenen Schriften und Musikalien weggenommen und im Triumph davongetragen. Am darauffolgenden frühen Morgen fanden sich bei mehreren Mitgliedern, aber wohlgemerkt nur bei Schriftstellern, worunter auch ich gehörte, gleicherweise Polizeibeamte ein, welche die Schriften versiegelten, Protokolle aufnahmen und mit einer Wichtigkeit die Verhöre betrieben, als ob das Heil des Staates in Gefahr stünde. Ich durfte denselben Tag meine Wohnung nicht verlassen, ja nicht einmal meinen Bedienten ins Gasthaus um Essen schicken. Ein Polizeidiener holte das Mittagsmahl, das wir, ich mit dem Zurückgebliebenen der beiden Beamten, mein Bedienter mit dem im Vorzimmer aufgestellten Polizeidiener gemeinschaftlich verzehrten.

Obschon die Polizeibehörde noch am Abende des nämlichen Tages merkte, daß sie eine Dummheit begangen habe, trieb sie es doch bis zum wirklichen Urteilsspruche, der, als über ein schweres Polizeivergehen, die bürgerliche Stellung der in der Gesellschaft befindlichen Beamten gefährdet hätte. Das Urteil wurde nun zwar von der politischen Oberbehörde als lächerlich kassiert; für die Ängstlichen und Schwarzseher blieb aber immer ein Makel auf denjenigen kleben, die der Gesellschaft angehört hatten.

Jetzt erst erinnere ich mich, daß der Ekel über die bei dieser Gelegenheit erfahrenen Unwürdigkeiten ein Hauptgrund der Reise gewesen war, die ich unmittelbar darauf nach Deutschland unternahm.

Unter die Ängstlichen und Schwarzseher, deren ich oben erwähnt habe, gehörte nun auch mein Vorgesetzter, der Finanzminister. Wenigstens als ich mich, da eben Staatspapiere nach Brüssel zu überbringen waren, zur Reise erbot, lehnte er es gegen den Kanzleidirektor ab, und zwar darum, weil ich ein Mitglied der Ludlam gewesen sei. Diese Abneigung hatte zur Folge, daß, indes allen vom Grafen Stadion hinterlassenen Ministerialbeamten ihre Gehaltszulagen ohne Weigerung ausgezahlt wurden, der neue Minister nur bei mir eine Ausnahme machte und ich nach Verlauf jedes Quartals Vorbitter und Protektionen bedurft hätte, um zum Genuß des Meinigen zu kommen. Ich konnte diese Zulage aber um so weniger entbehren, als ich im Vertrauen auf diese Mehr-Einnahme die ständige Unterstützung meines zweiten Bruders mit seiner Familie auf mich genommen hatte, der durch eigene Schuld in die betrübtesten Umstände geraten war.

Während ich auf allen Seiten nach Auswegen suchte, starb der Archivsdirektor der Finanzhofstelle. Sein Gehalt betrug genau so viel als mein bisheriger zusammen mit der Zulage. Ich ergriff dieses Auskunftsmittel und setzte mich um diese Stelle in Bewerbung, die ich auch erhielt, weil keiner meiner Kollegen sie mochte. Ihr Antritt war nämlich zugleich auch ein Ausscheiden aus jenem Geschäftsbereich, der zu höheren Beförderungen berechtigte, gewissermaßen ein Abschneiden jeder weiteren Aussicht. Eben deshalb bezog mein Vorgänger im Archiv außer jenem festen Gehalt noch eine Personalzulage, um, bei den eben berührten Verhältnissen, einen Beamten, der die philosophischen und Rechtsstudien zurückgelegt hatte, zu vermögen, mit dieser letzten Hoffnung für das ganze Leben sich zu begnügen. Auch diese Zulage wurde mir zugesagt, mit dem Beisatze jedoch, daß erst nach drei oder viermonatlicher Dienstleistung man mit Berufung auf meine gezeigte Geschäftstüchtigkeit bei Seiner Majestät auf diese Gehaltsvermehrung antragen könne. So trat ich denn mein neues Amt an, das mir anfangs durch die feindliche Gesinnung meiner Untergebenen, von denen die Ältestdienenden sich selbst um die Direktorstelle beworben hatten, sehr sauer gemacht wurde.

Als die Zeit herankam, bei Seiner Majestät um jene Zulage einzuschreiten, hatte sich ein neues Unglück begeben.

Die Vaterlandsliebe war geradezu mit meinem Innersten verwachsen. Außer dem, was davon in jedem wohlgeschaffenen Menschen natürlich ist, bildete auch der unbefangen-heitere, wenig ausgebildete, aber für alles empfängliche Sinn des Österreichers ein mir gemäßes wohltätig-warmes Element. Ich hatte mich deshalb auch mit dem übrigen Deutschland nicht ganz befreunden können. Diese Liebe des Vaterlandes trug ich nun auch gar zu gern auf die regierende Familie, als die Repräsentanten desselben, über. So wenig Gutes mir bis dahin noch von ihnen widerfahren war, so brauchte es doch unendlich lange, bis ich mit einem oder dem andern von ihnen in mir selbst aufs reine kam. Um diese Zeit war der Kronprinz, nachmaliger Kaiser Ferdinand, schwer erkrankt. Die Meinungen über diesen jungen Prinzen waren sehr geteilt. Die einen dachten gering von seinen Fähigkeiten, die andern schlossen aus seinem Schweigen bei der staatsrätlichen Verhandlung unbeliebter Maßregeln auf oppositionelle volksfreundliche Gesinnungen. Über seine vollkommene Gutmütigkeit war jedermann einig. Als er nun schwer krank darniederlag, machte ich meiner Besorgnis und meinen Hoffnungen in einigen Strophen Luft, wie es denn überhaupt meine Gewohnheit war, zur Lyrik nur als einem Mittel der Selbsterleichterung Zuflucht zu nehmen, weshalb ich mich auch für einen eigentlich lyrischen Dichter nicht geben kann. Der Sinn des Gedichtes war, der Wahrheit gemäß, daß erst die Zukunft seine geistigen Eigenschaften enthüllen müsse, vorderhand mache es uns glücklich, zu wissen, daß er den höchsten Vorzug des Menschen, die Güte, die in ihrem vollendeten Ausdruck selbst eine Weisheit sei, ganz und vollkommen besitze. Mir entging nicht, daß diese Wendung übeln Deutungen ausgesetzt sein könnte; ich schrieb das Gedicht aber auch für mich und dachte auf keine Veröffentlichung. Als es vollendet auf meinem Arbeitstische lag, besuchte mich ein Freund, der, ohne selbst Literator zu sein, doch mit allen Literatoren Wiens in Verbindung stand. Ich wurde abgerufen, und in der Zwischenzeit las er ziemlich unbescheidenerweise das offen daliegende Gedicht. Er war, vielleicht gerade weil die Darstellung inner den Grenzen der Wahrheit blieb, ganz entzückt und sprach davon in diesem Sinne zu seinen literarischen Freunden. Diese begehrten es nun auch zu hören, wogegen ich nichts einzuwenden hatte. Ich las es abends im Gasthause vor, wo wir ein abgesondertes Zimmer innehatten, und nun drang alles, vorzüglich aber der Redakteur der damals bestehenden Wiener Zeitschrift, in mich, es drucken zu lassen. Einerseits beruhigte mich die ausnahmslose Billigung so vieler ganz gescheiter Leute über die Furcht einer möglichen übeln Deutung, andererseits mußte das Gedicht der Zensur vorgelegt werden, die, wenn sie ein Arges fand, es ohnehin verbieten würde. Es wurde daher ausgemacht, daß es der Redakteur der Wiener Zeitschrift dem uns allen wohlbekannten Zensor nicht amtlich, sondern als Freund überreichen, und wenn dieser Bedenken fände, das Gedicht wieder zurücknehmen sollte. Das geschah. Der Zensor, selbst Dichter und durch einige Zeit Theaterdirektor, erklärte, die Bewilligung zum Drucke nicht auf sich nehmen zu können. Als aber der Redakteur der Zeitung das Gedicht wieder zurückverlangte, entgegnete jener, das laufe gegen seine Pflicht, er müsse es der höheren Behörde vorlegen. Ob das nun unverständiges Bestreben, die Drucklegung zu fördern, oder Schurkerei war, weiß ich nicht. Die Druckbewilligung wurde verweigert, zugleich aber das Gedicht in unzähligen Abschriften verbreitet. Gerade diejenigen, die von dem Prinzen übel dachten, sahen in meinen Versen eine beabsichtigte Verspottung desselben. Feile Schufte schrieben in gleichfalls abschriftlich verbreiteten Knittelreimen gegen mich und mein Gedicht. Es war ein literarisch-dynastischer Aufruhr.

Unter diesen Umständen gelangte der Vortrag der Finanzhofstelle mit dem Einraten auf meine Gehaltszulage an Seine Majestät.

Es ist in Österreich die Gewohnheit, daß diejenigen, für welche eine sogenannte Gnadensache Seiner Majestät zur Entschlußfassung vorgelegt wird, sich persönlich dem Kaiser in besonderer Audienz vorstellen. Teils konnte ich nicht, teils wollte ich gerade in meinem Falle von dieser Übung nicht abweichen. Man hatte mir den Kaiser als höchst erzürnt über mein Gedicht vorgestellt. Mir lag daran, wenn er sich etwa in diesem Sinne äußern sollte, seine falsche Ansicht nach Möglichkeit zu berichtigen.

Ich meldete mich zur Audienz und wurde angenommen. Es war das einzige Mal, daß ich den Kaiser Franz sprach. Bei meinem Eintritt in den Vorsaal zischelten sich mehrere heimlich in die Ohren; ein hochgestellter Geistlicher, sonst mein vertrauter Freund, tat alles mögliche, meine Nähe zu vermeiden, ja, einer der beim Eingang in das Arbeitszimmer des Kaisers aufgestellten Gardisten sprach allerlei von der übeln Stimmung desselben und seiner Strenge im Zorn, was offenbar auf mich gemünzt war. Ich dachte mit Goethes Georg im Götz von Berlichingen: Guckt ihr –! Endlich wurde ich, der allerletzte oder einer der letzten, eingelassen. Der Kaiser empfing mich sehr gütig. Als ich meinen Namen und den Gegenstand meiner Bitte nannte, fragte er – obschon er es wahrscheinlich so gut wußte als ich –: »Sind Sie der nämliche, der der Autor ist?« Ich bejahte und setzte meine Gründe und Ansprüche auf die mit der Archivdirektorstelle verbundene Gehaltszulage auseinander. Der Kaiser hörte mich ruhig an und sagte: »Ihr Gesuch ist ganz billig, da Sie ganz in dem Falle Ihres Vorgängers sind.« Endlich entließ er mich mit den Worten: »Sei'n Sie nur fleißig und halten Sie Ihre Leute zusammen.« Da der Kaiser meines Gedichtes nicht erwähnte, fühlte ich mich auch meinerseits nicht berufen, darüber ein Wort zu verlieren, und ging. So mild aber seine Worte waren, so wenig waren es seine Handlungen. Er hatte schon damals den mich angehenden Vortrag der Finanzhofstelle unter diejenigen Aktenstücke gelegt, die er entschlossen war, während seines ganzen Lebens nicht zu entscheiden. Erst länger als ein Jahr nach seinem Tode wurde es mit Mühe unter den Rückständen aufgefunden, die aus ähnlichen Ursachen sich angehäuft hatten. Aber auch als es sich jetzt fand, hatte bereits ein Staatsrat, auch einer meiner Maulfreunde und Gönner, sein Mütchen an mir oder vielleicht nur an der Finanzhofstelle, die seinen Sohn nicht nach Wunsch beförderte, amtlich gekühlt, indem er statt der Gehaltszulage auf eine Gehaltsvermehrung einriet, durch welche ich freilich aber 200 Gulden jährlich verlor; ein Verlust, der mir erst später unter dem Ministerium des Baron Kübeck gutgemacht worden ist.

Auch der Hauptbeleidigte, der Kronprinz, war gegen mich so sehr erzürnt, als seine wirkliche Gutmütigkeit ihm erlaubte. Es befand sich damals eben der Bauchredner Alexandre, ein ziemlich gebildeter Mann, in Wien, mit dem ich zufällig bekannt wurde. Er machte seine Künste auch bei Hofe, und in einem Gespräche mit dem Kronprinzen erwähnte er auch meines Gedichtes und wie er wisse, daß ich gar keine üble Absicht dabei gehabt habe. Er hat sie allerdings gehabt, sagte der Prinz; man hat ihn aufmerksam gemacht, und dennoch wollte er es drucken lassen. Als Alexandre mir das erzählte, dachte ich wieder mit Götz von Berlichingen: »Kaiser, Kaiser! Räuber beschützen deine Kinder.« Obwohl ein Bauchredner eigentlich kein Räuber ist. Wer dem Kronprinzen jene böswillige Lüge gesagt hat, weiß ich freilich nicht. Ich stand nunmehr sowohl mit dem gegenwärtigen als mit dem künftigen Kaiser in dem übelsten Verhältnisse, was für keinen Fall erfreulich ist.

Ganz literarisch untätig war ich in der Zwischenzeit nicht gewesen. Die Ereignisse bei Gelegenheit meines »Ottokar« und des »Treuen Dieners« hatten mich belehrt, daß historische Stoffe zu behandeln in den österreichischen Landen höchst gefährlich sei. Reine Empfindungs- und Leidenschaftstragödien aber verlieren ihr Interesse bei des Dichters zunehmenden Jahren. Man kann mir einwenden, ich hätte mich über die engen österreichischen Verhältnisse wegsetzen und für die Welt oder doch für Deutschland schreiben sollen. Aber ich war nun einmal eingefleischter Österreicher und hatte bei jedem meiner Stücke die Aufführung, und zwar in meiner Vaterstadt, im Auge. Ein gelesenes Drama ist ein Buch, statt einer lebendigen Handlung. Wenige Leser haben die Gabe, sich jene Objektivierung, jene Wirklichkeit hinzuzudenken, welche das Wesen des Dramas ausmacht, wenigstens seinen Unterschied von den übrigen Dichtungsarten.

Da fiel mir einmal der erste Akt von »Traum ein Leben« in die Hände, welches Stück ich schon in meiner frühesten Zeit begonnen, aber weggelegt hatte, weil der mit der Rolle des Zanga beteilte Schauspieler statt des Negers durchaus einen Weißen haben wollte. Das Bunte, Stoßweise des Stoffes war eben geeignet, mir selber einen Anstoß in meiner Verdrossenheit zu geben.

Es ist hier vielleicht der Ort, über das Gewalttätige zu sprechen, das sich in meinen meisten Dramen findet und das man leicht für Effektmacherei halten könnte. Ich wollte allerdings Effekt machen, aber nicht auf das Publikum, sondern auf mich selbst. Die ruhige Freude am Schaffen ist mir versagt. Ich lebte immer in meinen Träumen und Entwürfen, ging aber nur schwer an die Ausführung, weil ich wußte, daß ich es mir nicht zu Dank machen würde. Die schonungsloseste Selbstkritik, die sich in früherer Zeit unmittelbar nach der Vollendung Platz machte, fing jetzt schon an, sich während der Arbeit einzustellen. Es war daher immer entweder die Schwierigkeit der Aufgabe oder die Heftigkeit des Anlaufs, was die Lust am Vollenden vor dem Schlusse nicht erkalten ließ. Zugleich war ich kein Freund der neueren Bildungsdichter, selbst Schiller und Goethe mitgerechnet; nebst Shakespeare zogen mich die Spanier Calderon und Lope de Vega an; nicht was durch die Erweisbarkeit Billigung, was durch seine bloße Existenz Glauben erzwingt, das schien mir die wahre Aufgabe der dramatischen Poesie zu sein. Eine gefährliche Richtung, der ich vielleicht nicht gewachsen war. Sich immer auf dem Standpunkte der Anschauung zu erhalten, wird schwer in unserer auf Untersuchung gestellten Zeit.

Als ich mit meinem Mondkalbe fertig war, übergab ich es meinem Freunde Schreyvogel zur Aufführung. Dieser war gar nicht gut darauf zu sprechen. Er zweifelte an der Möglichkeit einer Wirkung auf dem Theater, die bei mir völlig ausgemacht war; hatte ich es doch aufführen gesehen, als ich es schrieb. Dieses Mißfallen war um so sonderbarer, als vor mehreren Jahren, als ich Schreyvogel die erste Idee mitteilte, er davon ganz entzückt schien. Der vortreffliche Mann wurde aber leicht ängstlich, wenn ihm ein Neues vorkam, wozu er kein Gegenbild in den klassischen Mustern fand. Auch mochte der Titel »Traum ein Leben« ihn stören, da es sich dadurch gleichsam als ein Seitenstück zu Calderons »Leben ein Traum« anzukündigen schien, das Schreyvogel selbst für die deutsche Bühne bearbeitet hatte. Bei seiner großen und gerechten Verehrung für Calderon mochte ihm diese Gegenüberstellung als Kunstrichter und als Bearbeiter mißfallen.

Da ich gar nicht willens war, mit Schreyvogel in Konflikt zu geraten, legte ich das Stück ruhig hin. Hatte es doch seinen Zweck, mich zu beschäftigen und zu zerstreuen, vollkommen erreicht.

Ich habe schon gesagt, daß ich über die Zeitfolge der Ereignisse in großer Verwirrung bin. Die Ursache davon ist, daß ich bis auf den gegenwärtigen Augenblick immer bestrebt war, sie zu vergessen. Ich fühlte mich, vielleicht etwas hypochondrischerweise, so von allen Seiten bedrängt und eingeengt, daß ich kein Hilfsmittel wußte, als die marternden Gedankenfäden abzureißen und mich in eine neue Reihe zu versetzen. Das hat mir übrigens auch sonst unendlich geschadet. Es hat das ursprünglich Stetige meines Wesens, um mich kantisch auszudrücken, zum Fließenden gemacht, und selbst mein Gedächtnis, das in der Jugend gut war, wurde durch das immerwährende Abreißen und Neuanknüpfen untreu und schwach. Ich möchte jedem, der etwas Tüchtiges werden will, anraten, die unangenehmen Gedanken fortzudenken, bis sie im Verstande eine Lösung finden. Nichts ist gefährlicher als die Zerstreuung.

Also ich glaube, es war um diese Zeit, daß ich von Beethoven angegangen wurde, ihm einen Operntext zu schreiben. Ich habe die Geschichte meiner Bekanntschaft mit Beethoven und dieses Operntextes in einem besonderen Aufsatze beschrieben, ich erwähne daher hier nur so viel, daß mein Verleger Wallishausser, der ein gutes Geschäft zu machten glaubte, mir mein Autorrecht auf diesen Operntext abkaufte und mir dadurch die Möglichkeit einer Reise verschaffte.

Sie ging diesmal nach Paris und London. Außer meinem gewöhnlichen Reisezwecke, einmal freier Atem zu holen, war es diesmal auch der Wunsch, mir von diesen oft erwähnten Weltstädten eine deutliche Vorstellung zu verschaffen. Ich ging, wieder allein, über München, Stuttgart, Straßburg nach Paris. In Stuttgart machte ich die Bekanntschaft Uhlands, des letzten deutschen Dichters, der bei sich zu Hause ebenso liebenswürdig ist als in der Fremde schweigselig und neblicht. In Paris hütete ich mich, die französischen Schriftsteller zu besuchen. Diese Leute sind ungemein von sich eingenommen, weil ihnen nicht deutlich wird, daß sie zwei Dritteile ihres Ruhmes dem Umstande verdanken, daß sie französisch, also in der Weltsprache, schreiben. Da sie nun zugleich von fremden Literaturen, großenteils mit Recht, nichts wissen, so kommt man mit ihnen immer in die Stellung eines Handwerksburschen, der auf seiner Wanderung bei einem fremden Meister vorspricht. Mit Alexander Dumas wurde ich durch einen deutschen Arzt bekannt. Er lud mich zum Frühstück, zu dem auch Viktor Hugo gebeten war, der aber nicht kam. Dumas hatte durch seine damalige Mätresse, spätere Frau, die Schauspielerin Ida, die in Straßburg erzogen war, eine dunkle Idee von der »Ahnfrau«, für die er, als selbst dem »genre romantique« angehörig, einen großen Respekt bezeigte. Er galt übrigens unter seinen Kollegen für einen Kenner der deutschen Literatur. Seine Egeria hierin war eben jene Mlle Ida, die auch nur ein paar deutsche Worte wußte, indes er selbst nicht ein einziges verstand. Dieser Ruf der Kennerschaft fremder Literaturen ist übrigens in Paris leicht zu erwerben. Ich saß einmal im Théâtre français zwischen zwei Herren, die in mir leicht den Deutschen erkannten. Sie sprachen daher von deutscher Poesie, indem sie dabei auf einen etwas seitwärts von uns auf der vorderen Bank sitzenden Mann wiesen, den sie als einen »grand connoisseur de littérature allemande« bezeichneten. Während sie nun von Schillair und Go-ethe sprachen, wendete sich der Kenner um und verbesserte: on prononce Gouthe.

Wenn ich in Wien nie ins Theater ging, ging ich beinahe täglich in Paris. Der Unterschied interessierte mich. Das Théâtre français war damals ganz im Verfall. Talma war tot und die Rachel noch nicht erschienen. Die Mars spielte nur noch bei einzelnen Gelegenheiten. Ich sah sie in den »Falschen Vertraulichkeiten«, einer ihrer Glanzrollen, wo ich mir aber sagen mußte, daß Mde Löwe in Wien mir besser gefallen hatte, selbst was die Haltung und die Feinheit des Spiels betrifft. Dagegen war sie in der »Blinden Gabriele«, deren sentimentale Jugendlichkeit mit ihren sehr vorgerückten Jahren im schreiendsten Kontrast hätte stehen sollen, unübertrefflich. Das übrige war mittelmäßig und, wenn sie tragierten, widerlich. Ligier ist ein gräßlicher Mensch. Am besten gerieten ihnen noch neuere Tragödien, aber eine von Racine, die sie gaben, sah sich an wie ausgewaschener Kattun.

Desto besser waren die kleinen Theater. Was der Franzose selbst beobachten kann, das stellt er mit Meisterschaft dar, aber das Stilisieren und Idealisieren gelingt ihm durchaus nicht.

Auch die große Oper ist höchst interessant, schon wegen der Vollendung der Mittel, wenn man auch mit dem Zwecke nicht immer einverstanden sein sollte. Eine Darstellung, wie die von Meyerbeers Hugenotten, die damals neu waren, hat man außer Paris wohl nie gesehen. In Wien mußte ich mir die Oper auf zwei Abende einteilen, in Paris habe ich sie fünf- oder sechsmal von Anfang bis zu Ende mit immer steigendem Interesse gesehen. Überhaupt lassen die französischen Darsteller eine Ermüdung nicht aufkommen. Sie übertreiben, aber sie reißen hin. Es ist, als ob man eine Landschaft durch ein rotes Glas ansähe; die Farbe ist nicht mehr natürlich, aber die Einheit der Färbung erzeugt eben auch eine Harmonie. Die Kunst ist etwas anderes als die Natur. Voltaires »genre ennuyeux« hat seinen Wohnsitz in Deutschland.

Ich machte die Bekanntschaft Meyerbeers, der sich sehr liebenswürdig benahm und mir eben wiederholt Platz zu den überfüllten Aufführungen seiner Hugenotten verschaffte. Auch Thalberg war da, für mich der Klavierspieler par excellence.

Mit Alexander Dumas hatte ich ein eigenes Unglück. Es war damals eben zwölfmal mit ungeheuerm Beifall sein neuestes Trauerspiel »Don Juan de Maraña« aufgeführt worden. Dumas lud mich ein, der dreizehnten Vorstellung beizuwohnen, er gab mir sogar eine Anweisung auf einen Sperrsitz, den man aber an der Kassa nicht respektierte. Das Stück war, trotz einigen Zügen von Talent, das Absurdeste, was man sehen konnte. Hochromantisch oder phantastisch. Es kam eine Geisterredoute von Toten vor, die der Held des Stückes alle umgebracht hatte. Eine Szene spielte im

Himmel, wo Engel der Jungfrau Maria räucherten, die aber nur bei den ersten Vorstellungen sichtbar war, in den spätern als in der Kulisse befindlich angenommen wurde. Das Stück hatte mit Beihilfe der Freunde und bezahlten Klatscher einen ungeheuern Erfolg durch zwölf Darstellungen. Bei der dreizehnten, der ich beiwohnte, mochte die Beifallsassekuranz der Direktion zu kostspielig oder überflüssig erscheinen. Das unbefangene bezahlende Publikum gewann die Oberhand, und das Stück wurde so entsetzlich ausgepfiffen, daß es von da an nicht mehr auf den Brettern erschien. Selbst dieses Auspfeifen wurde mit einer Art richterlicher Haltung ausgeübt, wenigstens kamen Pöbelhaftigkeiten nicht vor, wie bei ähnlichen Anlässen in Wien. Der Kunstsinn der Franzosen ist nicht immer auf der rechten Fährte, was ihm aber im Wege steht, ist doch immer nur eine falsche Ansicht, nie die Gemeinheit.

Von den Menschen in Paris waren mir die interessantesten zwei deutsche Landsleute, Börne und Heine. Mit ersterem kam ich in ein fast freundschaftliches Verhältnis. Börne war gewiß ein ehrlicher Mann, und das politisch Aufreizende in seinen Schriften, oder vielmehr das auf den höchsten Grad Gesteigerte derselben, kam wahrscheinlich nur daher, daß er die Deutschen für so dickhäutig hielt, daß man mit Prügeln dreinschlagen müsse, um nur die Spur eines geringen Eindrucks zurückzulassen. Er glaubte, ohne Gefahr für die Ruhe Deutschlands sich seinem Tyrannenhaß humoristisch überlassen zu können. Es ging aber dabei wie bei Patienten von harten Naturen. Man verstärkt die Dosen und steigert die Mittel; lange Zeit ohne Erfolg. Bis endlich die letzte Arzenei wirkt und nun zugleich die Wirkung der früheren sich bis zum Übermaße Luft macht. Hätte er ein Jahr achtundvierzig für möglich gehalten, er wäre etwas vorsichtiger gewesen.

Ich ging öfter zu ihm nach Auteuil hinaus, und er kam mir zuliebe nach Paris. Bis auf seinen wunderlichen Haß gegen Goethe fanden wir uns recht gut zusammen. Aber auch dieser Haß war nur gegen Goethes sogenannten Aristokratismus gerichtet. Als eben damals in Deutschland ein neuer Faust erschien, den der Verfasser Börne zuschickte, zeigte sich in der Indignation über dieses Gegenübertreten der hohe Wert, den Börne auf den größten unserer Dichter legte. Das schlimmste für unsere Zusammenkünfte war, daß man bei Börne immer deutsche Flüchtlinge antraf, die ihren Unsinn im Tone von anno achtundvierzig anbrachten. So geschah es mir, daß, als ich einmal meiner Unzufriedenheit über die damaligen österreichischen Zustände in Gegenwart eines solchen Exilierten Luft machte, des nächsten Tages unser ganzes Gespräch mit

Nennung meines Namens in einer Pariser Zeitung erschien. Ich weiß nicht, ob die österreichische Gesandtschaft von dem Blatte Notiz genommen hat. Börne selbst konnte sich in meine Stellung nicht finden. Als ich eines Tages bei ihm in Auteuil gefrühstückt hatte, forderte er mich auf, mit ihm in Paris zu Mittag zu essen. Wir waren bis zum Eingange des bestimmten Gasthofes gekommen, als er mir sagte, ich würde mich köstlich amüsieren. Es sei ein Gastmahl von Refugiés aller Nationen. Man würde Reden halten, meine Gesundheit, einen Toast auf die Befreiung des Menschengeschlechtes trinken usw. Worauf ich, Abschied nehmend, erwiderte, er möge sich nur allein diese Unterhaltung verschaffen, ich würde in einem anderen Gasthause essen.

Heine fand ich in Fülle der Gesundheit, aber, wie es schien, eben in sehr beschränkter ökonomischer Lage. Er bewohnte in der Cité Bergère zwei kleine Zimmer, in deren erstem sich zwei Weibsbilder mit Betten und Kissen zu schaffen machten. Das zweite, noch kleinere, Heines Arbeitszimmer, bekam durch die Spärlichkeit der Möbel fast das Ansehen des Geräumigen oder doch des Geräumten. Seine ganze ostensible Bibliothek bestand in einem, wie er selbst sagte, entlehntem Buche. Er hielt mich anfangs für den Schriftsteller Custine, mit dem ich Ähnlichkeit haben sollte. Bei Nennung meines Namens zeigte er große Freude und sagte mir viel Schmeichelhaftes, das er wahrscheinlich in der nächsten Stunde vergessen hat. In der gegenwärtigen Stunde aber unterhielten wir uns vortrefflich. Ich habe kaum je einen deutschen Literator verständiger reden gehört. Er hatte aber mit Börne und überhaupt mit den selbst Verständigeren unter den Deutschen das gemein, daß er bei aller Mißbilligung des einzelnen einen großen Respekt für das Ganze der deutschen Literatur hatte, ja, sie allen andern voransetzte. Ich aber kenne kein Ganzes, als welches aus einzelnen besteht. Diesen aber fehlt Nerv und der Charakter. Ich will mit jemandem zu tun haben, wenn ich ein Buch lese. Dieses Sichselbstaufgeben hätte noch einen Wert, wenn es ein Aufgehen in den Gegenstand wäre. Aber auch der Gegenstand wird aus seiner ursprünglichen Prägnanz gerissen und zu Ansichten sublimiert, wo man sich denn in einer Mittelwelt befindet, in der die Schatten Geister und die Geister Schatten sind. Ich ehre die deutsche Literatur, wenn ich mich aber erfrischen will, greife ich doch zu einer fremden.

So sehr mir Heine im Gespräch unter vier Augen gefiel, ebenso sehr mißfiel er mir, als wir ein paar Tage später bei Rothschild zu Mittage waren. Man sah wohl, daß die Hauswirte Heine fürchteten, und diese Furcht mißbrauchte er, um sich bei jeder Gelegenheit verdeckt über sie lustig zu machen. Man muß aber bei niemand essen, dem man nicht wohlwill, und wenn man jemand verächtlich findet, muß man nicht bei ihm essen. Es setzte sich daher auch von da an unser Verhältnis nicht fort. Unter den Gästen bei Rothschild befand sich auch Rossini. Ich hatte ihn vor Jahren flüchtig in Italien gesehen. Jetzt war er ganz Franzose geworden, sprach die fremde Sprache wie ein Eingeborener und war unerschöpflich an Witz und Einfällen. Seine Feinschmeckerei ist bekannt. Er war, obwohl Hausfreund, diesmal vornehmlich geladen, um die Proben einer anzukaufenden Partie Champagner zu versuchen, worin er als ein vorzüglicher Kenner galt. Beim Nachhausegehen gingen wir eine Strecke mitsammen. Ich fragte ihn, ob das Gerücht wahr sei, daß er für die Krönung des Kaisers von Österreich zum König von Italien eine Oper schreibe. Musikalisch merkwürdig war mir seine Antwort. Wenn man Ihnen jemals sagt, erwiderte er, daß Rossini wieder etwas schreibe, so glauben Sie's nicht. Erstens habe ich genug geschrieben, dann gibt es niemand mehr, der singen kann. Im übrigen habe ich in Paris gesehen, was jedermann sieht, es ist daher darüber nichts zu sagen.

Als die Abreise nach London heranrückte, stellten sich gewaltige Bedenken wegen der Sprache ein. Ich hatte nämlich das Englische ohne Meister, bloß aus Grammatik und Wörterbuch gelernt, nie ein Wort Englisch gesprochen, ja auch nie anders als im Vorübergehen Englisch sprechen gehört. In den letzten Tagen, ehe ich von Wien abging, beeiferte sich ein artiges Fräulein meiner Bekanntschaft, mich in etwas mit der Aussprache bekanntzumachen, eine Bemühung, die ein Engländer, den ich in Paris fand und von Wien her kannte, einigermaßen fortsetzte. Aber das alles zeigte mir nur, wie himmelweit ich von dem sprachlichen Chinesentum der Engländer entfernt sei. Da übrigens mein ganzes Wesen aus Bedenken und Unbesonnenheit zusammengesetzt ist, so beschloß ich, erst im Strome selbst das Schwimmen zu versuchen.

Ich ging nach Boulogne, um von da nach Dover überzusetzen. In Boulogne aber fand sich ein englisches Dampfschiff, welches sich erbot, um einen geringen Preis die Reisenden unmittelbar nach London zu bringen. Obwohl auf diese Art die Gelegenheit verlorenging, das Stück Land zwischen Dover und London kennenzulernen, so war doch die Abkürzung der Reise zu verführerisch, um so mehr, als ich ohnehin beschlossen hatte, von der Hauptstadt Exkursionen, wohl gar bis Schottland, zu machen. Ich schiffte mich also ein, überstand bei nicht stürmischer, aber ziemlich bewegter See eine Nacht, die ich, trotz des kalten Windes, auf dem Verdeck zubrachte, da schon der Dunst der überfüllten Kajüten mir Anmahnungen des Seeübels hervorrief. Des andern Morgens gab ich sehr niedergeschlagene Proben meiner Aussprache des Englischen. Ich begehrte nämlich beim Frühstück Butter, und man brachte mir – Wasser. Die durchwachte Nacht und die gestörten Eingeweide verkümmerten mir in etwas den Eindruck der sich allmählich nähernden Weltstadt.

Im Zollhause angekommen, zeigte sich ein neues Mißgeschick. Ich hatte in Boulogne mit einem Franzosen gemeinschaftliche Sache gemacht. Da das Dampfschiff »Esmerald« mit einem zweiten konkurrierte und sie sich wechselseitig im Preise herabsteigerten, so daß das Fährgeld halb im Lizitationswege abgemacht wurde, der Franzose übrigens noch weniger Englisch verstand als ich, nämlich gar nichts, so kamen wir überein, daß ich für beide die Fahrbillette lösen, er dagegen das gemeinschaftliche Gepäck besorgen sollte, zu welchem Ende ich ihm eine Karte mit meinem Namen gab.

Im Zollhause wurden die einzelnen Reisenden namentlich aufgerufen, in ein Nebenzimmer geführt, wo sie nach vorgängiger Visitation ihr Gepäck erhielten. Schon war mein Franzose, endlich die ganze übrige Gesellschaft abgefertigt, und mein Name erschien noch immer nicht. Da, als schon eine neue Dampfschiff-Bemannung in den Saal trat, drängte ich mich neben dem Namens-Ausrufer ins Amtszimmer, wo mein Koffer noch allein auf dem Boden stand. Der windige Franzose hatte wahrscheinlich meine Karte weggeworfen oder verloren, und mein Name erschien daher gar nicht auf der Gepäckliste. Glücklicherweise stand dieser Name auf dem Deckel meines Koffers, und die Identität desselben mit meinem Passe verschaffte mir endlich meine Habseligkeiten, was bei der bekannten Strenge der englischen Zollvorschriften für ein nicht geringes Glück gelten konnte.

Das war aber noch nicht genug. Schon im Paß-Büro hatte ich erfahren, daß der Deutsche, der ein Kosthaus für Fremde hielt und an den ich eine Adresse von Wien mitbrachte, Bankrott gemacht und sich von London entfernt hatte. Wo sollte ich nun hin in der mir ganz unbekannten Riesenstadt? Zum Glück erinnerte ich mich, daß mir in Paris ein dänischer Hauptmann Czernig – derselbe, der später als Kriegsminister eine Rolle spielte – eine, wie er es nannte, Not-Adresse gegeben hatte, an eine Mistreß Williams, die in Russel Street, Bloomsbury Square, ein Kosthaus mindern Ranges hielt. Dahin ließ ich mich bringen, wobei mich der Cab-Führer durch halb London kutschierte, um das Fahrgeld so hoch als möglich zu steigern. Ich fand die Hausfrau und ihre beiden hübschen Töchter höchst angenehm, nur daß sie mein Englisch und ich das Französisch der ältesten Tochter nicht verstand. Doch merkten sie endlich, daß ich ein Zimmer wollte, was mir denn in möglichst bescheidenen Dimensionen zuteil wurde.

Des andern Tages begann ich meine Wanderungen, und zwar ohne Führer, dergleichen in unserm bescheidenen Hotel nicht zu haben war. Ich studierte meinen Weg auf dem Plane von London, dessen darauf bezüglichen Teil ich mir auf ein handgroßes Blatt nachzeichnete. Da es sich um die Pulsader von London, eine breite gerade Straße, handelte, die zur Bank führt, so bot die Richtung keine Schwierigkeit, ja, ich fand endlich auch die Seitenstraße Bishopsgate Street, in der der Bankier wohnte, an den ich adressiert war. Denn vor allem englisches Geld holen war mein Zweck. In Bishopsgate Street wußte aber niemand das Haus des Bankiers, obschon es einer der ersten von London war. Ich trat daher mit meiner Nachfrage in einen Spezereiladen; aber auch dort hatte man die Namen Louze and Civet nie gehört. Da holte endlich der Herr des Ladens einen Handels-Schematismus von der Wand, und es fand sich, daß das Kontor des Bankiers unmittelbar gegenüber lag. Und das wußte niemand von seinen nächsten Nachbarn. Aber so sind die Engländer überhaupt. Jeder kennt nur das, womit er in unmittelbarem Verkehr steht. Ein Bewohner der City z. B. ist im Westende ebenso ein Fremdling wie ein eben angekommener Fremder. Das gibt den Londonern bei Nachfragen auch häufig den Anschein der Ungefälligkeit. Aber sie wissen das Gefragte selbst nicht. Freilich machen sie dabei keine Entschuldigungen, sondern wenden sich um und gehen ihrer Wege. Was sie wissen, erklären sie mit der gefälligsten Umständlichkeit, ohne sich übrigens in die leicht erklärliche Absicht des vielleicht aus Unkunde mangelhaft Fragenden hineinzudenken, sondern sie beantworten einfach das Wort der Frage. So suchte ich einmal den St.-James-Palast, und als ich ganz in der angegebenen Richtung ein prächtiges Gebäude fand, fragte ich einen Vorübergehenden, ob das der St.-James-Palast sei. Er erwiderte, das Gebäude gehöre dem Herzog von Sutherland, blieb gefällig stehen, erzählte mir eine Menge Wunderlichkeiten des Besitzers und nahm endlich Abschied, ohne mir zu sagen, daß dreißig Schritte weiter der St.-James-Palast liege, wie ich denn gleich später fand. Aber ich hatte auf das Haus des Herzogs von Sutherland hingewiesen, darüber gab er mir Auskünfte; daß mir eigentlich um den königlichen Palast zu tun sei, fiel ihm nicht ein.

Meine Kenntnis Londons wurde mir übrigens sehr dadurch erleichtert, daß ein junger Mann aus Wien, namens Figdor, der für sein Handlungshaus Wollgeschäfte betrieb, meine Anwesenheit, ich weiß nicht wie, erfahren hatte, mich aufsuchte und mich teils in die näheren Umgebungen führte, teils die größeren Industrie-Etablissements kennenlehrte, die, so gleichgültig sie mir sonst überall in der Welt sind, doch in London einen solchen Charakter von Großartigkeit und Weltumfassung haben, daß sie fast den Eindruck von Epopeen machen. Zufällig fand sich eben Figdors Vater und seine höchst liebenswürdige Schwester zum Besuch bei dem jungen Manne, in deren Gesellschaft ich mich wie zu Hause fühlte.

Figdor, der Vater, veranlaßte einmal einen komischen Auftritt, der mich eine interessante Persönlichkeit, wenigstens vom Ansehen, kennenlehrte. Es war damals eben im Parlament die irische Zehetbill in Verhandlung. Ich versäumte keinen Tag oder vielmehr keine Nacht, der Diskussion, die oft bis vier Uhr morgens währte, beizuwohnen. Bei meinem für die Aussprache des Englischen ungeübten Ohre verstand ich zwar kaum die Hälfte der Reden, aber schon als Schauspiel war das Ganze hinreißend. Ich weiß nicht, wie die Parlamentshäuser jetzt eingerichtet sind, aber damals war der Saal des Unterhauses lang und verhältnismäßig schmal. Die beiden Parteien waren sich daher wie Kriegsheere ganz nahe, und die Redner traten wie homerische Redner vor und schleuderten die Speere ihrer Worte in die feindliche Schar. Am besten, wenigstens am lebhaftesten sprach Shiel. Der Minister Peel kalt, aber fließend und mit der Kraft der Überzeugung. O'Connel und die meisten übrigen hatten weniger Fluß der Rede, als ich voraussetzte und die gedruckten Verhandlungen glauben machen. Die vielen »hear, hear!« der Versammlung, die nach einer Art Melodie abgesungen werden, sind häufig nur ein Bestreben der Partei, das Stocken des Redners zu verkleiden und ihm Zeit zur Anknüpfung zu geben. Das Ganze ist großartig und hinreißend.

Meistens ging ich allein, wo ich denn nur mit Hilfe der Policemänner den Rückweg in meine Wohnung fand. Eines Abends begleiteten mich die beiden Figdor. Das Gedränge war groß und wir mußten lange im Vorsaale warten. Auf einmal entfernt sich der Vater Figdor und kommt bald darauf ganz kleinlaut zurück. Später zeigte sich, daß er sich zu dem Türhüter begeben und einen Vorzug für uns unter der Angabe beansprucht hatte, es befinde sich ein deutscher Literator da, der ein Bekannter des Herrn Bulwer sei. Ich wußte von dem allen nichts und war wie aus den Wolken gefallen, als bald darauf der Türhüter mit einem elegant gekleideten und wunderhübschen jungen Manne zu uns trat und mir sagte: »Hier ist Herr Bulwer«, und zu letzterem: »Hier ist der deutsche Gentleman, Ihr Freund.« Bulwer ersparte mir die Verlegenheit, indem er seinen Arm um meine Schulter schlang, mit mir im Vorsaale auf und nieder ging und mir sagte: Heute sei der Saal zu überfüllt, um mich einzuführen, aber morgen – will sagen: niemals – möchte ich wiederkommen usw. Er verließ uns wie taumelnd und machte auf mich ganz den Eindruck eines Betrunkenen. Bald aber erfuhr ich, daß er eben eine Rede gehalten, und was ich für Trunkenheit nahm, war die Nachwirkung der aufgeregten Lebensgeister. Ich unterließ um so mehr, ihm meinen Namen zu sagen, als er ihn ja doch nicht gekannt hätte. Wenn ein Deutscher nicht Schiller oder Goethe heißt, geht er unbekannt durch die ganze Welt.

Das Theater war, wie natürlich, ein Hauptgegenstand meiner Aufmerksamkeit. Im Trauerspiele, sämtlich Shakespearesche Stücke, war mir die Sprache nicht hinderlich, da mir jedes Wort, vom vielfältigen Lesen her, beiwohnte. Desto weniger aber erbaute mich das Spiel. Macready polterte und übertrieb. Einer der beiden Kemble, der, vom Theater bereits zurückgezogen, im Julius Cäsar Gastrollen gab, schien mir farblos. Die Weiber waren letzteres im höchsten Grade. Das war in Coventgarden und Drurylane. Nur in der English Opera habe ich einmal Romeo und Julia in den beiden Hauptpersonen übervortrefflich darstellen gesehen. Julietta war Miß Ellen Tree, den Namen Romeos habe ich vergessen.

Das englische ernste Theater muß aber notwendig zugrunde gehen. Die vornehme oder auch nur bessere Welt geht um acht Uhr abens zu Tisch und das Theater beginnt um sieben Uhr. Den Anfang auf später zu verlegen oder, da man gewöhnlich zwei Stücke gibt, das Trauerspiel nach der Posse aufzuführen, geht schon darum nicht, weil der Pöbel sich das Recht nicht nehmen läßt, um neun Uhr um den halben Preis ins Theater zu gehen, ein Recht, das er so streng ausübt, daß er bei längeren Trauerspielen mitten in der tragischen Katastrophe in Parterre und Logen hineinpoltert. Es müßten daher Shakespeares Stücke entweder nach neun Uhr vor einer unruhigen und gelangweilten Menge oder wie jetzt um sieben Uhr vor halbleerem Hause aufgeführt werden. Zugleich aber tritt der Mangel an Pietät überall hervor. So habe ich in Coventgarden einer Vorstellung beigewohnt, wo nach »Richard dem Dritten« die französische Oper »Die Jüdin«, als Schauspiel bearbeitet, aufgeführt wurde. Da in der Jüdin ganze Schwadronen von Pferden mitspielten, so mußte am Proszenium auf halbe Mannshöhe eine Verschränkung von starkem Eisendraht angebracht werden. Und da das wohl viel Mühe und Zeit brauchte, so geschah die Vorrichtung schon vor Anfang beider Vorstellungen, und Shakespeares »Richard der Dritte« wurde hinter diesem eisernen Zaun gespielt.

Warum man das gemeine Volk an Wochentagen (an Sonntagen wird ohnehin nicht gespielt) so sorgfältig von ernsthaften Stücken ausschließe, ward mir deutlich in einer Vorstellung am Pfingstmontag, dem einzigen halben Feiertag des englischen Kalenders. Man gab auch diesmal ein Shakespearesches Stück und eine elende Posse mit Musik. Das wegen des arbeitslosen halben Feiertages massenhaft versammelte Volk machte nun während des Shakespeareschen Trauerspieles einen solchen Lärm, daß man nicht etwa nur die Schauspieler nicht verstand, sondern auch nicht hören konnte, ob sie überhaupt sprächen oder nicht. Die entgegengesetzten Seiten der Galerie führten über das Parterre weg Gespräche untereinander, zankten, schrien, begehrten, daß dieser oder jener hinausgeworfen werde. In einem Branntweinhaus voll Betrunkener kann es nicht anders hergehen. Kaum ließ sich aber der erste Ton der Musik zur zweiten elenden Posse hören, als eine Totenstille eintrat, die nur von Zeit zu Zeit durch Ausbrüche des lebhaftesten Beifalls unterbrochen wurde. Überhaupt ist der Engländer bei einem völlig unmusikalischen Ohre der größte Liebhaber der Musik. Alle öffentlichen Anstalten tun das möglichste, um das gemeine Volk auszuschließen. So haben die Eigentümer der »Zoological gardens«, wie mir einer der Direktoren selbst gestand, nur darum ein Eintrittsgeld festgesetzt, weil sie fürchten, daß der Pöbel die Tiere reizen, quälen, ja böswillig beschädigen werde. Anderseits scheinen mir alle diese Ausschließungsmaßregeln, ja die ganze puritanische Sonntagsfeier wieder nur da, um denselben Pöbel absichtlich in seiner Roheit zu erhalten.

So wenig mich die englischen Schauspieler in der Tragödie befriedigten, um so besser fand ich sie, gegen meine Erwartung, im Lustspiele. Sie haben weniger gute Komiker als die Franzosen, aber bessere komische Schauspieler. Ihre Laune hat etwas Männliches, man merkt ihren heiteren Menschen an, daß sie auch ernsthaft sein können, wenn es not tut, und das ist es, was den Humor vom Witz und Spaß unterscheidet. Nur verstand ich unglücklicherweise von dem, was sie sprachen, anfangs kaum ein Wort. Ich merkte daher, daß die Schule für die Sprache, als die man das Theater preist, vorderhand für mich eine zu hohe sei.

Ich begab mich daher in die Gerichtsverhandlungen, und da fand ich, was ich suchte. Die plädierenden Advokaten, besonders die jüngeren, sprechen langsam, um sich besinnen zu können. Da nun zugleich der Engländer auf seine häßliche Sprache so stolz ist als kaum eine andere Nation und sich daher Mühe gibt, sie so gut als möglich zu sprechen, so war mir der Gerichtssaal eine wahrhafte Sprachschule, und ich brachte es auch so weit, daß in der zweiten Hälfte meines Aufenthaltes mich jedermann verstand, nur ich die andern nicht, wenn sie nicht langsam sprachen wie meine Advokaten.

Auch sonst waren mir diese Gerichtsverhandlungen im höchsten Grade interessant. Das Publikum wohnte denselben nicht mit der Neugierde der Franzosen, sondern mit einer Art kirchlicher Pietät bei. In der Untersuchung eines Unzuchtfalles, der so öffentlich verhandelt wurde wie alle übrigen, tat der alte, ernste, in seine Perücke vermummte Richter zur Konstatierung der fleischlichen Umstände Fragen an die Zeugen, die überall sonst in der Welt wieherndes Gelächter erregt haben würden. Hier aber fiel niemandem ein, nur den Mund zu verziehen. Man merkte, daß das Gefühl von Recht und Gericht die geistige Atmosphäre der Versammlung bildete. Und dieses selbstrichterlichen Gefühls wegen tut es mir leid, daß die Geschwornengerichte in meinem Vaterlande wieder abgestellt worden sind.

Der Sommer des Jahres 1836 war einer der kältesten und regnerischsten des laufenden Jahrhunderts. Das Reisen ins Innere von England wurde dadurch beinahe unmöglich. Von Eisenbahnen bestanden damals nur einzelne Anfänge. Die Landkutschen waren in der Inseite zu teuer und die Außenseite, des häufigen Regens halber, nicht verwendbar. Vor allem hätten mich die Universitäten interessiert, als direkt den deutschen entgegengesetzt, die mir ihres Prinzips der Vielwisserei wegen zuwider waren; obwohl das Exklusive der englischen auch nichts Gutes sein mag. Aber dazu gehörten Bekanntschaften, die ich nicht machen wollte, obgleich es mir an Adressen und Empfehlungen nicht mangelte. Schlösser und Landeskultur zu betrachten, hinderte das Wetter. Die gotischen Baudenkmäler, die mich in meiner Jugend entzückt hatten, waren mir durch die Übertreibung meiner deutschen Landsleute so widerlich geworden, daß mir noch jetzt eine gotische Kirche unmittelbar den Eindruck des Asketischen, Ketzerverfolgerischen, Absurd-Dummen macht. Ich trieb mich daher in London herum, das, im Gegensatz von Paris, anfangs wenig imponiert, aber allmählich zum Riesenhaften und Bewältigenden anwächst.

Endlich kam der Tag der Abreise. Ich hatte mir vorgenommen, die Hauptpunkte von Holland zu sehen und dann über Belgien nach Hause zu reisen. Bei der damals feindlichen Stellung beider

Länder aber war die Überschreitung der Grenze mit unendlichen Schwierigkeiten verbunden. Ich entschied mich daher für Belgien und ging mit dem Dampfboote nach Antwerpen. Von da auf Brüssel und Lüttich, wo ich zum ersten Male eine längere Strecke Eisenbahn befuhr (schon in London gab es ein kleines Endchen in der Richtung nach Greenwich). Den weitern Weg weiß ich nicht mehr. Wer mir den Vorwurf macht, daß ich wie ein Mantelsack reiste, tut mir nicht unrecht. Mir war aber immer das Reisen zuwider, nur die Nachwirkung tat mir wohl.

Unterdessen war in meinem Vaterlande Kaiser Franz zu seinen Vätern versammelt worden, und an seiner Stelle regierte Kaiser Ferdinand oder vielmehr an dessen Stelle sein Oheim Erherzog Ludwig. Ungefähr um diese Zeit wurde der Dienstplatz eines Bibliothekars der Wiener Universitätsbibliothek erledigt. Mir war die Gelegenheit erwünscht, von dem Aktenwesen loszukommen und ich setzte mich dafür in Bewerbung. Eigentlich war es nur ein Diensttausch, da mit beiden Stellen der nämliche Gehalt verbunden war. Ich mußte der Übung gemäß dem Stellvertreter des Kaisers, Erzherzog Ludwig, meine persönliche Aufwartung machen. Man machte mich im voraus aufmerksam, daß der Erzherzog die Gewohnheit habe, den Bittsteller anzuhören, ohne selbst ein Wort zu sprechen, daß sein Stillschweigen aber gar kein Vorzeichen einer ungünstigen Entscheidung sei. Wie war ich daher am Audienztage erstaunt, als mir der Erzherzog entgegentrat, mich freundlich anredete, sich mit mir längere Zeit unterhielt und mich endlich ebenso wohlwollend entließ. Die Stelle selbst aber erhielt nicht ich, sondern trotz dieser hoffnungserregenden Freundlichkeit ein Schreibersknecht der Hofbibliothek, der mir an Dienstjahren und Gehalt um die Hälfte nachstand, aber von einem dortigen Vorgesetzten empfohlen war, der selbst einer Empfehlung bedurft hätte, um jemanden anderen empfehlen zu können. Dieser selbe Vorstand gehörte übrigens unter meine begeistertsten Freunde und Bewunderer. Im allgemeinen herrschte rücksichtlich meiner eine Art Blödsinn, vermöge dessen man glaubte, mit Lob und Wertschätzung mich vollkommen abgefunden zu haben.

Ich kehrte daher zu meinen Akten zurück, die mir täglich widerlicher wurden, indes sie mich anfangs wenigstens historisch interessiert hatten.

Auch ein neuer dramatischer Stoff fand sich, oder vielmehr ein alter, den ich wieder aufnahm: Hero und Leander. Eine wunderschöne Frau reizte mich, ihre Gestalt, wenn auch nicht ihr Wesen, durch alle diese Wechselfälle durchzuführen. Der etwas preziös klingende Titel »Des Meeres und der Liebe Wellen« sollte im voraus auf die romantische oder vielmehr menschlich allgemeine Behandlung der antiken Fabel hindeuten. Mein Interesse konzentrierte sich auf die Hauptfigur, und deshalb schob ich die übrigen Personen, ja, gegen das Ende selbst die Führung der Begebenheit mehr zur Seite als billig. Aber gerade diese letzten Akte habe ich mit der eigentlichsten Durchempfindung, jedoch wieder nur der Hauptperson, geschrieben. Daß der vierte Akt die Zuseher ein wenig langweile, lag sogar in meiner Absicht, sollte doch ein längerer Zeitverlauf ausgedrückt werden. Aber auch sonst ist nicht alles, wie es sein sollte. Man kann eben nicht immer, was man will.

Als es zur Aufführung kam, erhielten die drei ersten Akte begeisterten Beifall, die zwei letzten gingen leer aus. Erst nach mehreren Jahren gelang es einer begabten Schauspielerin, das Ganze zu Ehren zu bringen, ohne übrigens meine Überzeugung von den Kompositionsfehlern dieser letzten Akte aufzuheben. In Deutschland wurde es nirgends gegeben. Es fehlte nämlich, wie an Dichtern, so auch allgemach an Schauspielern und endlich sogar an einem Publikum.

NACHWORT

»In Österreich, wo eine junge Dichtergeneration ganz in seinem Bann stand, beherrscht er die Schule, bildet er die Grundlage unserer Bildung, den Mittelpunkt der literarischen Forschung. Schritt für Schritt faßte der österreichische Dichter in Deutschland Fuß, eroberte der Süddeutsche den kühleren, spröderen Norden: Heute beginnt er in Westfalen populär zu werden, hat er sich des norddeutschen Theaters bemächtigt, die preußischen Schulen haben sich ihm aufgetan. Die Verbreitung seiner Werke ist seit dem Erlöschen der Schutzfrist ins Grenzenlose gewachsen; sein Leben und Dichten ist von vielen Seiten neu beleuchtet worden. Im Auslande erstehen ihm Kenner und Bewunderer; für Italien hat sich ein feinsinniger Vermittler gefunden; in Frankreich folgt dem ersten erfolgreichen Biographen ein zweiter auf dem Fuße nach; Schweden stellt ein bemerkenswertes Buch über ihn bei. Wie man seine Dramen in die rumänischen Schulen einzuführen sucht, so streben amerikanische Schulausgaben, sie jenseits des Ozeans bekanntzumachen; auch an amerikanischen Universitäten sind Dissertationen über Grillparzer nichts Ungewöhnliches mehr.«

So schildert der bedeutende Germanist August Sauer 1904 in der Vorrede zu »Grillparzers Gespräche und die Charakteristiken seiner Persönlichkeit durch die Zeitgenossen« in wenigen Sätzen den Aufstieg Grillparzers zu einem Dichter von Weltgeltung. Dieser Weltruhm gründet sich allerdings nicht auf die Erzählungen Grillparzers, sondern auf seine Dramen (vgl. die Chronologie zu Leben und Werk am Ende dieses Bandes). Die meisten Würdigungen nehmen Bezug auf sein dramatisches Schaffen, das Prosawerk aber wird übergangen. Hugo von Hofmannsthal etwa leitet in seiner am 7. Mai 1922 anläßlich des 50. Todestages von Grillparzer gehaltenen Rede seine literaturgeschichtliche Bedeutung allein von den Dramen her: »Er war ein geborener Dramatiker; sein erster Schritt trägt ihn in den Mittelpunkt jedes ersonnenen Wesens, und er wohnt in diesen wie in seinem eigenen. Darum hat er sich selber mit sicherem Gefühl den Platz zugewiesen zunächst Goethe, dem Gestalter, und Schiller, dem Erfinder großer Lebenslagen, aber beiden nachgeordnet. Die Nachwelt gönnt ihm den Platz, die so vieler anderer Ansprüche verworfen hat; aber sie sieht einen neben ihm, dessen ganzen Wert er noch nicht erkannte: Kleist.«

Friedrich Gundolf ordnet Grillparzer 1931 im »Jahrbuch des Freien Deutschen Hochstifts« so ein: »Unter den sechs genialen Epigonen ist Grillparzer der reichste durch Fülle der Gesichte, der Schwächste an Ausdruck, der ›natürlichste‹ und der scheueste, kauzigste. Keinem, auch Immermann nicht, ist dramatisch so viel eingefallen, und keiner hat so sacht, so zart, so tief gespürt, doch keiner spricht so matt und zag . . . Grillparzer ist der erste, der sich als einen gesamtdeutschen Dichter fühlte und doch ganz als Österreicher gelten wollte, mit Stolz und Scham zugleich. Als größter habsburgischer Dichter hat er einen Rang erlangt, der ihm als einem unter den besten deutschen Theaterdichtern versagt geblieben wäre. Grillparzer ist als der erste Erbe der gesamtdeutschen Klassik und Romantik in Österreich zugleich der erste, der sich als Vertreter österreichischen Volksgeistes, nämlich Volkes und Geistes in Einem, empfand.«

*

Daß in Grillparzer-Würdigungen das erzählerische Werk meist unerwähnt bleibt, ist nicht nur auf die Tatsache zurückzuführen, daß Grillparzer weniger als Erzähler denn als Dramatiker hervorgetreten ist: Da »Prosa« niemals »poetisch« sein könne, betrachtete er selbst seine Erzählungen als minderwertige Nebenprodukte seines literarischen Schaffens. Dennoch zählen »Das Kloster bei Sendomir« und »Der arme Spielmann« zu den Meisterwerken deutscher Prosakunst. Auch die »Selbstbiographie« zeigt die Prosakunst Grillparzers in ihrer Vollendung.

Nach einer Tagebuchnotiz Grillparzers vom Juni 1820 muß für »Das Kloster bei Sendomir« die altfränkische Sage von Walter und Hildegund als Quelle angesehen werden. In den von den Brüdern Grimm herausgegebenen »Altdeutschen Wäldern« (1813–16) stieß er auf eine uralte Fassung dieser Sage, wonach der aus Krakau stammende Walter die fränkische Königstochter Hildegund in seine polnische Heimat entführt, sie dort an seinen Feind Wislaw verliert, von diesem gefesselt den Ehebruch mit ansehen muß, am folgenden Tag jedoch das Paar im Schlaf tötet. Den polnischen Hintergrund und die Grausamkeit des Geschehens entnahm Grillparzer der Vorlage. – Die Arbeit an dieser Erzählung beschäftigte den Dichter über einen längeren Zeitraum hinweg. 1822 notierte er in seinem Tagebuch einen Entwurf, ohne nähere Bezeichnung oder Titel. Mehrere Versuche, diesen Entwurf aus- und für Joseph Schreyvogels Taschenbuch »Aglaja« umzuarbeiten, schlossen sich an. Die endgültige Reinschrift erfolgte im Frühjahr oder Sommer 1827, als Schreyvogel wegen eines Beitrags für die »Aglaja« in Verlegenheit war.

Zu den äußeren Anlässen für die Niederschrift dieser Erzählung kommt allerdings noch ein autobiographisches Motiv: das ehebrecherische Verhältnis, das Grillparzer zwischen 1818 und 1827 zu Charlotte von Paumgartten, der Frau seines Vetters, unterhielt. Grillparzer hatte Charlotte Jetzer (1793–1827) als vierzehnjähriges Mädchen kennengelernt. 1818 heiratete sie Ferdinand von Paumgartten, Grillparzers Vetter und Freund. Charlotte zeigte rege Anteilnahme am Schaffen des Dichters, und die gegenseitige Freundschaft wurde mehr und mehr zu einer leidenschaftlichen Liebe, Charlotte wurde das »Weib seiner Wahl«. Grillparzer fühlte sich ihrem Mann gegenüber schuldig, und seine Reise nach Italien 1819 war auch eine Flucht vor der Geliebten. Nach der Rückkehr verfiel er wieder dem Einfluß dieser Frau, und die Arbeit am »Goldenen Vließ« bildete den Anlaß für häufige Zusammenkünfte. Das Verhältnis zwischen Grillparzer und Charlotte spiegelt sich in den Gestalten von Jason und Medea. »Beinahe alle aus jener Zeit stammenden Gedichte Grillparzers zeigen die Spuren des unablässigen Ringens mit der von ihm selbst als unselig erkannten Leidenschaft für die Frau des Freundes, welche auf höchst eigentümliche Weise die Muse seiner Medea geworden war«, schreibt 1877 Theobald von Rizy im »Wiener Grillparzer-Album«. – Die verletzte Gattenehre ist allerdings nicht nur das Motiv des »Klosters bei Sendomir«, sondern auch von dem – ebenfalls in ein slawisches Milieu getauchten – düsteren Schicksalsdrama »Die Ahnfrau« (1817): die Rache des Gatten, der seine Frau ersticht, als er sie in den Armen des Jugendgeliebten überrascht.

Elga ist eine Vertreterin jener ins Rätselhafte stilisierten Frauengestalten aus dem literarischen Werk Grillparzers, deren Bild zwischen engelreiner Unschuld und abgründiger Verworfenheit schwankt – etwa Erny in »Ein treuer Diener seines Herrn« oder Lukrezia in »Ein Bruderzwist in Habsburg«. Aus zahlreichen Tagebucheinträgen Grillparzers geht hervor, daß er von Mädchen erwartete, daß sie körperliche Beziehungen zu Männern ablehnten; ihre jungfräuliche Reinheit mache ihren Reiz aus, die Sexualität als etwas »Tierisches« erniedrige sie. Viele von Grillparzers Frauengestalten – Hero, Medea, Sappho und Libussa – sind Priesterinnen, die durch die Berührung mit dem Mann schuldig werden.

Dieser Typ von Frau begegnet schon in den frühesten Entwürfen Grillparzers, in »Rosamunde von Clifford« (1807), in dem Jugenddrama »Blanka von Kastilien« und in seinem Plan einer Fortsetzung von Goethes »Faust, erster Teil« (1813). In den Plänen »Friedrich der Streitbare« und »Kaiser Albrecht« tauchen Frauen auf, die ihren Männern körperlich nicht geben können, was diese wünschen. Diese Frauen sind nicht frigide, sondern fürchten, daß durch die körperliche Hingabe der Bann zerstört wird, den sie über den Geliebten ausüben. 1828 schrieb Grillparzer in sein Tagebuch: »Von der Tochter Kaiser Albrechts, Agnes von Ungarn, behauptet der Chronist, sie habe vor der körperlichen Vereinigung zweier Gatten, als worin sie etwas sehr Ungeistiges verspüret, eine Abscheu gefunden und sei als Jungfrau gestorben.«

Elga erweckt durch ihre Berührung den Grafen zu einer Art neuen Lebens. Nicht der Graf ist der Aktive, sondern Elga, die ihn anspricht, seine Hand berührt und dadurch quasi verzaubert – ein Vorgang, den der Erzähler mit einem Märchen vergleicht: »Ein bis dahin unbekanntes Gefühl ergriff den Grafen bei der Berührung der warmen Hand. Sie erzählen ein morgenländisches Märchen von einem, dem plötzlich die Gabe verliehen ward, die Sprache der Vögel und anderen Naturwesen zu verstehen, und der nun, im Schatten liegend am Bachesrand, mit freudigem Erstaunen rings um sich überall Wort und Sinn vernahm, wo er vorher nur Geräusch gehört und Laute. So erging es dem Grafen. Eine neue Welt stand vor ihm auf, und bebend folgte er seiner Führerin, die eine kleine Türe öffnete und mit ihm in ein niederes, schwacherleuchtetes Zimmer trat.« Zum Zeitpunkt dieser Berührung ist Elga jedoch noch nicht die üppige Schönheit; bis dahin hat der Graf nur die Stimme des Mädchens gehört und ihre Berührung gespürt. Erst im Licht des Zimmers sieht er, »daß die Wirklichkeit gehalten, was die Ahnung versprach. Das Mädchen war schön, schön in jedem Betracht«.

»Das Kloster bei Sendomir« erschien 1827 kurz nach dem Tod von Charlotte von Paumgartten in der »Aglaja«. Zur selben Zeit resümierte Grillparzer in seinem Tagebuch sein Verhältnis zu Frauen so: »Wenn ich je dazu kommen sollte – aber ich werde es nie tun –, die Geschichte der Folge meiner innern Zustände niederzuschreiben, so würde man glauben, die Krankheitsgeschichte eines Wahnsinnigen zu lesen. Das Unzusammenhängende, Widersprechende, Launenhafte, Stoßweise darin übersteigt alle Vorstellung. Heute Eis, morgen in Flammen. Jetzt geistig und physisch unmächtig, gleich darauf überfließend, unbegrenzt. Und zu dem allen noch, nicht im Stande, sich von etwas anders bestimmen zu lassen als von der sprungweisen Aufeinanderfolge des eigenen verstockten Ideenganges. So war es bei mir auch immer mit dem, was andere Leute Liebe nennen. Von dem Augenblicke an, als der teilnehmende Gegenstand nicht mehr haarscharf in die Umrisse passen wollte, die ich bei der ersten Annäherung voraussetzend gezogen hatte, warf ihn auch mein Gefühl als ein Fremdartiges so unwiderruflich aus, daß meine eigenen Bemühungen, mich nur in einiger Stellung zu erhalten, verlorne Mühe waren. Ich habe auf diese Art bei Weibern schon oft die Rolle des Betrügers gespielt, und ich hätte doch jederzeit mein Alles gegeben, wenn es mir möglich gewesen wäre, ihnen zu sein, was sie wünschten. Ich habe auf diese Art das Unglück von drei Frauenzimmern von starkem Charakter gemacht. Zwei davon sind nun bereits tot. Aber ich habe nie eine Neigung betrogen, die ich hervorgerufen hätte. Vielmehr näherte ich mich nie einem Weibe, das nicht vorher sich mir genähert. Damit kann ich mich trösten; und damit, daß ich nie durch fremden Schmerz mein eigenes Wohlbefinden zu erkaufen gesucht habe, und auch nichts erkauft habe als eigenen, nur veränderten Schmerz.«

»Das Kloster bei Sendomir« wurde beim Erscheinen in der »Aglaja« wenig beachtet und geriet bald in Vergessenheit. 1858 brachte Ignaz Franz Castelli unter dem Titel »Der Turm im Park« ein Plagiat der Grillparzerschen Erzählung heraus, ohne daß dies jemand merkte. – Gerhart Hauptmann dramatisierte die Erzählung 1896 unter dem Titel »Elga«, 1905 wurde das Drama uraufgeführt, 1919 wurde es verfilmt.

*

Wie »Das Kloster bei Sendomir« ist auch »Der arme Spielmann« eine Rahmenerzählung. Beide sind autobiographisch geprägt. »Der arme Spielmann« gilt als die autobiographische Schlüsselnovelle Grillparzers: die Hervorkehrung eines Künstlertyps, der mehr will, als er kann, eine zugleich lächerliche und tragische Figur, geprägt vom Zwiespalt zwischen Gedanken und Tat, ein äußerlich versagender und töricht erscheinender, aber innerlich reiner und gütiger Mensch, dessen Hoffnung es ist, nach diesem irdischen Dasein dorthin zu kommen, »wo wir nach unseren Absichten gerichtet werden und nicht nach unseren Werken«.

Auf die Frage, wie er auf den Stoff gekommen sei, antwortete Grillparzer: »Ganz zufällig! Ich speiste viele Jahre hindurch im Gasthause ›Zum Jägerhorn‹ in der Spiegelgasse. Da kam häufig ein armer Geiger und spielte auf. Er zeichnete sich durch eine auffällige Sauberkeit seines ärmlichen Anzugs aus und wirkte durch seine unbeholfenen Bewegungen rührend komisch. Wenn man ihn beschenkte, dankte er jedesmal mit irgendeiner kurzen lateinischen Phrase, was auf eine genossene Schulbildung und auf einstige bessere Verhältnisse des greisen Mannes schließen ließ. Plötzlich kam er nicht mehr und so eine lange Zeit nicht. Da kam die große Überschwemmung im Jahre 1830. Am meisten litt die Brigittenau, wo ein berühmter Kirchtag, ein Volksfest, jeden Sommer gefeiert wurde. Ich wußte, daß der arme Geiger dort wohnte, und da er nicht mehr aufspielen kam, so glaubte ich, daß auch er unter den Menschenopfern in der Brigittenau seinen Tod gefunden habe. Ich wurde eingeladen, für ein Taschenbuch eine Novelle zu schreiben, und so versuchte ich eine solche, in welcher mein armer, guter Bekannter als Held figurierte.« Auch nach der Veröffentlichung der Erzählung in dem 1847 erschienenen Almanach »Iris« versicherte Grillparzer dem Verleger Heckenast in einem Brief, »daß der alte Spielmann wirklich nur durch ein eigenes Erlebnis veranlaßt worden ist«.

Über das »Urbild« des armen Spielmanns ist viel gerätselt worden. So gibt es Hinweise auf Franz Schubert oder auf den Musiker Ferdinand Kauer, den Komponisten des »Donauweibchens«, die beide in dürftigen Verhältnissen starben. Immer wieder hervorgehoben wurde, daß der Spielmann autobiographische Züge trägt: die Liebe zur Musik, sein untrüglicher Sinn für das Angemessene, seine Höflichkeit und große Wahrheitsliebe, die Fähigkeit zur Begeisterung, das leicht Pedantische usw. – Züge, die u. a. in der »Selbstbiographie« ihre Parallele haben.

Über die Aufnahme seiner Erzählung bei Kritikern und Lesepublikum äußerte sich Grillparzer vor dem Erscheinen skeptisch: »Da von Deutschlands Einheit, deutscher Flotte und deutscher Weltmacht nichts darin vorkommt und der darin vorkommende Landsmann von jener Tatkraft gar nichts hat, die der Nation auf einmal über Nacht angeflogen ist, so erwarte ich einen nur sehr geringen Beifall.« Adalbert Stifter schrieb nach der Lektüre des »Armen Spielmanns« begeistert einen Brief an den Verleger Heckenast, und am 6. September 1847 erschien in der »Augsburger Allgemeinen Zeitung« seine Rezension der Erzählung: »Ich glaube nicht zu irren, wenn ich behaupte, daß diese kleine Erzählung ... ein Meisterwerk ist.«

*

Die »Selbstbiographie« zählt nicht nur zu den besten Prosawerken Grillparzers, sondern auch zu den herausragenden Autobiographien nach Goethes »Aus meinem Leben. Dichtung und Wahrheit« (1811/32), die allerdings unerreichtes Vorbild bleibt. Der äußere Anlaß für die Niederschrift dieser Autobiographie war die Aufforderung der österreichischen Akademie der Wissenschaften, in die Grillparzer 1847 berufen worden war. Die Akademie hatte es sich zur Regel gemacht, von ihren Mitgliedern eine Darstellung ihres Lebens einzufordern, doch erst als Grillparzer zum dritten Mal gemahnt wurde, begann er 1853 mit der Niederschrift.

Die Aufgabe fesselte ihn, und er kam zunächst rasch voran. Doch bereits ein Jahr später, als er bis zum Jahre 1836 gelangt war, unterbrach er die Arbeit und nahm sie nicht mehr auf. Erst aus dem Nachlaß wurde die »Selbstbiographie« herausgegeben – ein Fragment, das doch das ganze Wesen des Menschen Grillparzer widerspiegelt, den sein Landsmann Joseph Roth 1937 so charakterisierte: »Verdrossen, verschlossen, griesgrämig, verbarg er seine Scheu vor der Welt hinter einer scheltbereiten Demut, einer Bescheidenheit, die in Wirklichkeit eine hochmütige Haltung war. Er war kein ›liebenswürdiger Österreicher‹, sondern das Gegenteil: ein höchst unbequemer, sogar ein düsterer. Es war, als fühlte er, kraft seiner Verpflichtung, ein klassischer Repräsentant der Monarchie zu sein, vor allem die Notwendigkeit, die Ansichtskarten-Vorstellung, die sich die anderen deutschen Stämme (noch vor der Erfindung der Ansichtskarte) vom ›Österreicher‹ gebildet hatten, zu widerlegen. Zugleich widersprach er auch der in seinem Lande höheren Orts so beliebten Auffassung von dem unbequemen, lebensfreudigen Untertan. Er revoltierte niemals, er rebellierte immer, und zwar aus konservativer Neigung, als Bekenner hierarchischer Ordnung und als Verteidiger traditioneller Werte, die ihm nicht von unten, sondern, im Gegenteil, von oben her vernachlässigt, angegriffen, verletzt erschienen.«

DATEN ZU LEBEN UND WERK VON FRANZ GRILLPARZER
(1791–1872)

1791 Franz Grillparzer wird am 15. Januar in Wien geboren als Sohn des Rechtsanwalts Wenzel Grillparzer und seiner Ehefrau Anna Maria, geborene Sonnleithner.
Die Vorfahren des Vaters waren österreichische Weinbauern. Die Mutter stammt aus einer alteingesessenen Wiener Familie: Ihr Vater, Christoph Sonnleithner, war zeitweise Dekan der Wiener Rechtsfakultät und hat sich einen Namen als Komponist erworben, den Joseph Haydn schätzte und Kaiser Joseph II. in seinem Haus besuchte. Seine Söhne Joseph und Ignaz – die Onkel des Dichters – spielen im geistigen Leben Wiens eine bedeutende Rolle. Joseph leitet 1804 bis 1814 das Wiener Hoftheater, Ignaz ist ein Förderer von Franz Schubert.
Die Mutter des Dichters ist eine selbstquälerische, reizbare, ständig kränkelnde Frau.

1801 Besuch des Sankt-Anna-Gymnasiums (bis 1804).
Die Erziehung Grillparzers durch die Eltern, durch Verwandte und Hofmeister ist vielseitig, aber planlos. Er möchte gern Violine spielen, doch wird ihm das verwehrt, weil er angeblich einen zum Verwachsen neigenden Körperbau hat. Er darf Klavier spielen. Musik, Theater und die väterliche Hausbibliothek, das Neue Testament und das Libretto von Mozarts »Zauberflöte«, Salomon Geßners »Idyllen«, Shakespeares »Hamlet« und »Lear«, Lessings »Nathan«, Goethes »Götz« und Schillers »Wallenstein« sowie »Tausendundeine Nacht« geben der Phantasie des Heranwachsenden Nahrung.

1804 Nach der Reifeprüfung immatrikuliert er sich an der Philosophischen Fakultät der Wiener Universität.

1806 WERKE: Das Lustspiel *»Die unglücklichen Liebhaber«* entsteht.

1807 Er beginnt mit dem Jurastudium in Wien.

1808 Grillparzer gründet mit zwei Kommilitonen, Joseph Wohlgemuth und Georg Altmütter, die »Gesellschaft zur gegenseitigen Bildung«, eine Art privater Akademie. – Er ist ein eifriger Besucher des Kärtnertortheaters.

WERKE: Aus den Jahren 1808 bis 1815 stammen zahlreiche dramatische Skizzen.

1809 Der Vater stirbt. – Bei der Belagerung Wiens durch die Franzosen gehört Grillparzer einem Studentenkorps an, ohne jedoch am Kampfgeschehen teilnehmen zu müssen.

WERKE: Grillparzer beendet die Niederschrift der Jambentragödie *»Blanka von Kastilien«*. Das intrigenreiche, grellpompöse, rhetorisch überladene und überlange Stück wird erst 1958 am Wiener Volkstheater uraufgeführt.

1810 Nach dem Tod des Vaters muß sich Grillparzer seinen Lebensunterhalt selbst verdienen. Er unterrichtet als Informator und Hofmeister junge Adlige über juristische Probleme.
Ein Tagebucheintrag vom 25. Juni dieses Jahres spiegelt die psychische Situation des jungen Grillparzer: »Ich kann nicht länger mehr so fort leben! Dauert dieses unerträgliche, lauwarme Hinschleppen noch länger, so werd' ich ein Opfer meiner Verhältnisse. Dieses schlappe geistertötende Einerlei, dieses immerwährende Zweifeln an meinem eigenen Werte, dieses Sehnen meines Herzens nach Nahrung, ohne je befriedigt zu werden; ich kann es nicht mehr aushalten. Drum fort, fort aus dieser Lage! Hinaus in die Welt, um diesen Trübsinn, wenn auch nicht zu stillen, aber doch wenigstens zu übertäuben. Im Getümmel der Welt, in anderen Gegenden, von anderen Menschen umgeben wird vielleicht mein Geist wieder die glückliche Stimmung gewinnen, die mir die Tage meiner frühern Jugend so selig verfließen machte, ... Fliehen will ich dies Land der Erbärmlichkeit, des Despotismus, und seines Begleiters, der dummen Stumpfheit, wo Verdienste mit der Elle der Anciennetät gemessen werden, wo man nichts genießen zu können glaubt als was eßbar ist, und ... überall, wo ich mich hinwende, grinst mich das Gespenst der menschlichen Verworfenheit an.«

1811 Er schließt sein Jurastudium mit besten Prädikaten ab.

1812 Er wird Hauslehrer bei dem Grafen von Seilern. Bei einer

Reise auf das mährische Gut des Grafen erkrankt er lebensgefährlich an einem Nervenfieber. Sein Arbeitgeber läßt ihn im Stich.

1813 Er tritt eine unbesoldete Praktikantenstelle als Konzipist in der Wiener Hofbibliothek an.

1814 Er wird Manipulationspraktikant (Beamtenanwärter) bei der niederösterreichischen Bankal-Gefälls-Kommission (Zollverwaltung) und wechselt noch im selben Jahr zur Hofkammer, wo er in verschiedenen Abteilungen arbeitet.

1815 Er wird bei der Hofkammer als Konzeptspraktikant angestellt mit einem Jahresgehalt von 400 Gulden, das ihn und seine Mutter notdürftig ernährt.

1816 Beginn der Freundschaft mit Joseph Schreyvogel, dem Dramaturgen des Wiener Burgtheaters. Diesem Förderer junger Talente, der schon Grillparzers Übersetzung einiger Teile von Calderóns Versdrama »Das Leben ein Traum« wohlwollend beurteilt hat, unterbreitet der junge Dichter den Plan zu einem Drama mit dem Titel *»Die Ahnfrau«*. Von Schreyvogel angespornt, schreibt er es in einem wahren Schaffensrausch innerhalb weniger Tage nieder.

1817 Sein jüngster Bruder Adolf begeht Selbstmord.

WERKE: Die Tragödie *»Die Ahnfrau«* wird im Theater an der Wien unter der Regie von Joseph Schreyvogel uraufgeführt. Das Stück um die Selbstzerstörung einer dem Fluch der Erbschuld und der eigenen Willensschwäche erliegenden Familie wird ein großer Publikumserfolg und macht den jungen Dichter mit einem Schlag im ganzen deutschsprachigen Raum berühmt. Die Kritik lehnt es als Schicksalstragödie allerdings heftig ab. Unter dem Einfluß von Schreyvogel hat Grillparzer die Schicksalselemente gegenüber der strafferen und weniger sentimentalen Urfassung wesentlich verstärkt.

1818 Er wird auf fünf Jahre zum Theaterdichter des Wiener Burgtheaters ernannt mit einem festen Jahresgehalt von 1000 Gulden; er geht dafür die Verpflichtung ein, jedes neue Stück zuerst dem Hoftheater anzubieten. – Mit seiner Mutter unternimmt er eine Urlaubsreise nach Baden bei Wien, Bad Gastein und Lilienfeld. – Schreyvogel führt ihn in das Haus der Schriftstellerin Karoline Pichler ein.

WERKE: Auch sein zweites Drama, das Trauerspiel *»Sappho«* über die gleichnamige Dichterin aus Lebos (6. Jh. v. Chr.), uraufgeführt im Wiener Burgtheater, wird ein großer Erfolg. Grundthema ist – ähnlich wie bei der *»Ahnfrau«* – der Zwiespalt zwischen Erlebnisdrang und künstlerischer Verpflichtung bzw. innerem Frieden. Das Werk eröffnet die Reihe der klassizistischen Dramen Grillparzers.

1819 Seine Mutter begeht Selbstmord. Er erhält drei Monate Urlaub und reist nach Triest, Venedig, Rom und Neapel. – Nach der Rückkehr wird er bei einer erhofften Beförderung übergangen. – Beginn des Liebesverhältnisses mit Charlotte von Paumgartten, geborene Jetzer, der Frau seines Vetters.

WERKE: Grillparzers in Rom geschriebenes polemisches Gedicht *»Auf den Ruinen des Campo Vaccino«*, in dem er den Geist der Antike feiert und seine Ablösung durch das christliche Zeitalter beklagt, erregt den Zorn des streng kirchlich eingestellten bayerischen Kronprinzen Ludwig. Das Gedicht wird aus allen greifbaren Exemplaren des Wiener Taschenbuchs »Aglaja«, in dem es erschienen ist, herausgerissen. Grillparzer gilt von nun an als Gegner des Metternichschen Systems.

1820 Erholungsaufenthalt in Bad Gastein.

1821 Bekanntschaft und Verlobung mit Katharina (Kathi) Fröhlich (*1800), seiner »ewigen Braut«. – Sein Gönner, Graf Stadion, versetzt ihn von der Hofkammer ins Finanzministerium.

WERKE: *»Das goldene Vließ«*, dramatisches Gedicht in drei Abteilungen – *»Der Gastfreund«*, *»Die Argonauten«*, *»Medea«* –, wird im Wiener Burgtheater uraufgeführt. Die Trilogie behandelt die Argonautensage von der Rückeroberung des Goldenen Vlieses durch Jason; Jasons Gegenspielerin Medea, die er um einer anderen Frau willen verlassen wird, wandelt sich von der liebenden Frau zur Rächerin. – Auch dieses Stück ist erfolgreich, doch wird in der Folgezeit nur die *»Medea«* noch öfter gespielt.

1823 Sein Gönner, Graf Stadion, versetzt ihn vom Finanzministerium in sein eigenes Präsidialbüro und weist ihm eine besser besoldete Stelle als Konzipist zu. – Der deutsche Dramatiker und Kanzelredner Zacharias Werner, der seit 1814 in Wien gelebt hat und mit dem Grillparzer in Kontakt stand, stirbt. Grillparzer würdigt ihn in seinem Nachruf als »der Anlage nach bestimmt, der dritte große deutsche Dichter zu sein«, nach Goethe und Schiller.

1824 Sein Gönner, Graf Stadion, stirbt.

1825 Leidenschaftliche Zuneigung zu der siebzehnjährigen Marie von Smolenitz, die er vor zwei Jahren kennengelernt hat (sie wird das Vorbild für die *»Jüdin von Toledo«*). Sie heiratet später den Maler Moritz Daffinger.

WERKE: Die Tragödie *»König Ottokars Glück und Ende«* über den Böhmenkönig Ottokar II. (1233–78), den Grillparzer als maßlosen Machtmenschen und brutalen Egoisten schildert, wird am Wiener Burgtheater uraufgeführt. In diesem Geschichtsdrama mißt der Dichter erstmals dem der Geschichte zugrunde liegenden Allgemeinen, Typischen und Beispielhaften des menschlichen Handelns entscheidende Bedeutung zu. – Das Drama findet großen Anklang, doch verstummen die Stimmen der Kritik nicht, und das Stück wird bald vom Spielplan abgesetzt.

1826 Grillparzer wird per Akklamation in die »Ludlamshöhle« aufgenommen, einer nach ihrem Versammlungslokal benannten lockeren Vereinigung von Musikern und Literaten: »Vorlesungen, improvisierte Parodien am nämlichen Abend im Theater neu aufgeführter Stücke, Gesang, Musik, unschuldiger Spott ließen die Stunden im Flug vorübergehen. Durchreisende Künstler und Literatoren suchten und fanden Zutritt und haben noch lange gestanden, gleich vergnügte Abende niemals und nirgends zugebracht zu haben«, schreibt Grillparzer. Doch die Metternichsche Polizei sieht das anders: Das Lokal wird nachts von Polizisten überfallen; bei den Mitgliedern der »Ludlamshöhle« als einer mutmaßlichen politischen Geheimgesellschaft werden Hausdurchsuchungen durchgeführt, auch bei Grillparzer, der diese Aktion später als »charakteristisch für die damalige Zeit« bezeichnet. Zur selben Zeit verliert der Dichter wegen eines Gedichts auch die Gunst der Kaiserin.
Er unternimmt eine Reise über Prag und Dresden nach Berlin, wo er mit Friedrich de la Motte Fouqué, Adelbert von Chamisso, Karl August und Rahel Varnhagen von Ense, Georg Wilhelm Friedrich Hegel, Henriette Sontag, Ludwig

Devrient u. a. zusammentrifft. Auf der Rückreise kommt es in Weimar zu drei Begegnungen mit Goethe. Grillparzer zeigt sich tief beeindruckt, glaubt aber, daß er das nie erreichen wird, was Goethe erreicht hat: »Das Leben und die Form zu vereinigen, daß beiden ihr volles Recht geschieht.«

1827 Charlotte von Paumgartten, die Frau seines Vetters, stirbt. Erst an ihrem Sterbebett erfährt Grillparzer, wie stark sie seine Liebe erwidert hat. In seinem Tagebuch vermerkt er nach ihrem Tod: »Ich habe sie verlassen, mißhandelt. Ich war vielleicht Mitursache ihres Todes. Aber weiß Gott, ich hatte keine Vorstellung davon, daß diese Leidenschaft so tiefe Wurzeln geschlagen hatte. Der einzige poetische Punkt in ihrem Leben war diese Liebe – und daran starb sie. – Ich wollte was schuldig sein um einen Schmerz, ein Unglück, eine Verzweiflung, die – und wärs nur für eine Stunde – mein ganzes Wesen aufgehen machte in eine Empfindung und mich – nur für eine Stunde – von dieser lauernden Verstandeskälte freimachte, die wie ein hohnlachender Narr hinter jedem Vorhang hervorguckt.«
Im selben Jahr stirbt die mit Grillparzer eine Zeitlang befreundete Marie von Piquot, deren Mutter ihm nach ihrem Tod erzählt, daß sie ihn leidenschaftlich geliebt habe. Grillparzer war ihrem Haus seit etwa einem Jahr ferngeblieben, weil er glaubte, sich nicht binden zu dürfen, aber auch, weil ihn seine alte Menschen- und Gesellschaftsscheu davon abhielt.

WERKE: Die Erzählung *»Das Kloster bei Sendomir«* erscheint in »Aglaja, Taschenbuch für das Jahr 1828« (siehe Text S. 7 und Nachwort).

»Worte über Beethovens Grab zu singen«, Nekrolog auf den in diesem Jahr verstorbenen Komponisten, mit dem Grillparzer zwischen 1823 und 1826 viermal zusammengetroffen ist.

1828 WERKE:
Das Trauerspiel *»Ein treuer Diener seines Herrn«* wird am Wiener Burgtheater uraufgeführt. – König Andreas von Ungarn setzt für die Zeit seiner Abwesenheit Bancbanus zum Reichsverweser ein. Als es zu einem Aufstand kommt, kann dieser den Thronfolger retten. – Bei der Uraufführung ist der Hof anwesend, das Publikum ist begeistert. Am folgenden Tag eröffnet der Polizeipräsident Grillparzer, dem Kaiser

habe das Stück so gut gefallen, daß er der alleinige Besitzer des Manuskripts sein möchte; Grillparzer könne dafür einen beliebig hohen Preis verlangen. Als Grillparzer ablehnt, wird das Drama auf Befehl des Kaisers, dem die Darstellung eines antimonarchistischen Aufstands ganz und gar nicht gefällt, stillschweigend vom Spielplan gestrichen.

»Mirjams Siegesgesang«, Gedicht mit Musik von Franz Schubert.

1831 WERKE:
Das Trauerspiel *»Des Meeres und der Liebe Wellen«*, eine Dramatisierung der griechischen Sage von Hero und Leander, wird im Wiener Burgtheater uraufgeführt. – Der Mißerfolg der Uraufführung wird allgemein auf das schlechte Spiel der ansonsten bedeutenden Tragödin Julie Rettich zurückgeführt. Erst zwanzig Jahre später findet das Seelendrama unter der Regie von Heinrich Laube mit Marie Bayer-Bürck als Hero die Anerkennung des Theaterpublikums.

»Weihgesang zur Eröffnung des neuerbauten Saales der Gesellschaft der Musikfreunde des österreichischen Kaiserstaates«; Musik von Franz Lachner.

1832 Grillparzer wird zum Direktor des Hofkammerarchivs ernannt. Ihm bleibt nun genügend Zeit für seine literarische Tätigkeit. Er beschäftigt sich mit der Philosophie Hegels, mit der älteren deutschen Sprache und Literatur sowie mit romanischer und klassischer Literatur und treibt intensive Studien über Cervantes, Calderón und Lope de Vega.

1833 Erste Begegnung mit Heloise Hoechner (*1814), die dem Dichter bis 1835 freundschaftlich nahesteht. Ihr sind die Gedichte *»Begegnung«* (1835) und *»Entsagung«* (1836) gewidmet.

WERKE: Grillparzers für Beethoven geschriebenes Opernlibretto *»Melusina«* wird in der Vertonung von Konradin Kreutzer im Königsstädter Theater in Berlin uraufgeführt.

1834 Seine Bewerbung um die Leitung der Universitätsbibliothek wird abgelehnt.

WERKE: Das an die Tradition des Wiener Volks- und Zauberstücks anknüpfende dramatische Märchen *»Der Traum ein Leben«* wird im Wiener Burgtheater uraufgeführt. Der

Jäger Rustan erfährt im Traum, wie ihn seine Ruhm- und Abenteuersucht in Schuld verstrickt, und erkennt, was das wahre Glück ist: »Des Innern stiller Frieden und die schuldbefreite Brust.«

1835 WERKE: In dem Taschenbuch »Vesta« erscheint unter dem Titel *»Tristia ex Ponto«* eine Sammlung von siebzehn Gedichten Grillparzers.

1836 Er reist über München, Stuttgart – dort Begegnung mit Ludwig Uhland – und Straßburg nach Paris, wo er mit Giacomo Meyerbeer, Ludwig Börne und Heinrich Heine freundschaftlich verkehrt. Zusammen mit Heine ist er Gast des Barons Rothschild, bei dem er mit Gioacchino Rossini zusammentrifft. Er reist weiter nach London und kehrt über Antwerpen, Brüssel, Köln und Mainz nach Wien zurück.

1838 WERKE: Die Uraufführung des in der Tradition des Wiener Volkstheaters stehenden Lustspiels *»Weh dem, der lügt«* – zentrale Gestalt ist der Küchenjunge Leon, eine Fortführung des Hanswurst – am Wiener Burgtheater wird ein völliger Mißerfolg. Grillparzer beschließt, sich von der Bühne zurückzuziehen.

1841 WERKE: Der erste Akt des Trauerspiels *»Libussa«* über die altböhmische Stammesfürstin Libussa, die den Bauern Primislaus vom Pflug weg zum Gemahl und Herrscher erwählt und so die Gründerin der tschechischen Przemyslidendynastie wird, wird im Rahmen einer Wohltätigkeitsveranstaltung aufgeführt (Uraufführung es ganzen Stückes 1874 im Wiener Burgtheater).

1843 Grillparzer reist über Preßburg, Budapest und Belgrad nach Konstantinopel und Athen.

1844 Er bewirbt sich erfolglos um die Stelle eines Ersten Custos an der Kaiserlichen Hofbibliothek.

1847 Zusammen mit Wilhelm Bogner, dem Neffen seiner »ewigen Braut« Kathi Fröhlich, reist er nach Hamburg und Berlin. Er wird von Fürst Metternich persönlich in die neugegründete österreichische Akademie der Wissenschaften berufen.

1848 WERKE:
Die Erzählung *»Der arme Spielmann«* erscheint im Almanach »Iris« auf das Jahr 1848 (siehe Text S. 31 und Nachwort).

Grillparzer beendet die Niederschrift des Trauerspiels *»Ein Bruderzwist in Habsburg«* über die Brüder Rudolf II. und Matthias in der Zeit vor dem Dreißigjährigen Krieg (Uraufführung 1872 im Wiener Stadttheater).

In der »Constitutionellen Donauzeitung« veröffentlicht Grillparzer, der den Revolutionen des Jahres 1848 ablehnend gegenübersteht, ein Gedicht an Feldmarschall Joseph Wenzel Graf Radetzky, das bald in Tausenden von Flugblättern verteilt wird.
Grillparzer huldigt der alten habsburgischen Armee, weil »in ihr allein noch jene natürlichen Empfindungen der Ehrenhaftigkeit, der Aufopferung, der Treue lebendig sind, die unsere Zeit verloren hat, die mir die Wurzeln aller menschlichen Existenz sind und ohne die jede Bildung und jedes Talent nur ein übertünchter Greuel, eine verdoppelte Schlechtigkeit ist.«

1849 Er erhält – als dritter Dichter nach Goethe und Heinrich von Collin – den Leopoldsorden verliehen.
Mit seiner »ewigen Braut« Kathi Fröhlich und ihren drei Schwestern gründet er einen gemeinsamen Haushalt in der Spiegelgasse.

1850 Heinrich Laube beginnt mit der Neuinszenierung von Grillparzers Dramen im Wiener Burgtheater. In der »Wiener Zeitung« hatte er erklärt: »Es wird eine Zeit kommen, in der man es unbegreiflich finden wird, daß ›Sappho‹, ›Medea‹, ›Des Meeres und der Liebe Wellen‹, ›Ein treuer Diener seines Herrn‹, ›Ottokar‹ Fremdlinge werden konnten auf dem Burgtheater. Wenn sie nicht besetzt werden können, so fordern diese Stücke allein schon gebieterisch . . ., daß alles aufgeboten werde, die noch fehlenden Personen unter den allerdings spärlich vorhandenen Kräften des deutschen Theaters für das Burgtheater zu gewinnen.«

1851 WERKE: Er beendet die Niederschrift des historischen Trauerspiels *»Die Jüdin von Toledo«*, mit dem er sich schon seit 1816 beschäftigt hat (Uraufführung 1872 in Prag): Die Jüdin Rahel betritt trotz Verbot den Schloßgarten von Toledo und sucht bei König Alfonso Schutz, als sie wegen dieses Vergehens verfolgt wird. Als sich der bis dahin untadelige König in Rahel verliebt und die Staatsgeschäfte vernachlässigt, lassen die Mächtigen des Landes Rahel ermorden. Am Schluß des Dramas scheint die gestörte Ordnung wiederhergestellt.

1853 WERKE: Er verfaßt seine *»Selbstbiographie«* (siehe Text S. 69 und Nachwort).

1856 Pensionierung als Hofrat.

1859 Anläßlich des 100. Geburtstages von Schiller erhält Grillparzer die Ehrendoktorwürde der Universitäten Wien und Leipzig verliehen.

1861 Kaiser Franz Joseph beruft Grillparzer durch kaiserliches Handschreiben in den Reichsrat.

1864 Er erhält die Ehrenbürgerschaft der Stadt Wien verliehen.

1868 WERKE: Das nach dem biblischen Buch »Esther« gestaltete Dramenfragment *»Esther«* wird im Wiener Burgtheater uraufgeführt.

1871 Sein 80. Geburtstag wird öffentlich mit bedeutenden Reden und Vorträgen gefeiert.

1872 Er stirbt am 21. Januar in Wien. Alleinerbin und Nachlaßverwalterin wird Kathi Fröhlich, die ihn um sieben Jahre überlebt (†1879).

LITERATUR:

Franz Grillparzer. Sämtliche Werke in 4 Bänden. Herausgegeben von Peter Frank und Karl Pörnbacher. München 1960–65. (Hanser Verlag)

Alewyn, Richard: Grillparzer und die Restauration. Cambridge 1936.

Auernheimer, Raoul: Franz Grillparzer. Der Dichter Österreichs. Wien 1972.

Baumann, Gerhart: Franz Grillparzer. Dichtung und österreichische Geistesverfassung. Frankfurt/M. 1966.

Delphendahl, Renate: Grillparzer. Lüge und Wahrheit in Wort und Bild. Bern 1975.

Kanzler, Rudolf: Erläuterungen zu Franz Grillparzers Novelle »Der arme Spielmann«. Hollfeld/Ofr. 1967. (Königs Erläuterungen 38)

Lorenz, Dagmar: Grillparzer. Dichter des sozialen Konflikts. Köln-Wien 1986.

Müller, Joachim: Franz Grillparzer. Stuttgart ²1966. (Slg. Metzler 31)

Naumann, Walter: Franz Grillparzer. Stuttgart ²1967.

Politzer, Heinz: Franz Grillparzers »Der arme Spielmann«. Stuttgart 1967.

Ders.: Franz Grillparzer oder Das abgründige Biedermeier. Wien 1972.

Viviani, Annalisa: Grillparzer-Kommentar. 2 Bde. München 1972/73.

AUTOREN IN DER »GROSSEN ERZÄHLER-BIBLIOTHEK DER WELTLITERATUR«:

Alexis, Willibald
Andersen, Hans Christian
Anzengruber, Ludwig
Arnim, Achim von
Balzac, Honoré de
Beecher Stowe, Harriet
Björnson, Björnstjerne
Boccaccio, Giovanni
Bräker, Ulrich
Brentano, Clemens
Bulwer, Edward George
Bürger, Gottfried August
Casanova, Giacomo
Cervantes, Miguel de
Chateaubriand, François
Choderlos de Laclos, P.A.F.
Conrad, Joseph
Cooper, James F.
Defoe, Daniel
Dickens, Charles
Diderot, Denis
Dostojewski, Fjodor
Doyle, Conan
Droste-Hülshoff, Annette von
Dumas fils, Alexandre
Ebner-Eschenbach, Marie von
Eichendorff, Joseph von
Fielding, Henry
Flaubert, Gustave
Fontane, Theodor
Goethe, Johann Wolfgang von
Gogol, Nikolai
Goldsmith, Oliver
Gorki, Maxim
Gotthelf, Jeremias
Grillparzer, Franz
Grimm, Brüder
Hauff, Wilhelm
Hawthorne, Nathaniel
Hebbel, Friedrich
Hebel, Johann Peter
Heine, Heinrich
Heyse, Paul
Hoffmann, E.T.A.
Hölderlin, Friedrich
Hugo, Victor
Immermann, Karl
Jacobsen, Jens Peter
Jean Paul
Keller, Gottfried
Kipling, Rudyard
Kleist, Heinrich von
La Fayette, Marie-Madeleine de
Lermontow, Michail
Leskow, Nikolai
Liliencron, Detlev von
London, Jack
Ludwig, Otto
Margarete von Navarra
Mark Twain
Maupassant, Guy de
Melville, Herman
Mérimée, Prosper
Meyer, Conrad Ferd.
Mörike, Eduard
Moritz, Karl Philipp
Murger, Henri
Musset, Alfred de
Novalis
Poe, Edgar Allan